家康を支えた
イギリス人臣下の実像

三浦按針の謎に迫る

William Adams

森　良和
フレデリック・クレインス〈編著〉
小川秀樹

玉川大学出版部

はじめに

ウィリアム・アダムス（三浦按針）についての評伝や論考、あるいは彼をモデルにした歴史小説は従来多数出されてきた。アダムスを扱ったテレビ番組は幾度となく放映されてきたし、テレビ・ドラマや映画も製作されている。アダムスはフランシスコ・ザビエル、フィリップ・フランツ・フォン・シーボルトと並んで、戦国末から近世（安土桃山・江戸時代）に来日したヨーロッパ人のなかでも最も知名度の高い一人である。

それでも、アダムスを主人公とする小説は他の二者よりもはるかに多い。難民同然の一船員が、時の最高権力者徳川家康の寵遇を受け、領知まで授けられて旗本待遇となった。のちに念願の帰国を許されたが、終世帰ることなく20年間留まった日本に骨を埋めた。アダムスの日本滞在期間は、わずか2年余のザビエル、6年余（最初の来日時）のシーボルトと比してもずっと長い。日本に来着するまでの艱難辛苦の大航海を含め、波瀾に満ちたそのドラマティックな生涯が多くの人々を惹きつけるのだろう。

一方、そのドラマ性ゆえに、アダムスに関する従来の評伝や歴史書には誤解や誇張が少なくなく、ときに根拠を欠く言説も散見される。もちろん、歴史上の人物をモデルに想像を巡らし、ロマン溢れる作品を創作するのは作家の使命であり、読者がそれらを堪能できるのは欣快である。しかし、歴史書の使命はあくまでも「本当はどうだったのか」の追究であり、徒にアダムスの事績を過大に評価したり伝説化したりすることは慎まなければならない。ゆえに史料を精査し、可能なかぎり裏付けを見出して史実の信頼性を高める必要がある。

アダムス没後４００年の節目となった２０２０年以後、アダムスの評伝が次々に出版されている。同年に森良和『三浦按針――その生涯と時代』が、翌２０２１年にはフレデリック・クレインス氏『ウィリアム・アダムス――家康に愛された男・三浦按針』が出され、さらに、長く関西学院大学で教鞭を執られ、現イギリス在住のリチャード・アーヴィング氏も全5巻の伝記 *A True and Complete Account of the Life of William Adams* を刊行中で、邦訳も進められていると聞く。評伝ではないが横浜開港資料館編『図説日英関係史１６００－１８６８』（２０２１年）もごく最近出された。

このように近年、アダムス研究はにわかに活気づいた感があるが、本書ではそれらでもあまり扱われていないテーマを取り上げて、さまざまな観点からアダムス論を一般読者向けに述べたものである。かつてアダムス関係の史料はすでに出尽くしたとされ、うかつながら筆者も前著でそれを踏襲した。しかし本書を一読していただければ、その認識を改めるべきことが理解されよう。特にオランダ語の新史料を発掘した第7章のクレインス氏や、一般に「青い目のサムライ」といわれるアダムスへの先入観に一石を投じた第11章の小川秀樹氏らは、アダムス研究に新しい光を当てている。

なお、今後の歴史研究には、文献史料だけでなく科学的成果もいっそう援用されるであろう。平戸の伝按針墓地から出土した遺骨の放射性同位体分析やＤＮＡ鑑定の結果（第9・10章参照）は、上記小川氏の所説とも関連するが、従来きわめて曖昧であった遺骨の人物特定に大きく貢献した。また鑑定に伴って、平戸で死亡したカトリック宣教師やイギリス・オランダ両商館の関係者が改めて注目されたことも副次的成果の一つである。

とはいえ、アダムス研究にはなお困難がつきまとう。関連史料が多言語にわたるので、理想的にはそれらに通暁することが望まれる。すなわち、英語のほか、頻繁にアダムスに言及しているオランダ語の史料、対立関係にあったポルトガル人やスペイン人の記録、宣教師によるラテン語の報告などである。これらに加え、多くはないものの日本語古文書も見逃せないし、未発掘の中国語史料も存在するかもしれない。しかし、現実的にすべての一次史料を網羅することは難しく、こうした制約が知名度にもかかわらず日本人によるアダムス伝の少なさに表れていよう。

アダムスが日本にやってきた理由と時代背景については、第1章で的確に述べられているのでそれに委ねるが、アダムスが日本で生きた時代（1600〜1620年）は、日本の近世史上でもきわめて例外的なグローバル時代であった。それまで来航していた「南蛮人」（ポルトガル人やスペイン人）に加え、新参の「紅毛人」（オランダ人やイギリス人）も平戸に商館を開いて、日本を舞台に活発な活動を展開した。加えて、近世以前から九州を中心に交易していた「唐人」商人たちも、日本人の大名や商人だけでなく、これらヨーロッパ人とも結びついて交易していた。

当時のヨーロッパでは、宗教改革の余波でなお全欧的に宗教戦争が続いており、その対立関係は日本にも持ち込まれた。カトリックの「南蛮人」とプロテスタントの「紅毛人」が敵対したことはいうまでもない。カトリック側はイギリス人やオランダ人を「世界を荒らし回る海賊」とし、プロテスタント側は逆に宣教師たちを「海外侵略を図るスペイン王の手先」として非難し合った。実際、いずれの非難にもかなりの真実が含まれよう。当初オランダ人が対日貿易でもたらした「商品」は大半が略奪品であったし、宣教師による日本占領計画があったのも事実である（第2章参照）。
ただし、カトリック対プロテスタントという単純な図式ではとらえきれない点にも注意が必要である。カトリックの内部では、マカオのポルトガル人と結んだイエズス会と、後発のマニラからのスペイン人と結んだ托鉢修道会（フランシスコ会など）との間で、貿易上の利権や布教をめぐる対立があった。一方、「紅毛人」同士の結束も盤石ではなく、両者の連携はカトリック勢力に対抗するための「偽りの友情」であったので、禁教令によって敵対勢力が衰退するとすぐに両国間の抗争が起こっている。

日本人の有力者もヨーロッパ人や唐人商人と緊密に結びついていた。長崎奉行や長崎代官、平戸の松浦氏らの大名、上方西国の商人らが貿易による利益目的で西洋人に近づき、そのためにキリシタンとなった大名や豪商もいた。むろん徳川家康も南蛮貿易には並々ならぬ関心を持ち、朱印状の発行などを通じて直轄領長崎の繁栄を図るとともに、一時浦賀への外国船誘致も図った。しかし、まもなく家康は蔓延するキリスト教の危険を感じ取る。

そのころ江戸開府とそれに伴う国内統制も進められていた。アダムスが来日した半年後に関ヶ原の戦いが起こり、勝利した家康は、３年後将軍位に就くとすぐにアダムスを用いる。１６０７年から駿府で行われた大御所政治では、西国大名、仏教界、公家や朝廷などの諸勢力を次々に支配下に収め、さらに最も危険と目された二つの勢力の排除に動いた。すなわちキリスト教を弾圧し、豊臣家も滅亡させた。これらにはイギリス人やオランダ人も絡んでいる。アダムスの日本での生活にはこのように複雑な背景が存していた。

アダムスの55年の生涯は、イギリス時代の前半33年と、2年間の大航海、日本で生活した後半20年とに大別される。前半33年はさらに三分され、12歳までの幼少期、12歳から24歳までの徒弟期、24歳から33歳までのバーバリ会社勤務期となる。次いでオランダから日本に至る大航海を経て、日本での20年間は1611年を区切りに、関東・駿河を生活拠点にした前半10年と、平戸時代の後半10年とに二分される。以下、便宜上それらを6期に分けるが、平戸期は家康の死を境にその前後に分けることも可能である。なお、終章でもこの区分に基いて言及する。

①1564~1576年　イギリス時代幼少期　ケント州ジリンガムで生育
②1576~1588年　イギリス時代徒弟期　ロンドン郊外ライムハウスで徒弟修業
③1588~1598年　イギリス時代バーバリ会社勤務期　主にモロッコ貿易に従事
④1598年6月24日~1600年4月12?日　大航海　ロッテルダムを出帆して豊後臼杵に来着
⑤1600~1611年　関東・駿府期　江戸・浦賀・逸見《へみ》・駿府で造船や外交面の活動
⑥1611~1620年　平戸期　平戸を拠点にオランダ・イギリスの商館業務や朱印船貿易に従事（1616年［家康の死、および商館員契約解除］を区切りに前後に分けることも可）

冒頭部分で筆者は「本当はどうだったのか」を追究する必要性を唱えた。むろんそれは大前提であるが、厳密な意味で歴史叙述における主観の排除は不可能である。すなわち、現代日本でウィリアム・アダムスを取り上げること自体に、何らかの時代的要請や思い入れが投影されている。およそ4

００年前にアダムスは死去し、イギリス商館は閉館した。それから４００年、両国の関係は紆余曲折を経て今日のほぼ安定的な関係に至った。両国は主要7か国首脳会議（Ｇ７）のメンバーであるとともに、日本では小学校からカリキュラムにアダムスの母国語英語が必修化されている。

本書のタイトル『三浦按針の謎に迫る』は、単なるアダムスへの追慕ではない。アダムスの生き様を手がかりに、日本とイギリス、もしくはヨーロッパとの関係について、心性を含めて改めて考察することは意義深いに違いない。いささか大袈裟ではあるが、異世界に身を投じたアダムスに、後年イギリスが世界帝国を築く強さが象徴されているとともに、そのアダムスが「この国（日本）の国民は非常に礼儀正しく、世界で他に類を見ないほどの公共性をもって治められている」と讃えた日本の特長も、日本が今日ある理由なのだろう。

なお、アダムスの日本名は「三浦按針」とされるが、本名は「ウィリアム・アダムス」であるので、本書では文脈上必要な場合を除き、原則として「アダムス」を用いている。

本書の刊行にあたって、コロナ禍におけるさまざまな不便にもかかわらず、快く寄稿していただいた執筆者の方々に衷心感謝申し上げる。とりわけ発刊の実現に向けて意欲的な活動を続けられた共編者小川秀樹氏には、格別の謝意を表する。もちろん、今回の出版を引き受けていただいた玉川大学出版部、終始懇切丁寧に編集・校正作業を進めていただいた兼子千亜紀氏にも深謝申し上げる。

２０２２年5月16日

森　良和

三浦按針の謎に迫る

——家康を支えたイギリス人臣下の実像

目次

第Ⅰ部　アダムスが見た世界と日本

第1章　イギリス人がなぜオランダ船でやってきたのか

――アダムスのドーヴァー海峡対岸への眼差し

小川秀樹

家康とアダムスの出会い

ウィリアム・アダムス、日本名「三浦按針」は、関ヶ原合戦の半年前の日本にオランダ船リーフデ号で来航し、後に徳川家康に旗本として重用されたこともあり、イギリス人航海士としてはきわめて数奇な人生を辿った人物であるが、多くの謎に包まれている。思いつくまま挙げても、なぜあれほどまでに家康に寵愛されたのか、なぜ同胞イギリス人に、「スペイン人やフランドル人に寝返るかもしれない」と疑心暗鬼を生じさせたのか、なぜ最初からポルトガル語やオランダ語ができたのか、またなぜリーフデ号の他の船員たちはさほど望郷の念に苛まれることがなく（森２０１４）、アダムスも当初は家康に幾度も帰国を懇願し、後に許可されたのに、結局なぜ帰国しなかったのか、そして、そもそもイギリス人なのになぜオランダ船で日本にやってきたのか……等々。本章では最後に挙げた「なぜオランダ船でやってきたのか」という、日本でのアダムスに関わるすべての出来事の出発点について、渡日前のアダムスの前半生とあわせて、本書の初めで述べてみたい。

まず当時の日本の社会状況をごく簡単にいえば、晩年を除けば終始ポルトガル商人や宣教師には好意的であった織田信長を経て、対外膨張的だった豊臣秀吉は国内的にはキリスト教禁教に一歩踏み出し、やがて江戸時代に入ると一段と禁教政策が強化されることになった。それでも家康は、当初は貿易への関心から、スペインなどのカトリック勢力と融和的であったが、そのうち次第に、布教にこだわるポルトガルでもスペインでもなく、新しく登場した、布教にこだわらないオランダ、イギリスとの通商開始を切に願うようになった。なお拙稿においては、ネーデルラントを全体として表現する場合以外は、その北部をオランダ、南部をフランドル（英語のフランダース）と言い分けるものとする。その場合のフランドルはごく大まかにいえば、今のベルギー・ルクセンブルクにフランス北部[1]を含んでいる。また、フランドル南部を別途、ワロン地方と呼ぶこともある。

さて家康は、イエズス会宣教師によって海外情報をカトリック側に有利に操作されていたので、リーフデ号が到着した豊後から呼び寄せたウィリアム・アダムス（およびオランダ人同行者一人）を大坂城にて尋問した際に初めてオランダやイギリスの存在を知ったものと思われる（本書カバーの図は、そのときの様子をオランダ人が後に想像で描いたもの）。その際にオランダ船でやってきたイギリス人という微妙な立場のアダムスがどのような姿勢で家康に向き合ったのかという最初の問題がある。

家康の「どこから来たのか[2]」という質問に対して、あるイギリスの研究者が、アダムスが「オランダ人が東洋の海に入った目的は……」とオランダを代弁しているように解釈している点につき、アダムスはイギリスを代表して応答しているので、その解釈は主語を取り違えているとの指摘がある（皆川１９６９）。しかし、アダムスは家康との最初の尋問の際、自身がイギリス出身であることを説明したであろうが、「国家」や「国民」意識の希薄な時代でもあり、主として地理的な観点から「オランダからオランダ人とともにオランダ船で」来た前提で応答したはずである。家康の主要な関心はリーフデ号がどこから何をしに来たかであり、アダムスの国籍ではないし、本来尋問を受けるべき船長ヤコブ・ファン・クワケルナックが長い航海の後で病床に伏していたので、ポルトガル語ができ、船長に次ぐ位のアダムスが代理として選ばれており、彼はその立場をわきまえていたはずだ。アダムスの、主君に忠誠を尽くす姿勢や「忠臣は二君に仕えず」の態度は終始一貫しており、その確固たる姿勢自体が、民族性として彼の出自のヒントを与えてくれるほどだ（第11章参照）。

この家康との最初の出会いの際の言葉についても付言すると、この尋問で、アダムスが母語の英語を使ったかのように想像する向きもあろうが、尋問はすべて当時の東インドでの国際語ポルトガル語を使って通訳を介して行われた[3]。アダムスがなぜポルトガル語ができたかについては、第11章で詳述

（1）ダンケルクやリール等のフレンチ・フランドルを含む今のフランス最北のノール県に加え、アルトワ、カンブレー、エノーもフランドルの一部であった。

（2）例えば「未知の友人」への手紙では、「he demanded of me, of what countrey we were」と訊かれたとされる（Farrington 1991, p. 24）。

（3）17世紀に入っても日本でのポルトガル語の優勢はしばらく続き、１６２０年の「平山常陳事件」の平戸での審問は、ポルトガル語を媒介にして4か国語（西・蘭・英・日）で行われた国際法廷であった（第8章注10等、参照）。

するが、少なくともここでは当時はアジア・アフリカの海ではポルトガル語が「リンガ・フランカ」（共通語・国際語）であったことを押さえておきたい。

　またアダムスはオランダ語もできたが、オランダ語と英語の関係は、もともと英語がオランダ語を含む低地ゲルマン語から派生したものであり、英語はいまだブリテン島の一言語であった。意外かもしれないが、イギリスは11世紀のノルマン征服から続くフランス語の支配から脱したものの、いまだその英語は成長途上であり、オランダ語（フランドルのフラマン語を含めて）[4]の方が勢力の強い言語であった時代である。それに日本への2年近くに及ぶ長い航海の間、アダムスは四六時中、オランダ人とオランダ語を話していた。しかし以上がアダムスの優れた外国語能力の理由のすべてとは限らない。この点も第11章で詳述したい。

アダムスが日本に向かうまで

アダムスがイギリスを出帆したのは33歳のときで、命がけの航海を生き延びて、さらに比較的長く健康を保てたのは、航海の長い経験に加えて、用心深い性格や賢明さのゆえである。鉄砲玉のように国を飛び出した、飲んだくれでその日暮らしの兵士や下級水夫の大半とは違うのである。もっとも航海士であれば彼らとは船内での寝食の環境も違った。

　アダムスはブリテン島の南東部ケント地方のジリンガムという、当時は人口数百人という小さな町で1564年9月に生まれた。この町は古くから市《いち》の町として知られ、牡蠣の採取を含め漁業が盛んで、果実や木材資源にも恵まれていた。メドウェイ河口を経て英仏海峡を渡り、フランドルなど、大陸との交易の中心地であった（皆川１９８３、クレインス２０２１）。近郊のチャタムとともに、この時代から急速な造船業の発達をみる町であり、ちなみにチャタムは、１６００年の段階で１０００人以下の人口だったものが、１００年後には５０００人を超えるまでに増加している。

　アダムスは本人の受洗記録が教会に残っているだけで、そこに記された父親の名（ジョン）以外にアダムス家という一族がこの地にいたことすら、他には何の記録にも残っていない。そのことは、国内・国外からを問わず、一家がきわめて新しい移住民である可能性を示している（Irving 2021）。アダムスは両親について一切語らず沈黙しているが、しかし幼少期に読み書きや計算を習っていることからは、親がその必要性を認めていたことになり、読み書きが必須のスキルだった職種・階層であり、決して下層の出身とは思えない（クレインス２０２１）。現代のイギリス人からは、アダムスの手紙の英語は、英語ではないかのごとく酷評されているが、[5] しかしこの時代（シェークスピアと同年生まれ）、まだ正書法が社会に広く根付いているわけではなかったし、仮に何らかの理由で、若いころから彼に英語以外の第二・第三言語があったとすれば、話はまったく別である。

　アダムスは「未知の友人」宛の手紙のなかで自身のことを「Kentish man」（ケント人）であると、

（４）本稿では便宜的に「オランダ語」と表記するが、当時は、アントワープを中心としたフランドル・ブラバント地域で話されたフラマン（フレミッシュ）語（ブラバント語を含む）の方が勢力は強かった。

（５）「単語のつづりは素朴そのもので、発音をそのまま書いただけだが、言い回しがかなり変わっている。エリザベス一世時代には文章を書くうえでいくつかのルールがあったが、ウィリアム・アダムスの文章はそんなものにはお構いなしで、構文もスペルも相当おかしい」（ミルトン２００２、55頁）。

むしろ誇らしげに自称している。ケントは歴史的にはゲルマン人の一派のジュート族が東から移住してきて、西に位置したサクソン人と対峙していた地域であり、一般には西部では住民は「a man of Kent」、東部では「a Kentish man」と自称する。その境界はメドウェイ川辺りで、西部の人々は自分たちを本流である「名誉あるケント人」と考えているのに対して、東部の人々はかつて独自の文化を誇ったケント王国の末裔で、我らこそ「真のケント人」であると自負している。アダムスが自らを「a Kentish man」と呼んだとき、国王の船が停泊するチャタムに近く、海運のまさに本場であるケント東部の生まれであることをアピールする狙いだったのかもしれない[6]。あるいは逆に、アダムスを移住民の家系とするなら、潜在意識の中で、先住のアングロサクソン系ではないという境遇を、ケント王国やジュート族の運命に重ね合わせて半ば謙遜して表現していた可能性もあろう。付言すると、サクソンの文化では遺産は長子が相続するが、ジュート族の文化では相続人に平等に分配される。

　ケントはまた後述する聖ダンスタンや大陸の影響からか、プロテスタントの勢力の強い土地柄で、チャタム辺りは最も先鋭的なプロテスタンティズムの地域であるとされる。アダムスが洗礼を受けたのはイギリス国教会の「聖マグダラのマリア教会」である。アダムスは往々にして、身分の低い貧しい家庭出身といわれるが、高等教育とは無縁で、初等教育が修了する12歳以降、ロンドンでも貧民街であるテムズ河畔ライムハウスで造船業を営む家系で徒弟奉公した経歴から、さほど根拠もなく、そういわれているだけだ。

　確かに航海士というのは、それまでそれ自体は権威があったり、儲かる職種ではなかったが、これからきわめて重要となる職種ではあった。しかも当時は、後述の英雄ドレークのように12歳くらいで

現在のテムズ河畔ライムハウス。アダムスが徒弟時代を過ごした（森良和撮影）

船乗りの徒弟に出るのはごく普通であったし、後述のランカスターのように、10代の野心的な若者たちが（ユダヤ系の）親戚を頼り、イベリア半島で貿易関係の徒弟奉公をすることすら珍しいことではなかった。貿易は家族・親戚による商売の延長なのであり、経済活動も航海も、そしてまた結婚も狭い地縁・血縁のなかで排他的に行われた時代である。

アダムスの場合も、「商人」でなく「航海士」になるためにか、海外には出なかったが、自立するための職業教育を受けるべく、親戚等、きわめて近い関係で裕福なディギンズ家の許に預けられたのであろう。アダムスが後に結婚したのと同じステップニーの聖ダンスタン教会で1580年8月に結婚したニコラス・ディギンズという人物がいるが、航海士であるこの人物こそがアダムスの師匠である（Irving 2021）。その父親も同姓同名であり、こちらは有力な船大工で造船所の所有者でもあり、後に息子は父の造船所を引き継いでいる。

ディギンズ（息子）の生年は不明であるが、アダムスより10歳程度は年長だったものと思われ、ア

（6）「彼の経歴と縁の深い造船所や軍港がこの近接地にあったので、“a man of Kent”ではなくて、“a Kentish man”と言いたかったのである」（皆川１９６９、８頁）。

ダムスにとってはメンターのような存在であり、しかも経済的にも大成功を収めた。ディギンズ（Diggins）というケントではきわめて珍しい姓は、リチャードという名前の愛称であるDickまたはDicon に由来する。ポーツマス生まれだがケントにも所縁があった、『クリスマス・キャロル』で有名な作家チャールズ・ディケンズ（Dickens）もフランドル系の同類の姓であり、いずれもノルマン征服後に広まったものである。

フランシス・ドレークの世界周航からの華やかな凱旋帰国や、悲惨な失敗に終わったアーサー・ペット船長の北東航路遠征からの帰還が相次いだ１５８０年には、徒弟期間中のアダムスはまだ多感な16歳の少年だった。とりわけドレークの場合、生まれはデヴォンであるが、宗教的な迫害から信徒説教師の父親がジリンガムに移住し、息子フランシスも若きころ、ジリンガムを起点に航海を習い、フランドルやフランスとの貿易に従事していた時期があり、アダムスにとっても地元の英雄であったろう。遠洋航海から船隊がロンドンに凱旋帰国する際の感動、興奮はアダムスの心に強く刻まれたに違いない。

イギリスでの航海士時代

徒弟の年季が終わると、アルマダ海戦が近づき、全船舶の海外渡航が禁止され臨戦態勢が敷かれた１５８８年にアダムスは海軍に徴用された。１２０トンの貨物補給船「リチャード・ダッフィールド号」の船長になり、ドレーク指揮下で兵站を担当して弾薬や食料を運んだ。この船は主として文具や印刷を扱う商人トマス・ダッフィールドの持ち船で、リチャードとは彼の息子の名である。この船に、

アダムスが結婚式を挙げた聖ダンスタン教会（森良和撮影）

アダムスは徒弟時代にも乗ったことがあると思われ、また引き続き戦後にも船長を務めた（Irving 2021）。

戦後間もない１５８９年、ダッフィールド家との関係で知り合ったのか、メアリ・ハイン（またはヒンとも。Hyn）とステップニーの聖ダンスタン教会で結婚した。妻の家系の詳細は不明で、その珍しく不思議な姓ハインについても同様である。[7] アダムスは娘デリヴァランスと息子の二子をもうけた。「デリヴァランス」という語は、確かに女子名であるが、「原罪からの解放」「司法手続きの評決」などを意味する硬い言葉でもあり、ネーデルラントの新教徒たちが、包囲したスペイン軍からライデンを救った「Deliverance（解放）」（１５７４年）に感動した10歳くらいのアダムス少年が、後に娘の名に当てたのではないだろうか。

アダムスが結婚した聖ダンスタン教会は「外洋（公海）」（the High Seas）教会ともいわれ、船乗りに縁の深い教会であり、師匠のディギンズやアダムス本人だけでなく、後に娘デリヴァランスもここで結婚している。ダンスタンとは10世紀末にカトリック時代のカンタベリ大司教になる聖ダンスタンの

（7）アダムスがリチャード・ダッフィールド号の船長になって以降にステップニーの地元で知り合ったと思われる（Irving 2021, p.60）。Hyn は Hyne ないし Heyn が変化したものと思われ、いずれもネーデルラント系の姓である。

ことであり、かつてフランドルのゲント（蘭語ヘント）に2年近く亡命していて、後の宗教改革への下地となる両地域の結びつきを強めたという。また当時は繊維産業で繁栄を誇る主要貿易先である対岸フランドルこそがまさに外洋航海の主要目的地であり、その通称「外洋（公海）」の由来かもしれない。

アダムスは戦争が終わると除隊し、バーバリ（Barbary）商会の12年間の特許が１５９７年に切れるまで、ずっと継続してモロッコ航路を往復する日々を過ごした。バーバリとはアフリカ北部沿岸一帯を指す言葉であり、先住民族のベルベル人に由来する。バーバリ商会とはいうが、エリザベス女王との結婚すら模索した、女王の最大の寵臣であったノルマン系の初代レスター伯ロバート・ダッドリーらが得た特許であり、会社組織化されているわけではなかった。毎回、マデイラ諸島などから海賊が跋扈する沿海航路で砂糖だけを運んでいるのでは（中澤１９９３）、アダムスには退屈な航海だったろう。いずれにしてもこうして大陸人脈との関わりが常に見え隠れするアダムスであるが[8]、それはあまりに立派な人脈のつながりであり、アダムスが下層の貧乏な生まれなどと安易に即断することは大きな過ちであろう。

大航海時代の始まり――ポルトガルとスペイン

さてウィリアム・アダムスは上記バーバリ貿易に従事した後、１５９８年に日本に向けて出帆するのであるが、その前に本章では、イギリス人がオランダ船に乗る背景を探るべく大航海時代について概観しておこう。

大航海時代にヨーロッパでいち早く、スペインに先んじて海洋に乗り出したのは、早くも１２４９年にはイスラム勢力をアフリカに追い返して自国のレコンキスタを完成、国土を回復したポルトガルである。15世紀初頭から、エンリケ航海王子のもと、駆逐したイスラム勢力を追撃してアフリカ西岸に乗り出したことが、１４８８年のバルトロメウ・ディアスの喜望峰到達につながり、さらに１４９8年には、ヴァスコ・ダ・ガマが喜望峰周りでインドに到達した。

エンリケ航海王子は、ポルトガル全盛期の基礎を作った「大王」とされるジョアン一世の子で、母フィリパは、英国王エドワード三世の四男ジョン（ゲント生まれ）と、彼の最初の妃ブランシュとの娘である。隣の強国カスティーリャに対抗するための英葡間の政略結婚であった。一見してポルトガル王家にイギリス王家の血が入っているわけだが、それがアングロサクソンの血統というわけではない。エドワード三世はフランス系のプランタジネット朝で、ジョンが礎を築いた後継のランカスター朝も同じ系統だ。

さてポルトガルのインド洋方面へのディアスとダ・ガマの航海は誰もが知る偉業ではあるが、本章では、一般にはほとんど知られていない、ある重要な航海にもぜひ触れておきたい。コロンブスに先駆けて、フェルディナント・ファン・オルメン（ポルトガル名フェルナン・ドゥルモ）というフランドル

（8）アダムスの手紙等で言及されている仲間のベスト（Best）、バレル（Burrel）、スポルディング（Spalding）、ショッテン（Shotten）、スプリング（Spring）、イサーク（Isaac）等々、すべて大陸系の名前である。ショッテンは、フランドルの **Schotten**（スホッテン）ではないか。

人船乗りが、１４８７年、ポルトガル王の特許の下、はるか西方にあると伝えられた幻の島アンティーリャを探してアゾレス諸島から大西洋を西へ航海したことである。北大西洋の暴風に遮られ、航海は失敗に終わったが、もし成功していればポルトガルが先に進出したであろう北米の歴史も、コロンブスの運命すらも大きく変わっていたはずだ。当然ながら、こうした航海がある日突然に行われたわけではない。

　実はアゾレス諸島では、ブルージュ（蘭語ブルッヘ）出身のウィレム・ファン・デル・ハーヘンの一族などフランドル人が多く移住して砂糖生産などに従事しており、当時は別名フランドル諸島とも呼ばれていた（リンスホーテン１９６８）。そもそも13世紀の段階ですでに、ブルージュ、ゲント、北フランスのカレー、リール、アラス等、全盛を誇るフランドルの諸都市は繊維製品を中心にポルトガルと密に貿易を行っていた。リスボンには14世紀のうちからフランドルの商館が設けられ、ポルトガル船も盛んにフランドルやイギリスに向けて葡萄酒、砂糖、塩などの荷を運搬していた。１４６０年以降、ブルージュにあったポルトガル商館は、同世紀末までにアントワープ（蘭語アントウェルペン）に移ったが（中澤１９９３）、東インド貿易が始まると、そこから持ち帰った香辛料は、典型的なイベリア半島出身の改宗ユダヤ人（コンベルソ）であるアントワープのディエゴ・メンデスら大物商人を通して独占的に英独仏などに販売され（井沢１９６８）、さらにポルトガル王室はフランドルの金融業者から資金調達も行っていた。

　加えてイギリスの毛織物や南ドイツの銀・銅などもアントワープで取引された。とりわけイギリスの毛織物輸出を一手に担うのは有名なマーチャント・アドベンチャラーズ（冒険商人組合）であり、

15世紀中葉にはアントワープに定着していた。アダムスの時代を考えるに際して、このアントワープを中心にしたポルトガルやイギリスとの強固な貿易ネットワークを十分に認識しておく必要がある。まさに「独立戦争前のアントワープはイベリア諸国と関係の深いヨーロッパ有数の国際都市」（クレインス２０２１）だった。こうして新大陸アメリカ到達に失敗したポルトガル人は、結局、西回りでなく東回りで世界へ乗り出した。

対するスペインはといえば、１４９１年11月にはグラナダでのイスラム勢の降伏合意が成立、レコンキスタの実際の完成であるアルハンブラ開城は、１４９２年早々であった。それに応じて早速、出自すら謎めいているジェノヴァ生まれの船乗りクリストファー・コロンブスがスペイン女王の援助で出帆（8月3日パロス発、9月6日にカナリア諸島発）、西回りで大西洋を横断してカリブ海のサンサルバドルに到着したのが、その同じ年の10月12日であった。興味深いのは、パロスを発った前日の8月2日は、ユダヤ人に対するスペインからの国外退去期限の最終日だったことだ。つまりイスラム勢を追い出すや否や、今度は3月31日には早々とユダヤ教徒追放令が出され、7月末日までの4か月の猶予期間が与えられたが、イサベル女王は最終的にたった2日間だけ期限延長を認めていた。

こうして海洋進出を東回りと西回りで本格化させた両国の利害が大西洋や新大陸で交錯したので、後発のスペインがローマ教皇に泣きつき、１４９３年の教皇アレクサンドル六世の分界線、翌１４９4年のトルデシリャス条約（教皇分界線を移動）という二つの取り決めで世界が分割され、ポルトガルとスペインという先駆者による大航海時代の幕が切って落とされた。

ポルトガルの日本到達

面白いことに、「黄金の島ジパング」への渡航を企図したコロンブスの願いを却下したポルトガルは、マルコ・ポーロの日本に関する記述にはほとんど無関心で（ポルトガル語版の『東方見聞録』の出版は１５０２年）、インドのゴアに到達しても、マラッカに到達しても、さらには１５１７年に琉球探検を行っても、依然、日本には関心を示さなかった。１５２５年以降は香料の産地であるモルッカ諸島に貿易の関心を絞り、１５４３年に王室貿易から離脱した私（設）貿易の商人たちが中国人の船で種子島に到達しても、それをスペイン人が虎視眈々と狙っていた日本であると考えたポルトガル人は、『アジア誌』（１６１１年）を書き継いだ歴史家ディオゴ・ド・コウトらの例外を除き、ほとんどいなかった（コスタ１９９３）。彼らが新たに「ジャパウン（Japão）」という呼称を使ったことがそれを如実に示している。あるいは「ジパング」を「日本」と同定したのは、ノルマンディー出身の謎めいた異才の学者ギョーム・ポステルであるともいわれる（岸野２００９）。

『東方見聞録』やコロンブスの航海によって、ジパングへは「西回り」ルートによらなければならないという先入観がヨーロッパ人に植え付けられた。ジパングを目指すコロンブスを雇ったスペインは、運命の悪戯か、代わりにアメリカ大陸（ペルー）で銀鉱山を開発する運命となる。

さて条約によりアフリカ以東を割り振られたポルトガルは、アジア方面では、ユダヤ系とみられる第2代インド総督アルブケルケが、１５１０年にはインド西岸のゴアを占領し、続けて１５１１年8月、マラッカを占領した。ポルトガル船がモルッカ諸島のテルナテ島に到着したのは１５２２年で、１５２９年に結ばれたサラゴサ条約で、ポルトガルはモルッカ諸島がスペインのものであることを認めたうえで、それをカルロス一世（カール五世）から格安で買収した（コスタ1993）。ポルトガルがマカオに居住を許されたのが1557年である。こうしてゴア、マラッカ、マカオと続くポルトガルの交易ネットワークは大いに栄え、とりわけインド西岸のゴアは「黄金のゴア」と呼ばれ、16世紀末には人口30万人を数えた。

しかしこのポルトガルの栄光も次第に陰りをみせる。16世紀の終盤から、ポルトガルは、カルロス一世を引き継いだ息子フェリペ二世により、王位継承に付け込まれた末にスペインとの同君連合の下に置かれた（1580〜1640年）。さらに17世紀前半には、オランダの強引かつ巧妙な画策により、セイロンや鎖国体制に向かう日本から追放されただけでなく、何より1641年には数年来の断続的な包囲作戦の後、マラッカをオランダに奪われた。マカオとゴアは寸断され、17世紀中葉以降、ゴアは急速に衰えた。

ポルトガルはなぜ衰えたのか。東インドでの退潮や香辛料の価値の長期にわたる漸減という要因はあるが、根源的には、人口の少ない小国の経済社会が世界帝国を支えきれなかったのであり、例えば商船を武装化する際の大砲なども国内の鋳造が追いつかず、その多くをゴアやマカオでの海外生産に加えて、何よりもフランドルやスウェーデン、ドイツからの輸入に頼った。(9)「ポルトガルの海外征服事業の産物である交易活動自体が、ポルトガルとアントウェルペン間の武器取引を成立・促進させて

(9) スウェーデンに重工業・兵器産業をもたらしたのは、リエージュ出身で「スウェーデン近代工業の父」とされるルイ・デ・ヘール（de Geer）や武器商人のトリップ家（Trip）である。

いた」（高橋２０１２）のである。

実は同じことが隣の大国スペインにもいえ、世界に覇を唱えたスペインだけに世界の海を我がもの顔に航海し、新大陸の金銀を独占、我が世の春を謳歌したと思えるだろう。しかし実態は、スペインの経済と貿易の中心地である南部アンダルシア地方では産業基盤が十分に発達せず、新大陸への商品供給をフランドル、フランス、イギリス等に頼った（ベイリン２００７）。当然、中南米から運んできた銀も結局は支払いのためにそれらの国に還流した。「メキシコやペルーから運ばれて来る金銀は、アメリカ大陸に送る羊毛織物の買付けや、スペイン国王がヨーロッパに相継いで起した戦争に使用する戦費の元利の支払いにフランダースの金融家の手に渡って行った」（井沢１９６８）。レコンキスタを通じてスペインは宗教的には純化されたが、他方で国を担う重要な人材の流出という代償も大きかった。

イベリア半島両国の黄金期は同時に、それを支えたフランドル、とりわけアントワープの全盛期でもあり、両者は共存共栄の関係にあった。その後、フェリペ二世に反旗を翻して17世紀に全盛期を迎えたオランダは、それまでも木材や穀物のバルト海貿易の中心で、ニシン漁も盛んではあったが、「北部（オランダ）は南部（ベルギー）に較べてずっと後進的な地域であった」（栗原１９８２）。それが南部フランドルから資金を携え移住したカルヴァン派やユダヤ系の貿易商人、産業家たちの参加を得て、オランダは突如として発展の階段を駆け上っていったのである。つまり、16世紀と17世紀においてフランドルは常に大航海時代の演出者であり、ほぼ同様のことは、対岸のイギリスとの関係についてもいえる（第11章参照）。

人の移動が織り成すネーデルラントの南北関係

上述のとおり、16世紀のイベリア半島勢による大航海時代は同時にネーデルラントでも南部フランドルが栄え、その中心都市アントワープの黄金時代でもあり、見方を変えればそのまま、世界に広がる大帝国を支配したゲント生まれのカール五世（カルロス一世）の時代でもあった。しかし16世紀後半は同時に宗教対立、オランダ独立戦争が始まる時期でもあり、１５８５年のアントワープ陥落前後の半世紀ほどの間に約17万５０００人がフランドルを離れ、そのうち約15万人がオランダに難を逃れた。１６２２年の段階で、例えばライデンでは人口の67％がフランドル人であり、ミッデルブルフでは約62％、ハールレムは約51％、ロッテルダムは約40％、アムステルダムとドルトレヒトでは約33％が南からの移入民で占められた[10]。

その結果、アムステルダムでは17世紀に入り人口が以前の3万人から10万人へと急増し、ライデンでは大学だけでなく、フランドルの羊毛業を移植したピーテル・ド・ラ・クールによって産業も大きく発展した。注目すべきは、それらの中には国の指導層を構成する、それぞれ３００人を超えるカルヴァン派の牧師、芸術家、出版人がいて、また４００人を超える大学教師がいたことだ。オランダにおいて「南部出身者は貿易や、行政、教育、軍隊、教会において多くの重要な地位を占め、エリート層を形成し」（ドナルドソン１９９９）、「オランダ人の天才はあらゆる領域で一時に開花した」のである（栗原１９８２）。

（10）https://flemishamerican.blogspot.com/search/label/Henry%20Hudson（December 9, 2010, ２０２１年8月29日閲覧）

こうした実例を、試しに美術の分野でみてゆくためにフランスの有名な画家・美術評論家であるウジェーヌ・フロマンタンの『オランダ・ベルギー絵画紀行』（高橋裕子訳、岩波文庫）を手にしてみよう。彼は、そのオランダ編第2章で、それまではフランドル絵画の中に含まれ独自の伝統がなかったオランダ美術界において、風景画が17世紀初頭に突然花開いたことに驚きを隠せないでいる。しかし彼が掲げた38人の画家の背景を調べてみると、ほぼ全員がフランドル系であることがわかる。要するに南の画家たちが北へ逃げ延び、本人や子ども、兄弟などが画業を再開したということだ。有名なレンブラントも上記38人に含まれており、フェルメールは含まれないが、そもそも祖父がアントワープ出身である。

出版にしても同様のことがいえ、それまではアントワープやルーヴェンはヨーロッパの出版の一大中心地であったが、17世紀の終わりまでには、オランダ一国で他のすべてのヨーロッパ諸国で出版されるよりも多くの書物を出版するようになっていた（Boxer 1988）。

ネーデルラントのパイオニアたち

さて16世紀において香料貿易などで富を独占し栄華を極めたポルトガルは、東西貿易を独占するため、東インド方面への航海に関する技術や情報を秘匿しようとする。しかし、人が国を越えて移動すれば、情報もそれに付随して伝播する。ネーデルラントにとってはうまいことに、ポルトガルとフランドルの蜜月の時期に、3人の人物がすでにポルトガルの心臓部に潜り込んでいた。海外進出のパイオニアである。

ディルク・ヘリッツゾーン・ポンプ、通称「ディルク・シナ」は、「中国通」であるからそう呼ばれた。アムステルダム北方沿海のエンクハイゼンの生まれで、少年時代に１５５５年からリスボンのユダヤ系の親戚へ預けられ、１５６８年ごろからインドのゴアに渡って貿易に従事し、日本に来た初めてのネーデルラント人といわれた。次にコルネリス・ハウトマンは、有力な９人のアムステルダム商人の支援を受けて、東インド貿易のリスボン駐在員として仕事をしつつ、東インド航路に関する海図、地図等、重要な情報を収集して１５９２年に帰国し、１５９５年のオランダ初の東インド貿易の航海を指揮した。こうして来るべきオランダの新世紀に向けて機が熟してきた。

３人目のヤン・ハイヘン・ファン・リンスホーテンは、１５６２年にハールレムに生まれ、父親が貿易代理店・貸金業を兼ねた宿屋を営んでいた港町のエンクハイゼンで育った。当時の有為な若者たちが皆そうしたように、リンスホーテンも16歳のとき、兄ウィレム・ティンが商売を営んでいたスペイン最大の港町セビリアに行って貿易の仕事をしていたが、その後、フェリペ二世がポルトガル王も兼ねるようになったのと軌を一にするようにリスボンに居を移した。さらにお互い「改宗」カトリック教徒でもあったのだろうか、１５８３年にゴアの大司教に任ぜられたユダヤ系と思しきダ・フォンセカの秘書としてインドに渡った。１５８８年にはゴアを去り、途中、アゾレス諸島での船の難波事故やイギリスによる海上封鎖などに見舞われて２年も足止めされながらも１５９２年にオランダに帰国した。

５年にわたるインドでの見聞は、ルーヴェン生まれの出版人コルネリス・クラースゾーンにより三分冊の旅行記『東方案内記（*Itinerario*）』として１５９５年と96年に順次、アムステルダムで出版された。この出版人は、この書に、地図学者プランシウスの地図を挿入し、かつ95年出版分は、ハウトマンの同年の初航海に間に合うよう手配するなど手際よく、また当時は本といえば紙を束ねただけだったものを、富裕層向けに豪華装丁本を考案したりもした。後にはハウトマンやファン・ネックの航海記も手がけた。リンスホーテンの書は、ポルトガルの支配体制をその中枢ゴアの内部から観察した結果、オランダがつけいる隙は、ポルトガルの支配が緩い東インド地域だということを印象づけたことにより、オランダ人たちの東インド航海にとって格好の案内書となった。同様にオランダの海洋進出を理論的に後押ししたのは、ちょうど世紀が変わったころに登場したフーゴー・グロティウスであり、11歳でライデン大学に学び、海洋の自由や戦争と平和の法を提唱し、「国際法の祖」と讃えられる。[11]

　しかしリンスホーテンはその後、自身の著書も一役買って本格化した東インド航海に関わることなく、その先のアジアを極めるべく北方航海に転じた。フランドルの西端の町ムスクロン（蘭語 Moeskroen／仏語 Mouscron）がルーツで、ノルマンディー、アントワープを経てミッデルブルフに落ち着いた家系で、後に自身の航海会社を設立した大物バルタザール・ド・ムシュロン（上記地名と同じ姓）が旗を振る北方航路探索に参入したのだ。有名なオランダ人探検家ウィレム・バレンツの探検隊に加わり、１５９４年、95年の二度、北東航路発見の航海に出た。バレンツ自身は１５９６年に三度目の航海に出て、翌年、ついに命を落としたが、リンスホーテンはこれには参加しておらず、故郷で裕福な名士として余生を過ごした。

負けてはいないイギリスの航海士たち

東インドでの活動を16世紀末から本格的、組織的に始め、初動でリードしたのは、アントワープ商人たちの実績と資金力を背景にしたオランダであるが、イギリスにも早い時期に東インド貿易の最前線に身を置いた商人はいる。

イギリスは１６０１年に、ジェームス・ランカスター司令官が率いる記念すべき東インド会社の第一航海船隊を派遣しているが、そのランカスターは１５５４年生まれで、彼も子どものころポルトガルに送られ、後に商人・兵士として過ごした。かなり早い時期からポルトガルで貿易を行うユダヤ系の親戚に預けられ、１５８７年ごろまでにはイギリスに戻ったとされる。南部沿海のハンプシャー出身で、その姓はイギリスだけでなくフランドルにも存在する。その第一航海に先立ち、ランカスターは早くも１５９１年には東インドに乗り出してペナン（マレーシア）とセイロンにまで達し、イギリスの将来の東インド貿易の基礎を築いた。オランダのハウトマンの初航海（１５９５〜97年）に先駆けるイギリスの東インド航海である。

イギリスにはまたジョン・デーヴィスという、東インド会社にとってはおそらく最重要な船乗りがいて、グリーンランドのデーヴィス海峡にその名が残っている。１５５０年、イギリス南西部コーンウォール半島のデヴォンの生まれで、早くから海に出た。１５８０年代には、「スパイマスター」の異

（11）Grotius はラテン名で、本名は de Groot。両親の姓（Cornets, Borren）や系図にある幾多のフランドルやユダヤ系の姓からも明らかに南からのフランス語系の移住民家系である。

名を持つ、エリザベス女王の親戚でもある秘書長官フランシス・ウォルシンガムの指示でデーヴィスも北西航路探索に乗り出した（計四度）。１５９１年には世界周航で有名なトマス・キャヴェンディッシュ最後の、アメリカ西岸から北西航路を探索する悲劇的な航海に参加、さらに１５９８年から１６００年にかけては、何とオランダのハウトマン率いるフェーレ会社の船隊に加わり、東インドまで往復した。

　デーヴィスはその経験を１６０１年からの上記ランカスター率いるイギリス第一航海に筆頭航海士としてそっくり活かした。もっともその航海以降の自身の扱いに不満があったデーヴィスは１６０４年、同じく第一航海の司令官争いでランカスターに敗れて不満を持つエドワード・マイケルボーンの指揮下で、中国、日本に向けて再度出帆した。しかしシンガポール沖で拿捕した日本船の船員（海賊）に襲われて落命、結果、マイケルボーンの航海も失敗した。

　デーヴィスは、母の姓名も知られないほどに出自が不詳の船乗りであるが、妻を通じた家系は華麗の一言に尽きる。妻の父方は、フルフォードという十字軍兵士に由来する家名であり、ブールシエ、コートネイ等の名門の大陸人脈に直結しており、母方を通じて伝説的な植民主義者のハンフリー・ギルバートとも、北米植民で有名なウォルター・ローリーとも縁戚関係にある。ギルバートもローリーもルーツはともにノルマン系で、Davysという本人の姓も十字軍由来の大陸の姓であり、しかも３人はデヴォン出身で故郷も同じである。またウォルシンガムやキャヴェンディッシュとの関係からもデーヴィスが上流階級の生まれで、濃厚なノルマン・フランドル系であることがうかがえる。

イギリスが先かオランダが先か――二つの東インド会社

一般にはイギリスの東インド会社設立が１６００年12月で（グレゴリオ暦では翌年１月）、１６０２年３月のオランダの東インド会社の設立より１年強早いだけだが、なるほど、さすがに後に七つの海を支配するイギリスはスタートが早いのかと考える向きもあろう。確かにジョン・ホーキンス、フランシス・ドレーク、トマス・キャヴェンディッシュという３人の有名な航海家（私掠船の船長、つまり海賊）が16世紀の後半に現われ、後の二者がスペインの南米植民地を強奪し世界周航を行った実績ではイギリスがオランダに先行する。

しかし、実際には、話はそれほど単純ではない。オランダの方は、上述のコルネリス・ハウトマン率いる「遠国」という名の会社の４隻の船隊が１５９５年４月にアムステルダムを出帆、オランダ船として初めてジャワ島に錨を降ろしたのは１５９６年６月で、オランダ帰国は１５９７年の夏。船隊は４隻のうち１隻を失い、乗組員２４９人のうち帰国したのは89人しかいなかった。胡椒等の積荷もわずかで配当は行われなかったが、ともかく、それまではポルトガルの独占であった東インド航路が開かれたことにオランダ人は熱狂した。続いて先の遠国会社をも吸収した「旧会社」という会社が１５９８年初頭に、ヤコブ・ファン・ネック率いる８隻の船隊をアムステルダムから派遣した。この船隊は、１６００年までに全船が胡椒の積荷を満載して無事に帰還、３００％もの利益を上げたとされ（科野１９８８）、初めて東インド航海が商業的に大成功した瞬間であった。東インドで「貿易」を成功させたのはオランダが先ということになる。

東インド貿易が経済的に成り立つことがわかると、それに参入する会社が増え、雨後の筍のようにオランダ各地に企業が誕生し、いくつもの先駆的な会社が東インド貿易に乗り出した。[12] 何とオランダは、１６０２年以前にすでに計15回も東インド貿易に船隊を派遣したのである。競争が激化し、現地での香辛料などの仕入れ価格は高騰、逆に本国では価格競争で価格が下落したので、事実上の首相であるヨハン・ファン・オルデンバルネフェルト（ホラント州議会法律顧問）によって計12の先駆的な会社が統合され、１６０２年3月、「オランダ東インド会社」（以下ＶＯＣと略称）が設立された。オルデンバルネフェルトの家系のルーツはオランダ東部ヘルダーラントであるが、きわめてフランドル的な家系であり、議会派に与して大いに権勢をふるったが、カルヴァン派の宗教論争の結果、首を刎ねられている。彼のこの半ば強引で強制的なＶＯＣ統合には反対の地方も多く、そのため既存の会社組織は、「カーメル」（部屋という意味）という6か所の地方組織、つまりアムステルダム、ゼーラント（ミッデルブルフ）、ロッテルダム、デルフト、ホールン、エンクハイゼンに残された。しかしＶＯＣ各支部の資本金をみてみると、アムステルダムだけで全体の半分強を占めており、他を圧倒していた。

　先駆会社だけでなくＶＯＣの設立の背後にも、フランドル・ユダヤ商人たちが、蓄積した資金とノウハウをもって新天地オランダで東インド貿易を積極的に行った事情がある。[13] アムステルダムでは１１４３人もの出資者がいたが、大口の出資者の上位8人のうち6人までがフランドル出身だった。しかもそのなかで8万５０００ギルダーという最大の出資額を拠出したのは、後述する南部ワロン地方出身のユダヤ系商人イサーク・ルメールであった。

　このオランダＶＯＣの設立により、航海ごとに資本を募って、航海後に清算するという当座方式ではない恒常的な組織としての、世界初の株式会社がここに誕生したわけだが、株主の責任が有限責任に移行したこと、出資が会社に直接なされるようになり、また持ち分としての株式が譲渡可能となったこと等、まさにＶＯＣは現在の株式会社の体裁を整えている。オランダのＶＯＣの場合、イベリア半島のカトリック国のように王室主導の貿易ではないので、「利益」が最優先とされ、「布教」は重視されなかった。家康が好んだのも、まさにこの点だ。もっともＶＯＣの管轄範囲である「喜望峰の東、マゼラン海峡の西」においては、条約締結、戦争、植民地獲得、貨幣鋳造すら行うことができる準国家機能をもあわせ持つユニークな組織であった。

イギリス東インド会社——本格始動は18世紀？

対するイギリスは１６００年末に東インド会社を設立し、その記念すべき第一航海を率いたのは上述のランカスターである。イギリスの東インド会社は、創設の翌年から１６１３年までの間は、一航海ごとに清算する個別の航海を８回行っただけで、当座企業としての色彩が濃厚であり、いまだ株式

(12)「オランダに定住するようになった南部ネーデルラント商人の豊富な資金力が最も有力な支えとなり、……いくつかの航海会社が設立された」（永積 ２０００、61頁）。

(13)例えばＶＯＣの東インド総督の家系を調べると、初代ボット以下、レインスト、レアールと続く全68代に及ぶ総督のうち、家系が不詳のクーン（Coen）、まったく不明のカンファイス（Camphuys）を除く全員がフランドルと深い関わりがあり、フランドル系がきわめて多い。平戸商館長に目を転じても、スペックス、ブラウエル、ファン・ナイエンローデ、クーケバッケル、カロン、ルメール等々、フランドル系が多い。幕末の最後の商館長ヤン・ヘンドリック・ドンケル・クルティウスに至るまでその傾向が続く。https://www.geni.com/projects/Gouverneurs-Generaal-van-Nederlands-Indi%C3%AB/12304

会社の形態を備えていない。イギリスは１６１３年以降、オランダ方式を見習い、一航海ごとの清算方式から、数航海分をまとめた合本（ジョイント・ストック）企業制で派遣するようになったが、完全にオランダ方式に追いつくのは、護国卿クロムウェルの改革が行われた１６５７年である。

しかもイギリスの東インド会社は、創設以降、長らく組織形態、特にその独占性をめぐる混乱が絶えなかった。「独占」をめぐる考え方が現代とは正反対で、イベリア半島の両国にしてもオランダにしても、当時は貿易を独占することが「当然実現すべき目標だったのである」（羽田２０１７）。これには国内や海外における貿易の国や会社による独占だけでなく、背景を同じくする人々による総督や商館長等の会社の中の権限や主要ポストの独占も含まれる。

その創設期において、上述のマイケルボーンという軍人・商人が即位したばかりのジェームズ一世から、東インド会社の独占性にあからさまに反する特許を与えられ、１６０４年に中国・日本へ向けての航海を行っている（不成功）。さらに１６３５年には、父がフランドル生まれの繊維商人ウィリアム・コーテンが会社を設立、二つの会社の併存が、クロムウェルによる再統合まで続いた。このコーテン会社は、１６３５年には中国・日本（再参入）を目指して船隊を派遣したが、到達しなかった（Boxer 1988）。

さらに17世紀の終盤に至ると今度は、会社の大立役者であるジョサイア・チャイルドの独裁（株価操作等）に対する反対が広まり、トマス・パピロンなどによる新会社設立の要求が強まり、しばし「旧会社」と「新会社」が並立する時期が続き、やがて１７０９年、ついに両社が「合同東インド会社」に統合されたのである。こうしてイギリス東インド会社は、会社の独占性をめぐって揉め続けた。

結局、１８５８年の解散まで続いた、本当の意味でのイギリス東インド会社は、元祖よりも1世紀以上も遅い、この１７０９年の「合同東インド会社」なのであり、これが公式な出発点とされることもある（浅田１９８９）。

さて、イギリスとオランダの東インド会社の違いとは何なのだろう。オランダのＶＯＣの資本金は約６４０万グルデンであり、イギリス東インド会社の第一航海の出資額を換算すると約53万グルデンとなり、初回航海のための単発の出資とはいえ、オランダの10分の1にも満たない規模である。オランダの場合は、国が音頭をとりつつ、元アントワープ商人などが主導権を握り、そのアントワープ時代のイベリア半島との取引の実績を継承して最初から貿易を志向したのに対し、イギリスの場合は、ドレーク等の半ば奇跡的な偉業に影響を受けて、東インド会社にも私掠船の関係者が参集し、現に私掠船隊と何ら変わらなかったランカスターの第一航海は大成功であったが（竹田２０１１）、会社組織の構築には手間取った。

ところでイギリス東インド会社の中心人物は、どのような背景の人々だったのか。初代総裁のトマス・スミス[14]はケント生まれで、その姓自体はアングロサクソンの職業由来の姓であるが（鍛冶屋、戦士）、母は成功した毛皮商人でロンドン市長の娘であり（旧姓Juddeはノルマン由来のユダヤ姓）、家系図にみえるネヴィル等の姓、妻の姓ブロント（Blount）からもノルマン系であろう。２代目総裁ジョ

（14）本書拙稿ではトマス・スミスにかぎらず家系調査に下記のサイトを用いた。https://www.geni.com/people/Sir-Thomas-Smythe-MP/6000000007010099516

ン・ワッツの家系はほとんど不詳であるが、その姓自体はノルマン征服由来のwattierやwautierに発し、フランドルのユダヤ系のものであろう。

前出のチャイルドは、ロンドン商人の子として生まれ、ポーツマスで商人としての腕を磨き、ビール醸造や海軍相手の仕事をして富を築き、ポーツマス市長も務めた。11世紀まで詳細に判明している家系を辿ると、最も古い配偶者名がシルド（Childe）で、フランスのロワール地方オーヴェルニュのルピュイの出身であり、その後ル・シルドという姓が続く。そのチャイルドに対抗したパピロン（Papillon）は、フランス語のパヴィリオン（テント）に発する姓であり、パピヨン（蝶）ではない（ただし類語ではある）。フランドル由来の姓で、自身、地元のユグノー（カルヴァン派）たちが参集する教会の執事でもあった。こうしてイギリスの多くの主要な航海関係者がノルマンディー・フランドルにルーツを有する。

英蘭による大航海時代の開幕前夜

さていよいよウィリアム・アダムスのテーマに入っていこう。１５８０年にポルトガルはスペインとの同君連合下に入り、85年には英西抗争を受けてフェリペ二世により、事実上オランダ船もリスボンを含むイベリア半島から排除されたので、オランダに移り住んだフランドル商人たちは、取引を継続すべく、自ら東インドの海に乗り出す必要が生じた。

ポルトガル人からすれば、ヨーロッパではそれまで親密な貿易相手であったカトリックのフランドル人が、今度は国が変わり、しかもプロテスタントのオランダ人となって敵として立ち現れた。しかし移住先でオランダ人になっても、ポルトガル人は依然として彼らをフランドル人と呼び続けた。その例として、上述のコウトは『アジア誌』の中で、下述のマヒュー船隊の南米での行動に関して「フランドルにいるように寛いで滞在した」とか「フランドル人が20人しかいない砦」等々、依然、「フランドル」を用いている（森2020）。面白い一例としては、ブラジル・サッカーでリオデジャネイロの名門クラブ・フラメンゴの名前は、世界周航の航海家オリフィエル・ファン・ノールトが1598年に上陸しようとしてポルトガル人との戦いになった市内南部のグアナバラ湾岸の地区名であり（日本総領事館もある）、つまりポルトガル語の「フラメンゴ（Flamengo）」は「フランドル」に由来する。そこからは映画「007シリーズ」の原作者イアン・フレミングという有名な英語の姓も連想できよう。

　アダムスがヨーロッパを離れた1598年は実に重要な年である。オランダ独立戦争の行方は、1597年までに北ネーデルラント領域の平定がほぼ終了し、翌1598年からは、いよいよオランダの海洋進出が本格的に幕を開ける。戦いの相手のスペインではフェリペ二世が世を去り、フェリペ三世が後を継いだ。フランスにおいては、ナントの勅令でユグノー戦争がひとまず終了、したがって仏西間にも平和条約が結ばれた。日本では豊臣秀吉が死去している。

　リーフデ号を含むマヒュー船隊や、オランダ人で初めて世界周航を達成した上記ファン・ノールトの船隊[15]、商業的な大成功を収めたファン・ネック船隊、さらにはデーヴィスが参加したハウトマンの2回目の船隊等のいくつもの先駆的な会社の船隊が出発したのも、この1598年である。5船隊の計22隻が出帆した年であり、前年にバーバリ貿易から身を引いたばかりのアダムスは、オランダの活況に居ても立ってもいられなかっただろう。

日本に到達したリーフデ号を含むマヒュー船隊はロッテルダムで艤装され、出帆した。第二次世界大戦で廃墟になって以降の今の発展ぶりからは想像できないが、16世紀前半までのロッテルダムはほんの小さな町であった。「16世紀後半にアントワープから裕福な商人たちが戦乱から逃れて、この町に移住してきた。町の人口が爆発的に増加して、16世紀末に一万人を超えた」（クレインス２０２１）。

リーフデ号を派遣したロッテルダム会社

マヒュー船隊の派遣元だったロッテルダム会社は、ヨハン・ファン・デル・フェーケンとピーテル・ファン・デル・ハーヘンという2人の人物が中心になって設立したものである。前者は、アントワープ南方のメッヘレン出身で、アントワープ封鎖前に、カトリックでありながらロッテルダムに移った商人兼銀行家であり、会社設立には一人で過半の出資を行ったほどの豪商であった。結果的にはマヒュー船隊全体は投資的には完全な失敗に終わったにもかかわらず、後に再度ＶＯＣへ６万ギルダーの大きな出資をするほどの大物であった。そのフェーケンに出資を持ちかけたファン・デル・ハーヘンはロッテルダム会社の旗振り役であり、アントワープ生まれで、ロッテルダムにてカリブ海方面との貿易を営んでいたこと以外は来歴が不詳である。ファン・デル・ハーヘン姓には、航海関係だけでも先に述べたアゾレス諸島のウィレム、後にモルッカ諸島アンボンで商館長を務めたステフェンなど複数いるので、いずれもフランドルがルーツの有力な一族なのであろう。

そのロッテルダム会社の取締役に名を連ねたのは[16]、上記の2人以外に、アントワープ有数の名門バ

リーフデ号模型複製（平戸オランダ商館所蔵）

ルタザール・コイマンス、アントワープ出身で、１６１０年にＶＯＣとバタヴィアとの条約を締結、バタヴィア総督府の基礎を作ったジャック・レルミテ（別名ルクレルク）、ワロン地方のトゥルネ生まれのユダヤ系、ＶＯＣ最大の出資者で、初代出島商館長マキシミリアンの父である上述のイサーク・ルメールなど、主役は皆、フランドル出身者である。

　マヒュー船隊の当初の船長たちをみていくと、旗艦「ホープ号（希望）」に乗る司令官ジャック・マヒューは、もとはフランドル伯領であった北フランスのサントメール出身で、移住先ケルンの有能な商人であった。副司令官だったのは「リーフデ号（愛）」に乗るシモン・デ・コルデスというアントワープ出身の裕福な商人で、若いころ、リスボンで貿易に従事していて、はたしてその姓もフラン

（15）ファン・ノールト船隊は商業航海としては失敗したが、世界周航を成し遂げ名声を博し、好評だった航海記により日本を欧州に知らしめた（クレインス２０１０、69頁）。またリーフデ号の生存者についても初めて欧州に情報を伝えた（森２０１４、28頁）。

（16）https://www.geni.com/projects/J-van-der-Veecken-P-van-der-Hagen-en-Comp-1597-1602/18112（２０２１年7月11日閲覧。以下、ＶＯＣの組織と人についても、下記を参照した。https://www.geni.com/projects/Vereenigde-Oostindische-Compagnie-1602-1799/4168）。

ドルのユダヤ系のものである。「ヘローフ号（信仰）」のヘリット・ファン・ベウニンヘンはドイツ生まれ、「トラウ号（忠実）」の船長ユーリアン・ファン・ブックハウト（またはボックホルト）はドルトレヒト生まれだが、２人もフランドル系と思われ、「ブライデ・ボートスハップ号（福音）」のセバルト・デ・ウェールトもアントワープ出身だ。全員が30歳代である。

以上の中ではベウニンヘンとデ・ウェールトの２人を除くと、ほとんど航海の経験のない温和で好人物の商人マヒューが司令官でもあり（アダムスと同じ１５６４年生まれ）、商人主導という船隊の弱点を抱えていて（クレインス ２０２１）、それゆえにアダムスやショッテン等、経験豊富な航海士をイギリスに求めたのであろう。少なくとも13人いた航海士のうち６人がイギリス人であった（Irving 2021）。

ロッテルダム会社の上層部のほとんどがフランドル系であることが判明したが、それでは同船隊の一般船員たちはどうなのか。リーフデ号で24人が瀕死の状態で来航し、結局生き残った船員が18人いたが（森 ２０１４）、アダムスを除く17人の中で少なくとも10人超がフランドル系と思われる。[17] それほどまでにロッテルダムの先駆会社の船隊の船員には、フランドル系が多かった。ちなみに後にＶＯＣが設立されロッテルダムにカーメルが置かれると、上述のファン・デル・フェーケンをはじめ９人の役員はすべてフランドル系（北ブラバント系1名を含め）の人物で占められ、中には後にＶＯＣ船隊を率いたコルネリス・マテリーフもいた。そのマテリーフの異母姉妹マリトヘンの夫が有名な日本での参府日誌を残したニコラス・ポイクであり（第11章参照）、またマテリーフはリーフデ号のクワケルナック船長の甥である（船長の妻の兄の息子）。そのクワケルナック船長はマテリーフ船隊での帰国を希望して離日、現に２人は１６０６年８月、ジョホール沖（マレーシア）での感動の再会を果たしたが（森２０１４）、帰国前に新船長として参加したマラッカ攻防戦で戦死し、帰国は果たせなかった（第８章注15参照）。フランドル系が牛耳るロッテルダムの狭いフランドル人社会である。

もっともＶＯＣが設立されて時代が進むにつれ人材不足となり、ハンブルクやブレーメンにも船員募集の窓口が作られ、幹部職員以外では、ドイツやスカンディナヴィアの船員・水兵を中心にリクルートの国際化が進展した（Boxer 1988）。「17世紀半ば頃で、兵士の65％、船員の35％が外国出身だった」のであり、後にはその割合はさらに高くなる（羽田２０１７）。

さてドレークなどの西回りによる世界周航という偉業をまねて、マヒュー船隊も、より危険な西回りであることを承知のうえで、太平洋横断後にフィリピンから「日本」に行き、その後世界周航を達成することを念頭に置いていた（Barreveld 2001）。それはファン・ノールト船隊も同様で、そのためにイギリス人航海士（大陸系のメリスなど）が雇われていた。一般船員には秘密にされたが、アダムス自身は航海が西回りであることを了解したうえで船隊に参加していた（森２０１４、クレインス２０２１）。

一衣帯水――イギリスとネーデルラント

以上の考察からいったい何がみえてくるだろうか。まずは現代の民族国家と同じ枠組みでは当時の

（17）八重洲の地名の由来となったヤン・ヨーステン、船長クワケルナック、サントフォールト、クーザン、ブランカールト、デ・コニンク等々、10人超がフランドル系と思われる。

ヨーロッパを理解できないことである。例えばイングランドはジェームズ一世のときにスコットランドと同君連合に入ったばかりで、本稿でブリテン島の政治領域を表すのにあえて「イギリス」という今日の日本式の呼称を用いたのは、混乱を避ける便宜のためにすぎない。ネーデルラントについてはいわずもがなである。同様に重要なことは、貿易や航海で世界に大きなインパクトを与えたのは、必ずしもその地の先住の住民ではなく、その出自が謎に満ちているコロンブスに象徴されるように、激動の時代にその地に移り住んだり、新しく雇われた人々、つまり移住民・外国人であったということだ。大航海時代には国家も存在感を高めつつあったが、世界システム論のイマニュエル・ウォーラーステイン流にいうなら、それでも国家を経済主体とみるのではなく、商人が行う貿易など人の活動を経済主体とみることが肝要で、具体的には「人の移動」と「人のつながり」を注視することが重要だ。

　そうした視点から、改めてイギリスと大陸間の相互依存的な人的交流を見直してみよう。影響力のあったイギリス人の中で、大陸で活動した事例としては、イギリスの海外進出の精神的・学問的支柱となったジョン・ディーは、メルカトルから地図について学ぶためルーヴェン大学に二度も滞在したほか、パリ大学など大陸で学び講じた。航海誌編纂者として有名な地図学者ハクルート（第4章注7参照）は、フランスに外交使節として滞在したことがあり、ウォルシンガムは政治亡命中に北イタリアのパドヴァ大学で学んだ。さらにはディーをも鼓舞し、またアダムスの日本行きの導線になった可能性もある（森２０２０）、イギリスで初めて日本を紹介した『東西インド誌』（１５７７年）を完成させたリチャード・ウィルズも、ルーヴェン大学で学び、ペルージャ大学で教える等、大陸で研鑽した。

　他方、大陸からイギリスへの働きかけとしては、イギリス東インド会社のランカスターによる第一航海からして、司令官を補佐すべくオランダ人・ポルトガル人の航海士が動員された多国籍の船隊で成功し（竹田２０１１）、さらに第七航海などは、東インド経験が豊富なペーテル・フロリスやルーカス・アントゥニスらフランドル系商人たちの提案と一部出資による航海であった（Moreland 1934）。こうした航海の延長線上に、イギリス側の航海ではあるが、後に詳述するフランドル系のセーリスとプリングの船隊もある（第4、11章）。

つまりカトリックの世界帝国スペインに対抗すべくネーデルラントとイギリスの船乗りや商人が同じプロテスタントとして共闘したとき、集まってきたのは、それぞれの国は違っても、大陸のどこかに同じような出自を持つ、民族的背景が似通った者同士の集合体だった。アダムスの思考や行動、そして人生も、こうした背景、脈絡から読み解かれるべきである。

再び「なぜオランダ船か」

アダムスが「なぜオランダ船か」という冒頭の疑問に最後に戻ると、アダムスが船に乗っていたバーバリ商会の特許が切れたのは１５９７年で、時代はまさにオランダによる東インド航海時代の幕開けの前夜であった。遠洋航海を望むアダムスは、オランダ側で北アフリカのバーバリ貿易にも関わっていた仲間から（ロッテルダム商人ブルールスなど）、極東への遠征計画に参加を誘われ、他のイギリス人10数名ほどとマヒュー船隊に馳せ参じた。

アダムスは、ドレーク等、イギリスの偉大な航海家の先人たちに匹敵するような航海の功績を欲しており、他に先んじて日本や中国に航海できるなら、その船の所属が英蘭のどちらかなどはまったく問題ではなかった。何しろ、オランダの独立を認める初の主権国家間の国際条約であるウェストファリア条約（１６４８年）はまだ先の話であり、ＶＯＣこそがやっと芽生えつつある「国家」意識をもって今から設立されるという時代である（羽田２０１７）。かつてイギリスからの輸出品は羊毛で、フランドルで布地に製造されて、ジリンガムからイギリスに逆輸入されたので、アダムスは、外国といえばネーデルラントに強い親近感を抱いていた（皆川１９８３）。ネーデルラントの八十年戦争（独立戦争）が１５６８年に始まってからは、両国は共通の敵スペインに対して、まるで一つの国のように連携して戦い、フランドル人の独立戦争のリーダーたち[18]は１５７５年に、フランドル系のアン・ブーリンが母であるエリザベス女王にネーデルラントの王権を差し出す提案すら行っている（女王側が拒絶[19]）。

　イギリスは、当時は社会文化的にはまだ二流国とされていたが、それでも航海については「良い船乗り」がいる国とみられていた（ガードナー１９８９）。オルテリウス、メルカトル、プランシウス等々、枚挙に暇のない錚々たる地図学者を誇るフランドルとはいえ、それまでは北方航海を含め、ヨーロッパ大陸の沿岸やせいぜいモロッコ等、バーバリ方面までの海上貿易が多く、少なくとも16世紀後半まではアントワープに商品調達を依存していた分、かえって大陸間遠洋航海の優秀な船乗りには事欠いたのである（Irving 2021）。

　英蘭が蜜月であった時代に、上記のような背景で日本にやってきたアダムスは、もともと国家意識も希薄で、リーフデ号の仲間とはもちろんのこと（一部例外はあったが）、カトリック宣教師とも仲は悪くなく、１６１３年にやってきたイギリスの同胞のためだけでなく、それ以前は、先発のオランダ商館（１６０９年設置）のためにも働き（第7章参照）、外国貿易を願う家康のために皆と分け隔てなく親しく交流したのである。

参考文献

浅田實『東インド会社――巨大商業資本の盛衰』講談社現代新書、１９８９年
井沢実「スペインとフランダース」『東方案内記』大航海時代叢書Ⅷ、月報８、１９６８年
エドワード・ウィルソン＝リー（五十嵐加奈子訳）『コロンブスの図書館』柏書房、２０２０年
Ｊ・Ｐ・オリヴェイラ・イ・コスタ『ポルトガルと日本――南蛮の世紀』ポルトガル国立造幣局、１９９３年
Ｂ・ガードナー（浜本正夫訳）『イギリス東インド会社』リブロポート、１９８９年
岸野久「ジパングとジャポンの同定者ギョーム・ポステル」小峯和明編『キリシタン文化と日欧交流』勉誠出版、２００９年
栗原福也『ベネルクス現代史』山川出版社、１９８２年
フレデリック・クレインス『十七世紀のオランダ人が見た日本』臨川書店、２０１０年
フレデリック・クレインス『ウィリアム・アダムス――家康に愛された男・三浦按針』ちくま新書、２０２１年

---

(18) オランダ独立戦争とはいうが、イーペル生まれのセバスティアン・マッテによる北フランスでの説教から聖像破壊運動が始まり、「乞食党」、「海の乞食」のリーダーのヘンドリック・ファン・ブレーデローデはブリュッセル、アドリアン・ドルハンもフランドル生まれである。

(19) 女王の代わりに寵臣レスター伯が派遣されたが、不首尾に終わった。さらに次の世紀には護国卿クロムウェルが、逆にオランダに対してプロテスタント共和国連合を提案したが、実現しなかった。クロムウェル家はもともとウィリアムズ姓であり、ノルマン・フランドル由来である。なお、母エリザベスを通じて文豪シェークスピアとも親戚関係にある。

科野孝蔵『オランダ東インド会社の歴史』同文館出版、１９８８年
高橋裕史『武器・十字架と戦国日本』洋泉社、２０１２年
竹田いさみ『世界史をつくった海賊』ちくま新書、２０１１年
B・C・ドナルドソン（石川光庸・河崎靖訳）『オランダ語誌――小さな国の大きな言語への旅』現代書館、１９９９年
中澤勝三『アントウェルペン国際商業の世界』同文館出版、１９９３年
永積昭『オランダ東インド会社』講談社学術文庫、２０００年
羽田正『東インド会社とアジアの海』講談社学術文庫、２０１７年
B・ベイリン（和田光弘・森丈夫訳）『アトランティック・ヒストリー』名古屋大学出版会、２００７年
皆川三郎「William Adams 研究 ―― 日英における評価と人間 Adams」１９６９年（https://www.jstage.jst.go.jp/article/jei-gakushi1969/1975/7/1975_7_1/_pdf/-char/ja）
皆川三郎『形成期の東インド会社と William Adams』篠崎書林、１９８３年
ジャイルズ・ミルトン（築地誠子訳）『さむらいウィリアム――三浦按針の生きた時代』原書房、２００５年
森良和『リーフデ号の人々――忘れ去られた船員たち』学文社、２０１４年
森良和『三浦按針――その生涯と時代』東京堂出版、２０２０年
リンスホーテン（岩生成一他訳）『東方案内記』大航海時代叢書Ⅷ、岩波書店、１９６８年
Barreveld, D.J., *The Dutch Discovery of Japan: the True Story Behind James Clavell's Famous Novel Shogun*, San Jose, 2001.
Boxer, C.R., *Dutch Merchants and Mariners in Asia, 1602-1795*, London, 1988.
Farrington, A., *The English Factory in Japan 1613-1623*, 2 Vols., London, 1991.
Irving, Richard, *A True & Complete Account of the Life of William Adams –The English Samurai: Act One*, 2021. (https://read.amazon.co.jp/?asin=B096BGVQ9Q)
Moreland, W.H., *Peter Floris His Voyage to the East Indies in the Globe*, 1934. (https://indianculture.gov.in/ebooks/peter-floris-his-voyage-east-indies-globe-1611-1615)

第2章　アダムスとカトリック勢力

——アダムスが日本をスペインの侵略から救ったのか

森　良和

日本来着直後のアダムスとカトリック勢力

慶長五年三月（１６００年４月）にリーフデ号が豊後（現大分県）に来着すると、現地に在住していたイエズス会宣教師たちは、船員たちがプロテスタントのオランダ人やイギリス人であることを知り、直ちに敵対的な行動に出た。まず地元の有力者たちに「リーフデ号の船員たちは王への反逆者で、世界を荒らし回るルター派（プロテスタント）の海賊」と触れ回り、即刻処刑すべきと忠告した。これに恐れをなした船員２名はポルトガル側に寝返ったという。

まもなく、アダムスともう一人の船員は、徳川家康の引見を受けるため大坂城に移送されたが、このときも宣教師たちは執拗にアダムスらを攻撃している。しかし「南蛮人」同士の争いに介入しないとする家康はそれに惑わされることなく、来航までのルートやその目的、あるいは母国の宗教や風土などをアダムスに尋ねた。アダムスはこれに答えて、自分たちはキリスト教を信仰するものの目的は貿易と外国との友好なので、布教には無関係であるとした。

アダムスが大坂で入牢している間、他の船員たちもリーフデ号で堺に移送されており、まもなく解放されたアダムスと彼らは家康の本拠地関東への移動を命じられた。船員たちはその後2年ほど浦賀に係留されたリーフデ号で寝起きしたとみられるが、やがて浦賀近辺や江戸に各自の家があてがわれた。ただ、出国は許されず、日本に定住させるため日本人の妻も紹介されたようだ。当時はオランダ通詞がいなかったので、船員たちが日本語をある程度習得して意思疎通が可能になるまで、ポルトガル語かスペイン語の通訳がつけられたであろう。なお、アダムスはこれらの言語にも通じていた。

家康がリーフデ号をすぐ浦賀に回送したのは、積載された大砲などの武器に魅力を感じたこともあろうが、「貿易を望む」アダムスの言葉を受けて、将来的に対オランダ貿易を見据えたのだろう。後述のように、家康はこの直前にスペインとの太平洋貿易実現に乗り出している。これらはすべて自身の領国の富国強兵を図るためで、「内府」として豊臣秀吉没後の五大老の筆頭に立つとはいえ、他を圧倒するためにもいっそう財力を盤石にする必要があった。家康がしばらくキリスト教に寛大であったのはそのためである。

すでに慶長三（１５９８）年に秀吉が死去した直後に、家康は外交政策を転換し、それまでの強圧外交から善隣外交に改めている。まずフィリピンのスペイン人総督と交渉が行われ、同年末、家康は早くも五郎右衛門尉《じょう》を、翌年にも別の使節を、それぞれルソンに送っている。貿易による利益の大きさを認識していた家康は、以後次々と東南アジア各国に日本との友好と通商を希望する旨の書簡を送付していく。

マニラ総督との交渉が発展する契機となったのは、フランシスコ会士ジェロニモ・デ・ジェズス・デ・カストロ（スペイン名ヘロニモ・デ・ヘスス）の引見である。ジェズスは秀吉の追放令に背いて伊勢で身を潜めていたが、１５９８年末に発見されて家康の下に連行された。ジェズスへの尋問によって、家康は対スペイン貿易の大きな可能性を見出した。フィリピンにとどまらず、すでに確立しているスペインのガレオン貿易にならい、対ヌエバ・エスパーニャ（ノビスパン、以下「メキシコ」）の太平洋貿易を構想したのである。さらにメキシコで行われている効率的な銀の精錬法の導入も熱望していた。

家康の構想は、東南アジア貿易の拠点である長崎に加え、自身の根拠地にある浦賀を「第二の長崎」とすることであった。この方針は、江戸幕府が成立してまもなく、駿府の大御所として「院政」を敷いてからも変わらなかった。莫大な資金力を保持している豊臣家、西国の外様大名や他の有力大名らに対する警戒心は依然失っておらず、そのためにも貿易による利益と効率的な銀の精錬で経済基盤をさらに固めるつもりであった。

しかし、当時の日本には太平洋を横断できる外洋船はなかったので、家康は西洋船建造のための船大工の派遣と、浦賀への貿易船入港をスペインに熱望した。また、メキシコから鉱山技師の招請も求めた。前述のジェズスはこれらの要求を実現可能と請け負い、その見返りとして１５９９年５月末、江戸にロザリオ聖母教会の建立を許可された。同年冬、ジェズスはマニラに戻って家康の意向を総督府に伝えた。リーフデ号が来航したのはその直後である。この来航は、搭載された武器の魅力とともに、ポルトガルやスペインとも異なる貿易ルートを家康に予感させた。

それまでの「南蛮貿易」は端的に対ポルトガル貿易であった。しかし戦略に長けた家康はマカオからのポルトガル・ルートのほかに、スペインやオランダを加えた複数の「南蛮貿易」の実現によって彼らを競合させ、日本側に有利な貿易体制を作り上げようと図ったのだろう。特にオランダが布教を求めないことは大いに歓迎すべきことであった。

当時のスペインとポルトガルは、ともにフェリペ三世を君主に戴く同君連合国家であったものの、両国は決して政治的・経済的に併合したわけではなく、世界貿易の勢力圏はトルデシリャス・サラゴサ両条約で定められた分界に従っていた。だが、サラゴサ条約の約定事項に日本は言及されていないばかりか、第６章でも述べるとおり、そもそも当時の世界図にある日本は正しい形状からほど遠く、現北海道は地図に存在さえしていない。また、厳密な経度の測定も不可能であったので、日本が知らぬ間に北海道東部で両国の勢力圏に分断されていたとする一部の主張は誤解である。

それでも、モルッカ諸島から２９７・５レグア以東までをポルトガルの勢力圏とするサラゴサ条約をそのまま適用すれば、日本は漠然とその圏内に入ると思われたし、すでに１５４３年以来、ポルトガル人が先行して日本との交流を深めていたこともあって、実効支配が黙認されていた。ポルトガル・スペイン間で日本での優先権についての論争もあったが、マカオから来日し、貿易と布教で先行したポルトガル人とイエズス会は、日本参入を図るマニラからのスペイン人とフランシスコ会に反発していた。

一方、リーフデ号の船員たちが関東で生活している間も、家康とマニラ総督とのやりとりは続いていた。その間のカトリック勢力とアダムスの関係を直接知る史料はないが、総督ペドロ・アクーニャが1602年6月1日付で家康に送った書簡には、オランダ人を非難し、フィリピンまで送還するよう求める一節がある。

オランダ人数名が関東に来航したと神父から聞いております。彼らはわがスペインの臣民ですが、悪人で争乱を好み、国王に背き、海賊を生業とする者たちです。貴国に来た目的も、土地や港湾を探検して略奪するためですので、貴下には十分警戒を怠らず、また、彼らを捕らえて次の船で当地に護送されるようお願いします。(『異國日記抄』)

もちろん家康はこの要請に応じていない。なお、同年9月に遭難したガレオン船エスピリトゥ・サント号が土佐清水に来着したとき、港を封鎖されたことに危険を感じた船員たちは、交戦の末辛くも脱して多くはマニラに帰還した。その際フィリピンとの関係悪化を懸念した家康は、捕らえた船員ら40数人をまもなく日本の商船で送り届けている。

カトリック勢力のアダムスへの接近

上の書簡のように、フィリピン側はオランダ人に対する敵対心を持ち続けていた。しかし、カトリック側の意向とは逆に、まもなく家康はアダムスを重用する。アダムスが幾度となく登城して幾何学や算術なども教示すると、喜んだ家康はアダムスの発言に反対しなくなったという。これに驚いたスペイン人やポルトガル人は、やむなくアダムスと友好的な関係を築く方針に切り替えた。アダムスは寛大にもこれを受容し、自身の手紙によれば「仇に恩で報いた」。それでも、家康に対するアダムスの影響力を恐れたカトリック宣教師たちは、アダムスを自派に改宗させるか、体良く日本から出国させようと画策した。

１６０４年、浦賀に「奇蹟屋」と呼ばれる奇妙な修道士が現れる。フランシスコ会士フアン・デ・マドリッドは、奇蹟を起こしてカトリックの偉大さを見せつけ、「異端者」のプロテスタントを改宗させようとした。彼はアダムスやオランダ人に三つの奇蹟を示し、どれを実行してほしいか選ばせた。すなわち、『旧約聖書』のヨシュアのように太陽の動きを止めて下ろすか、向こうの山をこちらに移動させるか、あるいは聖ペテロのように水上を歩いてみせるかと迫った。

アダムスやオランダ人たちは苦笑交じりに、太陽が下げられればみな熱暑にさらされる、山が動けば地主が困るだろう、だから水上を歩いてみせてほしいと応じた。何千人もの衆人環視のなか、かの修道士は十分祈りを捧げると、足底に板をはめて十字架を背負い、海に入った。しかしたちまち失敗し、泳ぎも得意なはずが溺死しかけたので、オランダ人サントフォールトに救助されるはめになった。後日アダムスが「奇蹟屋」の様子を見にいくと、「あなた方が成功を祈らなかったから失敗した」と負け惜しみを言ったという。

また、フランシスコ会はジェズスの交渉以後、マニラからの派遣船を江戸に入港させるとしていた。しかし、船長たちは江戸への入港が技術的に無理としたので、度重なる言い逃れに家康は憤慨した。するとフランシスコ会士たちは、もし将軍が費用を負担してくれれば次の船を江戸に曳航《えいこう》すると提案した。だが、これを聞いたアダムスが、曳船《えいせん》の助けなど借りずに船を江戸まで水先案内できると申し出たので、スペイン人たちの面目は丸つぶれになった。このエピソードはイエズス会の記録にあるので、フランシスコ会への対抗意識がうかがえる。

このころ数少ない江戸のキリシタンたちは窮地に置かれていた。公方（家康）が奉行たちにキリシタンを見つけ出すよう命じて、見つけ次第改宗させ、江戸と関東では禁教にすると伝えたのである。この締めつけは、スペイン船が一向に関東に入港しないことへの家康の苛立ちから出たといわれる。厳しい弾圧はなされなかったが、１６０５年に江戸を訪れた著名な司祭ジョアン・ロドリゲス（通称「ツズ」＝通詞）は、江戸と近郊に7、8名のオランダ人とイギリス人が居住していることを知った。キリシタンへの迫害は彼らによる計略と考えたのだろう。

そこで司祭は、彼らの中心人物（アダムス）に改宗を促そうとした。両者は互いに聖書の章句を諳《そら》んじて「神学論争」をしたが、互いに譲らず、司祭の試みは奏功しなかった。このとき司祭はアダムスの聖書の知識に一目置いている。次に司祭は、ポルトガル船でアダムスをヨーロッパまで運賃無料で送り届ける提案をした。このころかなり望郷の念に駆られていたアダムスであったが、申し出には感謝するとしながらも、「公方様が許さないだろう」と断っている（『イエズス会日本報告』）。事実、同じころアダムス自身が家康に二度も帰国を懇願しているが、願いは叶えられていない。

上の一連の出来事はいずれも１６０４年から05年ごろ起こっている。これはちょうどアダムスの主導で最初の西洋船が完成した時期である。カトリック側がいかに家康の信頼篤いアダムスを恐れ、その動向に注目していたかがわかる。まもなく2隻目の西洋船が建造されると、特にマニラのスペイン人は危機感を募らせた。恐れていた事態が発生したのである。もっともスペイン側は、それらの船が当時オランダ商館が設立されていたパタニ（現タイ南部）に向かうと思っていたようだ。

スペイン側の思惑は家康の希望と根本的に隔たっていた。スペイン側はあくまで貿易と布教を一体にしていたが、家康は「日本は神国（神仏の国）」「日本においては決して貴国の教を弘布べからず」として、キリスト教を排した貿易のみの関係を希望した。それでもスペイン側は日本側の姿勢を無視し、一貫して両者を切り離さない方針で臨んだ。

ドン・ロドリゴとアダムス

先述のとおり、イエズス会やポルトガル商人は、マニラのスペイン人が対日貿易を進めることを警戒していた。そうしたなかで１６０９年10月１日、マニラからメキシコのアカプルコに向かっていた約１０００トンの大型ガレオン船サン・フランシスコ号が、台風により上総国岩和田海岸（現千葉県御宿町）に漂着したことは、日本・スペイン関係の大きな転機となる。

同船には、任を終えてアカプルコに向かう前マニラ臨時総督ロドリゴ・デ・ビベロ・イ・アベルサ（以下「ドン・ロドリゴ」）が乗船していた。７月末に３隻の船団でマニラを発った同船は、マリアナ諸島沖で台風に遭遇したため日本に向かうことにした。他の２隻のうち、サンタ・アナ号は豊後の臼杵に漂着し、サン・アントニオ号は何とかメキシコに帰還した。なお、サン・フランシスコ号の船長はフアン・セビーコスで、船団の司令官フアン・エスケラも同船に乗船していた。

難破した同船の乗組員３７３名のうち生存者は３１７名で、岩和田村民と大多喜城主本多忠朝による保護を受けた。このときアダムスは、おそらく大多喜まで出向いて彼らの通行証を手渡したうえ、江戸まで案内し、到着後に通訳の宣教師に引き合わせた。ドン・ロドリゴは翌年7月末まで日本に滞在するが、それ以後両者が会った形跡はない。後年ドン・ロドリゴが「日本報告」でアダムスとの接触について次のように記しているのは、おそらく江戸までの道中で交わされた会話からであろう。

・48日経ったとき、この地で2年（「12年」の誤りか）以上過ごし、結婚もしていたイギリス人航海士がやってきた。彼は皇帝から寵愛されていたが、この幽閉状態から解放する保証書と（駿河までの）通行書を持ってきてくれた。

・（北緯）46度以上の所にも皇帝に服従し、租を納める臣下がいるにはいる、とイギリス人航海士（アダムス）が明言した。彼は日本で難破し、そのまま居住して2年以上になるもので、地球形状学と数学の極めて優れた大家である。皇帝はこの学問に非常に惹かれ、それを学びたいので彼にいろいろと便宜を図り、恩恵を与えている。その彼が、私には何かよく分からぬ光栄の（ための）権利を確認するために派遣されたとき、アストロラーベ（渾天儀）を持参し、（そこが）45度にあることが分かったが、行ける可能性のあるところすべてを踏査しなかった、と言った。（ヒル２０００）

これらを見るかぎり、ドン・ロドリゴがアダムスを直接非難した行はないが、オランダ人への敵対意識が顕著なのは他のスペイン人と同様である。家康と謁見した際、ドン・ロドリゴは日本とスペインの交流に必要な条件として、日本側の「キリスト教布教の承認、スペインとの友好の維持と促進、在日オランダ人の追放」の三つを挙げた。これに対して家康は、オランダ人の追放以外は受け入れると回答しているが、真にキリスト教布教を容認したとは言いがたく、太平洋貿易の実現を見据えたうえでの社交辞令であろう。

それでもドン・ロドリゴは、日本とメキシコ間の太平洋貿易に肯定的である。彼によれば、日本への輸出品はメキシコにおける不要品など、現地経済に打撃を与えない商品を主とし、代価として日本の豊富な銀を得る。また、日本との通商を活発にして現地にスペイン人の住居や倉庫が増えれば太平洋貿易はより安全になり、オランダ人を排除する足掛かりにもなる。したがってスペインにとっては、フィリピンよりも日本との関係改善の方が重要であるとさえいう（ヒル 2000）。

しかし、イエズス会系の船長セビーコスをはじめ、フィリピンでもスペインでもメキシコの対日貿易には反対意見が優勢であった。その理由は、日本の太平洋貿易参入でマニラ貿易が打撃を受けること、メキシコには毛織物以外の日本向けの商品がないこと、日本船から関税を取ればフィリピン船も従来逃れていた関税を日本から課せられること、日本人が太平洋で航海経験を積めば、彼らの攻撃的な性格によって太平洋の支配者になる恐れがあることなどが挙げられている。なお、ドン・ロドリゴは武力による日本征服は不可能と考えていたが、以前にはそうした計画が構想されていた。

カトリック国による日本占領構想

前段を受け、ここで時代を遡って、宣教師たちによる日本の軍事的占領構想を簡潔に検証する。このことはしばしば話題にされるが、フランシスコ・ザビエルやアレッサンドロ・ヴァリニャーノらの著名な宣教師、およびドン・ロドリゴやその返礼使節セバスティアン・ビスカイノらの要人も、これには否定的か懐疑的である。

初めて日本にキリスト教を伝えたフランシスコ・ザビエルは、１５５２年4月にゴアからポルトガルのイエズス会神父に書簡を送り、スペイン皇帝とカスティーリャ王に対して、メキシコ経由で探検艦隊を「銀の島（日本）」に派遣するのをやめるように警告している。ザビエルはその理由として、航海の難所である日本近海では船が難破してしまうこと、仮に上陸できても日本人は好戦的で強欲なので、全員捕獲されて武器や衣服を奪われたうえで、飢え死にするか殺害されるまでであるとしている（『フランシスコ・ザビエル全書簡』）。

もっとも、ザビエルの存命中にスペインはまだマニラ市を建設しておらず、ガレオン船による太平洋貿易も行われていない。これらが確立するのは１５７０年代になってからであるが、マニラ市建設後も現地のスペイン人はずっと日本人海賊の襲撃に脅かされていた。また既述のとおり、すでに日本と貿易していたポルトガルは、スペイン人による日本・フィリピン間の貿易に反発していた。

イエズス会日本巡察使のアレッサンドロ・ヴァリニャーノもザビエルとほぼ同意見である。ヴァリニャーノは「本能寺の変」の3年前、１５７９年に発信したイエズス会総長宛ての書簡で、武力による日本征服を不可能とし、その理由にまず日本人の好戦性を挙げているのは、戦国の時代状況が反映されていよう。さらに、日本の地勢は周囲を海に囲まれているし、険しい山中に難攻不落の要塞があって、そのうえきわめて多数の兵士がいるので、いかなる強国も日本には対抗できないし経済的にも利益がないとしている。

それでも、一部宣教師による日本占領構想は江戸時代開始の直前まで存在していた。特に豊臣秀吉による天正十八（1587）年の伴天連追放令以後、これに反発する宣教師の言動には強硬姿勢が目立つ。追放令を直接申し渡されたガスパール・コエリョのほか、ペドロ・ラモン、ルイス・フロイスらの司祭は、イエズス会本部に書簡を送って盛んに追放令の非道を訴え、「無知蒙昧で野蛮な日本人」を霊的に正しく導くには武力による侵攻もやむなしとした。

なかでもイエズス会司祭ペドロ・デ・ラ・クルス（以下「デ・ラ・クルス」）が、1599年2月に長崎から同会総長に宛てた書簡には、実現の可能性はともかく、具体的な日本占領構想が詳述されている（高瀬1981）。デ・ラ・クルスの構想はそれまでの強硬論をいっそう発展させて集成したものといえる。なお、同書簡は秀吉死去の翌年に認められている。太閤の強力な権力がいったん解消したときであるので、2年前の「二十六聖人殉教」に対する報復意識が反映されていよう。家康がヘロニモ・デ・ジェズスを引見したのもこのころである。

デ・ラ・クルスの構想の背景には日本での布教活動への失望感がある。彼によれば、日本での改宗は領主の都合によって世俗的に行われるので、改宗の質がきわめて悪い。すなわち、キリスト教的倫理観は浸透せず、婚姻関係の乱倫（一夫多妻）、男色、嬰児殺害、堕胎、法治無視の私刑などが横行している。また、日本人は平和に安住できない好戦的な国民性なので、武力的手段に訴えるのはこうした国民を霊的に救済するためであり、決して豊富な銀の略奪ではないとしている。

では具体的な占領計画をどのように進めるのか。デ・ラ・クルスによれば、まず日本各地にスペインが支配する拠点港を築き、そこから徐々に支配地を拡大していく。その際、港を支配する領主との親交を深めるため、活発な貿易を保証して徐々にその地の防備を固める。もし領主が反キリスト教的な態度をみせたら、貿易停止をほのめかして圧力をかける。領主にとっては貿易上の利益こそがキリスト教と結ぶ理由なのだから。

そのうえで、日本の貧弱な海軍力や武器不足を見越してスペイン艦隊を大挙動員し、最初に目標を下《しも》（九州）か四国に限定して海上封鎖を行う。その際、日本の領国同士の対立を利用し、一方に十分な資金提供をしてスペインと同盟させる。また、専横的な殿様に隷従している家臣たちの不満につけこんで、彼らにも反逆を促す。さらに極限まで年貢で搾取されている百姓たちも、自由を与える条件でキリスト教の味方につける。その際、まず確保すべき港の例として天草島（志岐）を挙げている。

デ・ラ・クルスの構想は日本征服だけにとどまらない。彼はさらに明の支配も視野において日本から遠征軍を派遣することを考えた。かつて数千人の明軍に捕らえられて洞窟に監禁されたわずか10数人の日本人兵士が、全員そこから脱出できた例を挙げ、日本人の強靭さは明への遠征に非常に有効であるとする。布教と軍事の東アジア・ネットワークを形成し、日本をその拠点とみなすこうした構想は、すでにフランシスコ・カブラルらにもみられる。

しかし、デ・ラ・クルスの書簡からドン・ロドリゴの来日までは10年経過している。その間日本の国内情勢は大きく変わった。徳川政権は幕藩体制を固めつつあり、デ・ラ・クルスが考えたようなキリシタン大名反乱の余地はなくなった。ドン・ロドリゴが武力による日本征服に否定的なのも、中央集権が進んだ日本の盤石ぶりを目の当たりにしたからにほかならない。

ドン・ロドリゴによれば、日本人は銃の使用に熟達しており、しかも弓矢や槍、剣を携行しているうえ、勇気と機敏さはスペイン人に似ている。理性や議論、理解力にも劣らないし、人口も要塞も非常に多い。これらの点でアメリカ大陸のインディオとは大きく異なるので、たとえスペインから離れていなくともこの国の攻略は難しい。したがって、日本人をスペイン王の下に置くには宣教以外に方法はないと結論づける。

メキシコに長く暮らし、マニラにも1年あまり滞在したドン・ロドリゴは、両地域の兵力と周辺事情を熟知していた。そのうえで日本の国情を細部まで観察し、現実的に日本侵攻が不可能であることを十分認識していた。むしろ怯えていたのはマニラ側で、長らく倭寇など「凶暴な日本人」の襲撃に悩まされ、さらに秀吉による侵略の噂にも危機感を募らせていた。日本人に西洋船の建造技術を教えなかったのはそのためである。

そもそもこの時代に、かつてイギリスに侵攻した無敵艦隊のごとく、大艦隊を編成して日本に侵攻するのは現実的に不可能である。スペイン本国から日本まで艦隊を移動させるには、まず大西洋を航行してメキシコに達し、次に陸路を横断してアカプルコまで行軍したうえで、さらに太平洋を航海しなければならない。これには相当数の艦船と兵員が必要で、費用も時間も膨大となる。長旅の疲労と熱帯の風土病などで、移動だけで兵員が多数失われよう。台風に遭遇して艦隊が全滅する危険もある。何よりも、天敵ひしめくヨーロッパで本国の防備を手薄にすることはできない。

加えてメキシコやマニラの駐留兵士も大量動員すれば、植民地の防備も弱体化する。スペイン植民地は常にオランダの脅威や、頻発する先住民と在留外国人の反乱に悩まされていた。ちなみに日本からメキシコに帰国したビスカイノは、直後に現地に侵入したオランダ遠征軍に立ち向かうため、守備隊の司令官に任命されている（Mathes 1968）。

岡本大八事件とキリスト教禁止令

慶長十六〜十七（１６１１〜12）年に発生した岡本大八事件は禁教令の契機とされる。

１６０８年、有馬晴信が占城（現ヴェトナム中部）に派遣した朱印船が、航海の帰途マカオに寄港したとき、船員たちと現地民との間に激しい乱闘が起こった。このときポルトガル人総司令官アンドレ・ペッソアは有馬船の船員60名を殺害してそれを鎮圧した。翌年、ペッソア自身が大型船ノッサ・セニョーラ・ダ・グラッサ号で長崎に入港すると、１６１０年初め、家康の許可を受けた有馬は、マカオの事件の報復を図って１２００名ともいわれる兵士を差し向け、同号を攻撃した。数日間の攻防の末、同号は積載していた火薬への引火によって爆沈した。

これを手柄とした有馬に近づいたのが岡本大八で、家康の最重臣本多正純の家臣であり、ポルトガル船攻撃の監視役を務めていた。岡本は、かつて有馬が失った広大な近隣領地を恩賞として回復できるよう取り計らうとの名目で、高額の賄賂を要求した。これを信じた有馬は６０００両もの大金を渡して悲願の実現を図った。しかし、失地回復の話はいっこうに来ない。業を煮やした有馬がついに本多正純に直接質すと、話はまったく架空で、有馬は巨額の詐欺にあったことを知った。その結果、岡本は捕らえられて慶長十七年三月に焚刑にされた。一方の有馬も、贈賄に加えて長崎奉行の暗殺を企てたとして自死に追い込まれた。

しかし、事件はさらに重大な展開につながる。事件の関係者を探る過程で、有馬や岡本のみならず、駿府城内にも多数のキリシタンがいることが判明したのである。日本中にキリスト教が蔓延していることに危機感を抱いた家康は、岡本の処刑当日、慶長十七年三月二十一日（1612年4月21日）に直轄地でのキリスト教信仰を禁止し、同年十二月にはそれを全国に拡大した。

岡本大八事件そのものはキリシタン同士の疑獄事件であるが、それが禁教に発展するには以前から持ち越された複合的な要因があった。家康が不本意ながら黙認していたキリスト教の予想以上の拡大、非カトリック国オランダへの貿易相手国交替の見通し、仏教界からの圧力、オランダ人やアダムスの進言などが合わさって、いわば機が熟したタイミングでの発令であった。

前述のように、それまで家康は貿易上の利益と結びつけてキリスト教を黙認していた。しかし布教を求めないオランダ人が来航し、貿易品で最も重視された生糸や絹製品の調達に見通しができると、ポルトガルやスペインに依存する必要はなくなった。当時たまたま来日していたビスカイノの傲慢な態度も、家康や秀忠に悪印象を与えた。「世界最強のスペイン王の使節」を自認し、謁見の儀礼まで自国の流儀で行うと譲らなかったからである。

禁教令の結果、家康が構想した浦賀港の「第二の長崎化」計画も頓挫した。浦賀はもともとスペイン船の寄港地として想定されていた。しかし家康は、ドン・ロドリゴやビスカイノとの謁見を通じて、あくまでも布教に固執するうえ、鉱山技師の派遣にも日本に不利な条件しか提示しないスペインに見切りをつけた。事実、その後は家康も秀忠もフィリピン総督への友好的な書簡は送っていない。スペイン側も日本の態度の変化を承知しており、その背後には「甚だしい異端者アダムス」がいるとしている。

なお、１６０９年以来平戸に商館を設けていたオランダは、スペインと入れ替わるように浦賀への移転を誘致されている。１６１２年、駿府に参府したオランダ使節ジャック・スペックスとヘンドリック・ブラウエルは、家康に浦賀移転を勧められたが、すでに平戸に多額の費用をかけて商館を建設したことや、藩主松浦氏から受けるさまざまな便宜と平戸町民との友好関係などを考慮して、平戸にとどまると決めている。西日本に貿易ネットワークを築いていた唐人商人や西国商人たちの意向も、平戸から離れなかった大きな要因であろう。

翌年にはイギリスも浦賀を推奨された。１６１３年、イギリス船として最初に来日したクローヴ号の司令官ジョン・セーリスは、９月下旬にアダムスの案内で浦賀を訪れたとき「平戸を捨ててもこの港を採るべき」とし、商館は江戸に置くとしている。しかし平戸に戻ったセーリスは、唐人商人李旦（英名アンドレア・ディティス）から借り受けた家屋をそのまま商館とし、浦賀や江戸を話題にしていない。

商館の平戸定着についてはアダムスの立場の変化も見逃せない。アダムスはセーリスを浦賀に案内した際駿府で家康に再び謁見して、希望どおり日英間の貿易開始と商館設置を認められた。その直後、意を決して何度目かとなる帰国許可を願い出た。思いがけずこれを認められたアダムスは「長い惨めな勤めから解放されたことを神に感謝した」と述懐している。「村の小領主」に安住するよりは「海の男」に戻ることを選んだアダムスは、イギリス商館の臨時商館員となって東インド会社総裁の配下となる。ただし、逸見の領地は息子ジョゼフに安堵されたし、以後もアダムスは家康の呼び出しに応じている。

アダムスの進言と禁教令の関係

こうした流れのなかで、カトリック勢力に対するアダムスの態度も当然変化し、友好感情は薄らいだ。アダムスは１６１３年１月、バンタンの同胞に次のように書き送っている。

> １６１２年（１６１３年イースターまで）の今年、スペイン人とポルトガル人は、オランダ人と同じような自由を得るために私を利用しようとしました。しかし私は今後の不都合を考えて、協力しないことにしました。……１６１２年にフランシスコ派は廃止されました（Farrington 1991）。

さらにアダムスは同年、マニラからの使節ドミンゴ・フランシスコに「貴下は今から3年後には、日本に司祭が一人もいなくなることを知るであろう」と告げている。それでもアダムスが個人的にスペイン人やポルトガル人と絶交したわけではない。むしろ司令官セーリスが訝《いぶか》るほど、彼らの一部と親しくしていた。来日直後のセーリスが、アダムスを歓待するため宿舎での同席を希望すると、アダムスは意外にもスペイン人から宴会に招かれているとして断っている。久々に出会った同国人よりもスペイン人を優先したアダムスの態度に、セーリスが不快感を示したのは当然である。のちに商館長としてアダムスの親友となるリチャード・コックスも、当初アダムスには多少の不信感を抱いていた。

ところで１６１４年春に「アダムス死亡説」が出されている。平戸のコックスが3月7日付で江戸か駿府に在留中の商館員リチャード・ウィッカムに送った手紙には、「最近長崎に来た『嘘つきイエズス会士』が、アダムスは京の宿主の家で死亡したと語った」とある。4月１日付でも、コックスはアダムスにはくれぐれも身辺に注意し、特に京の宿主ペドロ・グザノ（五左衛門）には用心するよう伝えてほしいとウィッカムに書き送っている。なお、gusanoはスペイン語で「芋虫」を意味する。

また、コックスによれば、同時期の平戸や長崎では皇帝（家康）死亡の噂も流されていた。コックスはこれをアダムスの場合と同一人物の仕業とみている。禁教令が全国に拡大されたのはこの直前の慶長十八年十二月十九日（1614年1月28日）であり、数日後には伴天連追放令も発せられた。一部の宣教師はアダムスの注進が家康の禁教令に直結したと思い込んで、その腹いせから両者に対する偽情報を流したのだろうか。

一方、禁教令の影響はイギリス商館にも及んでいる。同年3月6日の日曜日、商館が恒例の国旗（セント・ジョージ旗）掲揚をすると、平戸藩主松浦鎮信は旗の十字に注目し、降ろすよう求めた。コックスは直接説明に赴き、十字はキリストを表すのではなく、オランダの三色旗同様に、イギリス国民を他国民から識別するためであると弁明したが、受け入れられず、従わざるをえなかった。松浦によれば、これは皇帝の命令で、十字を除けば自由なデザインでよく、しかも海上では許されるとのことであった。

いずれにしても、キリスト教禁止と宣教師の追放が発令された前後から、宣教師やスペイン人は常にアダムスやオランダ人が背後で暗躍していたと、次のように非難している。

①セバスティアン・ビスカイノ（1611年7月25日、浦賀で）

彼ら（オランダ人たち）が来たのは、ただ一つ、司令官（ビスカイノ）に抗議するためだった。

すなわち、司令官は駿河滞在中に、オランダ人は悪人で、王に反逆、服従しない。海では海賊行為に徘徊し、多くの害悪を為しているとなぜ告げ口したのか。このことはイギリス人航海士（アダムス）が司令官に言伝てとして伝えにきた。そこで、司令官は彼に言った。今述べられたことはすべて、さらにそれ以上のことを皇帝に自分が言ったというのは本当である。オランダ人がどんな人間かはまだ言い足りない。

②司祭ジョアン・ロドリゲス・ジラン（「１６１２年度日本年報」）

　１６００年に漂着したオランダ船に乗っていたイギリス人水先案内人（アダムス）が、（ビスカイノの）港の探索はヨーロッパでは侵略戦争の下準備だと嘘の助言をした。公方はすぐ激怒し、この話を非常に激昂して語った。これが原因なのか、他にも何か原因があったのか、公方は何人もキリシタンになってはならぬと命じ、違反すれば重刑に処するという条件が付されていた。

③スペイン人商人ベルナルディーノ・デ・アビラ・ヒロン（『日本王国史』）

　このイギリス人（アダムス）はわれらの主（フェリペ三世）とキリシタン宗徒たちに不利になるでたらめごとを国王（家康）に告げ口して、われわれをひどい目に合わせた。

④司祭ガブリエル・マットス（「１６１４年度日本年報」）

　王国を維持しようという国王の胸のうちに燃えさかる欲求を煽り立て募らせたのはイギリスとオランダの商人たちであった。この者たちは讒言を弄して彼に福音書の伝道者たちが疑わしい存在であると思わせたので、自分の王国に聖なる信仰の種をまく者というよりも間諜ではないかと彼は簡単に危惧してしまい、そう信じ込んでいるほどである。

> ⑤スペイン人使節ディエゴ・デ・サンタ・カタリーナ（ヒル２０００）
> この地に長く住んでいるイギリス人航海士（スペイン育ち）は、皇帝に厚遇されていて、技能に優れ、博学で諸言語に通じているが、重大な局面ではことごとくわれわれの敵になる。この異端者のひどい報告と中傷によって、われわれは大きな害を被った。

こうした非難が繰り返されるのは、アダムスが一際目立つ存在であったからである。アダムスは家康が最も寵遇した外国人臣下であり、采地まで与えられていた。オランダの東インド会社船が最初に来航したとき、入れ違いにはなったが、平戸まで出迎えたのはアダムスで、オランダ人のヤン・ヨーステンではない。二度目のオランダ船来航時にも駿府から平戸まで同行しているし、スペイン人ドン・ロドリゴの遭難時にも出迎えている。それだけにカトリック側からは反カトリックの黒幕と映り、攻撃の対象にされたのだろう。

アダムス以外による宣教師批判

しかし、上記のようなアダムスへの非難にもかかわらず、スペインの海外征服に宣教師が絡んでいるとの言説を唱えたのは、アダムスが最初ではない。すでに16世紀末のサン・フェリペ号事件でも同様のことが語られ、これに激怒した秀吉が「二十六聖人殉教」事件を起こしたといわれるのは周知のとおりである。このとき殉教した外国人宣教師６人は、全員マニラから渡来したフランシスコ会士であった。

確かにアダムスは、ビスカイノが願った港湾や海岸線調査の要求が、従来スペインが行ってきた海外征服政策の前段階である、と家康に進言している。しかし、家康もそのようなことは十分承知していたに違いないし、同じころ、慶長十七年十月八日（１６１２年10月31日）に駿府に参府したオランダ商館長ヘンドリック・ブラウエルも、オランダ総督オラニエ公マウリッツが１６１０年12月18日付で認めた国書を家康に奉呈し、宣教師の活動に対して警告している（『異國日記』）。

その国書には「はいてる（vader, イエズス会神父）が宗教的神聖を装って日本人を自宗（キリスト教）に取り込み、皇帝の国（日本）を徐々に分裂させて内乱に導こうとしている」とある。ブラウエルらの家康との謁見は直轄地への禁教令が出された半年後、それが全国に拡大される3か月前である。いったん浦賀港を出航して帰国の途についたビスカイノが、遭難して同港に戻ったのもこの時期である。途方に暮れたビスカイノは、新船建造費用の貸与を願い出たものの幕府から拒否されて心労が重なり、帰国できない怖れから一時体調を崩した。この背景にはこうした状況があった。

ちなみに、ヤン・ヨーステンもアダムスとともに家康の厚遇を受けたが、なぜかカトリック側から名指しの非難はない。しかし『徳川実紀』には「伴天連耶揚子（神父ヤン・ヨーステン）という者が仲間を裏切り、邪教（キリスト教）は単に宗教を広めるだけでなく、国家を傾ける目的もあると訴え出たので、これを賞され、江戸城近くに屋敷を与えられた」とある。もちろんヤン・ヨーステンは伴天連ではないので記事の信憑性は疑わしいが、何らかの反カトリック的言動があったとみても不自然ではない。

仏教界からの圧力も当然あった。家康の最側近の一人で禁教令の布告文を起草した「黒子の宰相」

以心崇伝（金地院）は、「キリスト教国の者たちは単に資材（商品）を積んで来航するだけでなく、邪法（キリスト教）を広めて正宗（日本の正しい宗教、神仏思想）を惑わせ、政治まで混乱させようとしている。これこそ大きな禍の始まりなので、取り締まらない理由はない」と断じている。仏僧とすれば、過去に一部キリシタン大名が行った寺社の破壊や、仏像を薪としてくべるような蛮行は許しがたかったであろう。

いずれにしても家康は「たとえスペイン人がよってたかって押し寄せようが、自衛の兵力は十分あり、懸念はない」と自信のほどを示している（ヒル２０００）。家康の言葉は決して強がりではない。一般に非ヨーロッパ世界を「野蛮な異教徒」として蔑視した当時のヨーロッパ諸国にあっても、宣教師ではなく為政者から「日本を武力で懲らしめる」発想はほとんど出ていない。

また、日本に高圧的な態度で臨んだビスカイノでさえ、日本で最も敬服することは戦《いくさ》についてであるという。すなわち、皇帝が望めば20日以内に無数の兵士を徴集できるし、全員武装して兵糧を備えている、これは大名や領主たちが禄に応じて各自の武装兵を常備しているからである、としている。北は根白《こんぱく》（現岩手県大船渡市）から南は堺まで、ときに陸路ときに海路で太平洋沿岸を旅したビスカイノは、行く先々で自らそれを確認したのであった。この点、江戸から臼杵まで旅したドン・ロドリゴも同様である。

禁教令以後のアダムスとカトリック勢力

冬・夏の大坂の陣（１６１４〜15年）が起こっていた時期は、シャムへの渡航に失敗したアダムスが琉球に長期滞在していた時期とちょうど重なる。アダムスは那覇で、皇帝側が大坂の陣に勝利したことを聞いて喜んだ。この時期には大坂城から脱出して落ち延びたフランシスコ会修道士アポロナリオがイギリス商館を訪れて食べものを請い、コックスはこれに応じている。この修道士にかぎらず、大坂城には何名かの宣教師も籠もっており、多数のキリシタン武将も豊臣方の味方として方々から馳せ参じていた。

　このことから、大坂の陣は端的に「プロテスタントとカトリックの代理戦争」とする言説もある。家康がオランダやイギリスから大砲を購入し、オランダ人の操作でそれらが使用されたことは確かである。しかし、心情はともかく、ポルトガルやスペインが豊臣方に援軍を派遣したり、武器や大砲を供与したりしたことはない。豊臣方との内通を理由に、冬の陣後切腹を申し渡された元伊賀藩主筒井定次にしても、キリシタンであったことが処刑の理由であったかは疑問である。

　なお、禁教令後もスペインと日本との貿易はしばらく途絶しておらず、小型スペイン船は何度か長崎に入港している。また、全国的な禁教令が発布されて以後も、ルソンへの朱印状は「鎖国」まで30通も発行されているので（永積２００１）、貿易上の交流はしばらく続いていた。スペインもすぐに対日貿易を諦めたわけではなく、１６２３年にはサン・アンドレス号の使節が高価な献上品を積んで薩摩に来着したが、将軍家光と大御所秀忠の意向により、謁見は受け付けられていない。

　では、家康が禁教令を発したのはアダムスの進言によるのであろうか。一部には、その結果日本がスペインを追放したので、「アダムスが日本をスペインの侵略から救った」とする言説もある。しかし、このような極論には無理がある。日本がスペインと断交したことは疑いないが、仮にスペインがこれに強く反発すれば何らかの報復行動を試みるであろう。しかし、そうした事実はなく、むしろ怯えていたのがスペイン側であることは重ねて述べたとおりである。

それを裏付ける話がある。１６１６年9月、商館の特許状更新のため江戸滞在中のアダムスとコックスは、船奉行向井将監忠勝と海事関係の話題を語り合った。そのときコックスは向井に対し、なぜ武力が弱体で現地民からも愛されていないフィリピンを攻略しないのか、もしその計画がなされれば、イギリス・オランダ両国の支援も受けられるのにと話したところ、向井は「われわれには（攻撃する）西洋船がないので」と答えた。そこでコックスは、必要な人員も資材も整っているのに、皇帝が西洋船を建造しないのは不思議であると返している（『イギリス商館長日記』）。

このエピソードからも、イギリスやオランダがマニラの武力をいかに低く見積もっていたかがうかがえる。日本には西洋諸国の意味する「海軍」は存在しなかったが、コックスはその編成が可能であると考えたようだ。ただ将軍秀忠も、多分に秀吉時代の朝鮮侵攻の失敗に鑑みて、莫大な出費と多数の軍勢動員に見合わない海外進出は構想せず、第6章でみるようにむしろ北方の金銀探索に注目し、国防については専守防衛であった。

ところで、そのころアダムスの身辺にも禁教令違反の嫌疑がかかっていた。コックスが江戸に滞在中、アダムスの日本人妻が、浦賀や逸見の居宅にスペイン人神父を宿泊させているという噂を幕府の要人が耳にしたのである。宣教師の追放宣言がなされた直後でもあり、幕府は彼らの動向に神経を尖らせていた。驚いたアダムスは江戸から夫人に急使を送り、そうした行為は生死に関わると注意を促している。幸いにも以後この件に目立った情報はないので、大事には至らなかったようだ。

大御所家康は政権の安泰を図るため、次々に国内統制策を打ち出す。まず、西国大名には大船建造の禁（１６０９年）で軍船を禁じた。次いで朝廷と公家には猪熊事件（１６０９年）を発端に公家衆法度（１６１３年）を、仏教界には寺院諸法度（１６１２〜15年）をそれぞれ定め、両者とも幕府の管轄下に置いた。さらに最も権力基盤を脅かしかねない二大勢力、すなわちキリシタンを根絶させ、豊臣家も滅亡させた。このようにみると、アダムスの進言がなくともいずれ禁教令は実施されて「神国思想」に基づく国内の精神的統制が図られたことであろう。

禁教令の影響は、やがて布教とは無関係のイギリスとオランダにも及んだ。家康亡き後の１６１６年9月、貿易の更新を求めて江戸に参府したコックスとアダムスは、将軍秀忠の意向により貿易活動を長崎と平戸に限定され、国内各地での自由な取引は不可能になった。その理由についてコックスは、商人を偽装した宣教師が布教活動を行う恐れがあるからと告げられたが、日本人商人団による圧力も一因としている。

以上を要するに、アダムスのカトリック勢力への対応は時宜に応じて変化している。むしろ、家康との関係を慮ったカトリック側が、初期の極端な敵対的態度から転じて寵臣アダムスへの接近を余儀なくされ、アダムスは寛大にもそれに応じたのであった。だが、布教を求めないオランダ人が来航して、別ルートによる生糸や絹製品などの調達が見通されると、彼らに対するスペイン人の露骨な敵視政策とも相まって、国内におけるキリスト教の蔓延を警戒した家康の反発を受けることになった。

そうしたなかで、アダムスがスペインの野望に加担する宣教師を非難したことは疑いないにしても、禁教令はアダムスの進言によるだけではなく、その発出には複合的な要因が絡んでいた。一方、キリスト教禁止令の結果、「商人を偽装した宣教師の排除」との理由でイギリス商館の活動も大きく制限された。ただし、貿易港が平戸だけに制限された結果、１６２３年のイギリス商館の閉鎖を招いたとするのは早計である（第8章参照）。なお、奇しくもスペインも同年に最後の貿易復活を試みたが、拒絶されている。皮肉にもいがみ合った両国は同時期に日本との関係が途絶えたのであった。

参考文献

岩生成一訳注『慶元イギリス書翰』駿南社、１９２９年

マイケル・クーパー（松本たま訳）『通辞ロドリゲス――南蛮の冒険者と大航海時代の日本・中国』原書房、１９９１年

河野純徳訳『聖フランシスコ・ザビエル全書簡』平凡社、１９８５年

ジョン・セーリス（村川堅固訳、岩生成一校訂）『セーリス日本渡航記』雄松堂、１９７０年

高瀬弘一郎訳『イエズス会と日本一』（大航海時代叢書第Ⅱ期6）岩波書店、１９８１年

東京大学史料編纂所編『大日本史料　第十二編之十・十一』東京大学出版会、１９０８年

東京大学史料編纂所編『日本關係海外史料　イギリス商館長日記　譯文編之上・下』東京大学出版会、１９７９〜82年

永積洋子『朱印船』吉川弘文館、２００１年

オスカー・ナホッド（富永牧太訳）『十七世紀日蘭交渉史』養徳社、１９５６年

パブロ・パステルス（松田毅一訳）『16－17世紀日本スペイン交渉史』大修館書店、１９９４年

ファン・ヒル（平山篤子訳）『イダルゴとサムライ――16・17世紀のイスパニアと日本』法政大学出版局、２０００年

アビラ・ヒロン（佐久間正他訳注）『日本王国史』（大航海時代叢書11）岩波書店、１９６１年

松田毅一監修『十六・七世紀イエズス会日本報告集　第Ⅱ期第2巻』同朋舎出版、１９８７年

村上直次郎訳註『異國往復書翰集・增訂異國日記抄』駿南社、１９２９年

森良和『三浦按針——その生涯と時代』東京堂出版、２０２０年
Farrington, Anthony, *The English Factory in Japan 1613-1623*, London, 1991.
Mathes, Michael, *Vizcaíno and Spanish Expansion in the Pacific Ocean 1580-1630*, San Francisco, 1968.
Pasio, Francois, *Lettres Annales du Japon 1603-1606*, Lyon, 1609 (1605).

第3章　平戸イギリス商館と幕府・平戸領主との権力関係

――「按針」が生きた「代替り」

鍋本由徳

ウィリアム・アダムス（三浦按針）は本国イギリスでは「サムライになったイギリス人」として、なかば伝説的な人物とされている。１９８０年、アメリカのテレビ番組でアダムスをモデルとしたドラマ『SHŌGUN（将軍）』が制作され、のちに映画化された。原作者ジェームズ・クラヴェルは、娘の読んでいた本に「１６００年に日本へ到達し、サムライになったイギリス人アダムス」が紹介されており、それが執筆動機であったと述べている。当時すでにアダムスやイギリス商館関係の手紙、商館長リチャード・コックスの日記（『イギリス商館長日記』、以下『日記』）などは広く読まれていたので、クラヴェルもそれらを利用したことは間違いない。ドラマ自体はフィクションでも、それらにある場面が随所に登場するからである。

アダムス個人についての研究は国内外で相当数みられるものの、近年はそう多くなく、むしろ近世外交史のなかで取り残されているとさえ思える。ただ、没後４００年を記念してごく近年、森良和氏やフレデリック・クレインス氏らによるアダムス研究の書籍が刊行されたことは、評価されるべきではないだろうか。事実、多くの人々がアダムスを知っており、アダムス個人への関心は決して低いわけではない。ただ、アダムス個人に関わる情報は多く発信されてきたが、アダムスが一時雇用されていた平戸イギリス商館との関係がいまだに深く研究されていないことは課題である。初期イギリス東インド会社研究のなかでも、平戸イギリス商館の活動実態の研究は、一部の取引や特許状の研究を除けば非常に少ない。

筆者は幕府や藩の権力を考える一環として、平戸イギリス商館の活動をマーケットの観点ではなく、政治史のなかでとらえ直すことを試みており、その基礎史料となるのが『日記』である。『日記』には、コックスによる取引だけではなく、商館員同士の争い、幕府あるいは松浦家関係者に対する怒り、幕府関係者との交渉、平戸やその他の地でのトラブルや見聞、流れてくる噂など、さまざまな情報が含まれている。それらによって、コックスらによる日本の権力者に対する認識も垣間見ることができる。

本章の目的

アダムスをはじめとした平戸イギリス商館員たちの手紙は４００通ほど確認されている。それらの手紙の約半数は翻訳されて、岩生成一訳『慶元イギリス書翰』（１９２９年）に収められている。しかし、同書には１６１６年後半以降の手紙の翻訳がないため、それらの内容把握が17世紀日英関係の研究課題となっている。平戸イギリス商館の研究については現在も岩生氏訳の前掲書に頼ることが多く、同書にない手紙も一部はアダムスおよび商館関係の研究書や論文で邦訳されているが、それらはまとまった形で公刊されていない。さらに、一部の手紙の内容は『日記』で触れられるとはいえ、『日記』上での記述と実際の手紙の内容との比較はほとんどされておらず、その点も、基礎研究の不十分さを示している。

アダムスの生誕や日本来航、日本あるいはアジアにおける貿易は、日本のみならずイギリスでも多くの書籍で紹介されてきた。イギリス国内での研究をみると、17世紀の日英関係は主に平戸イギリス商館の取引、あるいはアダムス個人に焦点を当てたものが多い。１６００（慶長五）年にリーフデ号が日本に到達して以来のアダムスの行動は、「妻宛」（１６０５年）や「未知の友人宛」（１６１１年）の手紙、さらに１６１５年夏以後は『日記』や商館員たちの手紙から追うことができる。それらを通じてアダムスの行動はより詳細に知ることができるようになり、かつて伝説的・英雄的に叙述されることの多かったアダムス像が再構築されるようになった。

そこで本章では、アダムス個人の行動を詳述することよりも、アダムスが生きた時代の変化に焦点を当てることに力点を置く。当時の将軍家や幕府、平戸松浦家などの動向のなかで、アダムスや平戸イギリス商館がどう位置づけられるのかを考えていきたいからである。

『イギリス商館長日記』

上述のように、『日記』はコックスが記した商館長としての公務日誌であるとともに、コックス個人の日本での見聞や所感、感想、願望も書かれた私的日記の性格も持ち合わせている。『日記』が日本国内でも知られるようになったのは、歴史学よりもむしろ英語学の領域であった。１９６０年前後、英語学者皆川三郎氏による一連の英語学の著作が刊行され、また、完全ではないにせよ、同氏によってコックスの日記が『平戸英国商館長日記』として邦訳されたことで、平戸イギリス商館の活動とコックスら商館員の行動を容易に知ることができるようになった。当時、マイクロフィルムを利用したり、大英博物館 British Museum（現在は大英図書館 British Library へ移管）で『日記』の原本を読むことができたのは一部の研究者であり、その点でも皆川氏による抄訳は平戸イギリス商館とアダムスをより身近に感じさせる契機になった。

　アダムス自身の手紙は現在11通しか確認されていないし、平戸イギリス商館開設後に限れば7通に過ぎないが、イギリス商館員でもあったアダムスの行動は『日記』、および商館長と商館員たちの間で交わされた多数の手紙の随所に現れる。また、わずかながら宣教師の手紙や日本の古典籍などにもアダムスが登場する。よってアダムスの国内での活動はそれらで明らかにすることができる。

　平戸イギリス商館が開設されたのは１６１３年10月だが、『日記』は大坂夏の陣で大坂城が落城する１６１５年６月から始まる。『日記』には商館の活動はもちろん、先述のように、コックスの個人的所感も少なくなく、さらに商館員たちの行動や彼らへの評価、幕府関係者や平戸松浦氏との交流、彼らに対する評価と感情、平戸の町や参府途上での見聞、噂話など、多岐にわたった内容がみられる（鍋本 ２０１５）。

　したがって『日記』は、単なる商品取引の日誌ではなく、当時の日本における権力をイギリス人がどうみたのか、平戸をはじめとした日本各地で起こる出来事をどう理解し対処しようとしたのか、商館員、そしてアダムスをどうみていたのかを知り得る貴重な情報源なのである。もちろん『日記』はコックス（一部商館員の追記を含む）によって書かれたので、彼の得た情報がそのまま記されている。そのため、記述内容が史実と合致するとはかぎらない。コックスの得た情報の多くは平戸藩主の松浦家、京や大坂にいる商館員やアダムスから届く手紙などによるものである。つまり日本を熟知しない者の記述であって、イエズス会の年報のように責任者が内容の事実確認をしたわけではない。そのため事実誤認が散見される点に注意が必要である。

そのような事情から、『日記』や手紙に記載された記事を無批判に利用することは確かに危険なのであるが、反面、その見方は一面的ともいえる。歴史学としては史実確認が何よりも重要だが、ここでは17世紀初頭の日本の政治や社会がイギリス人の目にどう映っていたのか、それをどう表現しているのかを重視すべきであることを強調したい。イギリス人の認識を「誤認」と簡単に片付けるのではなく、なぜコックスらがそう理解したのかを知ってこそ、日本の権力との関わり、アダムスと家康あるいは幕府との関係を客観的に評価できるのではないだろうか。誤解には誤解の理由があり、記事の表現一つ一つにコックスたちの理解が反映されているはずである。その対象は、幕府権力や大名権力だけではなく、アダムスへも向けられているのである。

大御所様と将軍様

さて、イギリス人は大御所家康や将軍秀忠をどうみたのであろうか。よく知られているとおり、オランダにせよイギリスにせよ、家康、秀忠についてはKeyserやEmperorの用語があてられる。いわゆる「皇帝」である。ところで、対外関係研究、殊に権力をめぐる研究の難しさは、外国語の日本語への翻訳がその語の実態と一致しているかどうかが不明な点にある。本章でも「皇帝」「王」などの表現を多用しているが、それは東アジア圏内の主に中国王朝を中心とした冊封体制下での「皇帝」「王」とは異なるものである。そして、その中国王朝での「皇帝」「王」もまた、ヨーロッパにおけるEmperor, kingと同じではない。

　当時のオランダ人やイギリス人がKeyser, Emperorと表記したのは、本国の会社や東南アジア各地に設けた商館に対し、日本の権力をわかりやすく伝えるために、自分たちの理解しうる用語に置き換えたからである。ここで少々ややこしい問題が発生する。私たちはEmperorを「皇帝」と翻訳する。しかし、「皇帝」と書いても、例えば、中国王朝の「皇帝」とヨーロッパの「皇帝」とは本質が異なるため、日本のおけるEmperorをどのような意図で使っているのかがわからなくなる。結果、「皇帝」と訳すこと自体が適切かどうかを問われるのである。本章では、その誤解をできるだけ少なくすることを第一に考え、できるかぎり権力を示す用語には原語を用い、便宜的に「皇帝」「王」などの訳語をあてることにする（なお、一部を除き、原則として現代のスペルに直した）。その場合でも、帝政ローマや神聖ローマ帝国の皇帝とも本質が異なることを前提にしておきたい。

　さて、当時の手紙や『日記』をみると、オランダ人もイギリス人も家康をKeyserやEmperorと表現するよりも、Ogushosamma, Ogoshosamma（大御所様）と記す方が多い。しかしOgushosammaが何を意味するのかは、日本の政治を十分理解した者でなければわからない。アダムスが渡来した160

0年当時、家康は内大臣（内府）であり、また豊臣政権下の大老の立場であった。イエズス会宣教師の場合、内大臣や大老を母国語に置き換えることはほとんどなく、ただDaifu（内府）の音をあて、その後、家康の将軍在職中はCubo（公方）と表記した。このような日本語の音による表記では、本国の東インド会社や各地の商館に意図を伝えるには都合が悪い。繰り返しになるが、用語自体を知らない者にOgushosammaと書いたところで、どのような地位や立場なのかを伝えることは不可能だからである。こうした事情から、日本から手紙を発信する者は、理解可能な用語をあてて本国や他国へ伝えなければならなかった。そのことが、江戸幕府創設の前であれ後であれ、国の頂点に立って政務を統括する人物をKeyserやEmperorと表した一要因と考えられる。

武家社会における最高軍事司令官であり統治者

徳川家康、秀忠が就いた征夷大将軍とはどのような存在か。むろん日本国内の武家や住民の多くは、その意味をある程度理解している。では、ヨーロッパ人たちは豊臣政権や徳川政権における支配者の称号や職位をどのように理解していたのであろうか。

ここで『日記』にある興味深い例を二つ挙げてみよう。一つ目は、大坂夏の陣が終わった数か月後の1615年8月23日の記事である。ジャンク船の書記がコックスへ伝えた噂話として「大御所様がDyrie（天皇）に対して、クワンバコQuambaco（関白）という、思うに古代ローマ帝国のシーザーやアウグストゥスの称号と同じように、すべての成功を遂げた人たちに対する名誉と考えられる称号を得たいと考えている」とある。シーザーやアウグストゥスは終身独裁官Dictator perpetuoであり、これを故太閤秀吉の「関白」と同質のものと考えたのである。家康が関白を望んでいるというのはあくまでも噂である。家康はすでに征夷大将軍を辞して大御所となっており、大坂夏の陣終了後はむしろ隠居することを前提に動いていた。慶長十（１６０５）年に大御所となってからは、実質的に国を動かす、まさに終身独裁官的な存在であった。『日記』記事からわかることは、すでにEmperorとして認められていた家康が、公的な称号として「関白」を望んでいたとイギリス人が理解したこと、つまりヨーロッパ人のなかには関白を最高職とする豊臣政権への理解、換言すれば、征夷大将軍よりも関白の方が上にあるとの見方が、大坂夏の陣終了後にあった点である。

二つ目は、家康の死の直後、１６１６年秋の出来事である。この年、コックスらは新たな特許状を得るために江戸参府を行った。その帰路の10月18日、鎌倉を通過した際に「その土地の殿、すなわち王は日本の最高軍事司令官、つまり皇帝」と『日記』に記している。一読してわかるように、これは鎌倉将軍に関することである。また『日記』の2冊目表紙には、焼けて文字の多くが消えているもののCamakoradono（鎌倉殿）、Yoritomo（頼朝）、さらにTycus Smama（太閤様）、Ogusho Samma（大御所様）、Pope of Japon（日本の教皇＝天皇）の文字が読める。コックスは、日本の権力を示す具体的な称号や人名をメモし、そのなかで鎌倉幕府の初代将軍源頼朝を最初に記していたのである。

コックスは「鎌倉時代の征夷大将軍＝王＝最高軍事司令官＝皇帝」として理解し、最高軍事司令官をChief Commanderと書いている。Chief Commanderの考え方は、ローマ帝国でみられるImperatorのように、軍事指揮権を持つ総司令官的な役割を持ちながら、国を統治する政治家でもある。前述の１６１５年の記事にあるシーザーの役割と同じだが、１６１６年の段階では、それは関白ではなく、鎌倉時代以来の伝統としての武家政権＝征夷大将軍にあてられているところに注目したい。この理解の揺れは、イギリス人の日本における権力理解の曖昧さを証明しているといえよう。

　鎌倉将軍をChief Commanderであったとするイギリス人の理解は、江戸時代の徳川将軍家を前提としている。であれば、『日記』が書かれた当時、源頼朝の立場にあるのは征夷大将軍徳川秀忠となるはずである。Emperorを軍事統率者かつ幕府の頂点で国を動かす者とするならば、Chief Commander＝Emperor＝征夷大将軍であり、征夷大将軍をEmperorと表現することには何の疑問もない。このようなことから、イギリス人はEmperorを便宜的に使ったのではなく、征夷大将軍の役割を知り、それに相当する語としてEmperorをあてていたと理解することもできる。しかし、秀忠はEmperorではなかった。ちなみに家康は呂宋《ルソン》、オランダ、イギリスなどに送った親書で、自身を「源家康」と名乗っている（『異國渡海朱印状』）。源家が征夷大将軍に就任するという「創られた伝統」でありながら、本姓である「源」を海外の文書へも適用させた点が興味深い。

徳川家康と徳川秀忠と豊臣秀頼

　もう少し日本の権力者に対する表現についてみていこう。かつてイエズス会宣教師たちは室町将軍や天皇をVo（王）と記し、大名をray（国主）と呼び分けていた。織田政権下では信長を、豊臣政権下では秀吉を「王のなかの王」と呼んでいた（松本２０２０）。戦国期以来、日本における権力理解は複雑を極め、天皇と室町将軍の権力は形骸化し、結局イエズス会宣教師は布教に当たって個別の大名に庇護を求めた。豊臣政権はいわば秀吉の独裁政権であり、秀次に関白職を譲ったとはいえ、政治的には秀吉に権力が集中し、外交も秀吉の手中にあった。秀次が自害し、摂政・関白はいわゆる藤原五摂家へ戻ったが、政治権力は太閤秀吉に一元化されていた。秀吉の死後、権力はより複雑になり、豊臣秀頼を主君と仰ぎながらも、実質的には大老徳川家康が実権を握っていた。ヨーロッパの絶対王政期でたとえるならば、家康はフランスのルイ13世の下にいた枢機卿リシュリューや、イングランドのエリザベス一世に近侍した秘書ロバート・セシルのようなイメージだろうか。

江戸幕府が開かれてからは、秀頼がprince（王子）、Fidaia Samma（秀頼様）、家康がEmperor（皇帝）、Ogusho Samma（大御所様）と書かれるようになり、さらに秀忠は、Emperorの息子であるking、Shongo Samma（将軍様）と書かれた。セーリスの『日本渡航記』でもコックスの『日記』でも、またイギリス商館員の手紙でもこの点は基本的に同じである。

*Prince*とされた秀頼が跡を継ぐことを意味するCrown prince（皇太子）として理解されていたかははっきりしない。ただ、セーリスが秀頼をtrue heir（本来の後継者）と書いていることから、国を統治する絶対的な存在（天下人）であった秀吉の息子として、秀頼が亡き秀吉の跡を継ぐ立場にあったことは意識されていたようである。豊臣政権が完全に消滅していない段階で徳川政権が成立し、主君であるはずの秀頼と、臣下であるはずの家康との立場が曖昧になった。しかも、徳川政権もまた大御所家康と将軍秀忠との協同体制にあった。国内事情を知る大名たちは家康と秀忠の立場を理解し、そのうえで豊臣秀頼との関係を考えなければならなかった。国内でさえ、秀頼と家康のどちらが政治権力の上位の立場にあるのかがわからない状況で、ヨーロッパ人たちはどう対応すればよいのであろうか。

それは、１６００年以後のアダムスの行動からわかるように、交易のあり方の決定権を持ち、交易特権や交易朱印状を発行できる者に従うことであった。渡航朱印状発行の実態をみれば、外交権は秀頼ではなく家康であったことはいうまでもない。さらに、各大名をkingとするのであれば、彼らを率いる武家の頂点にあるのは家康なのか、それとも秀忠なのか。秀忠はkingとして理解されていたので、外国人からすればkingたる諸大名を統括するのはEmperor（家康）であると理解したのは必然といってよい。あるいはEmperorを家康とし、その下に諸大名が統制されていたとみることもできる。

平戸イギリス商館開設前の家康と秀忠

イギリス人全般における家康と秀忠、そして秀頼との関係をみたところで、アダムスの視点で権力のあり方に目を向けてみよう。まず、アダムスは手紙のなかで家康をどのように表したのだろうか。アダムスが日本に到達した直後の手紙は残されていない。有名な「妻宛」の手紙は日本到達から５年後の１６０５年に書かれたという。その手紙のなかで、アダムスは家康をEmperorと書かずに、the Great King of the land（その国［日本］の偉大な国王）と記している。アダムスは当時、家康をEmperorではなくkingとみていたことになる。「偉大な」とは、その立場が王のなかでも特別に有力な立場にあったことを示す。

ところが、家康が将軍を辞して６年後の１６１１（慶長十六）年に書かれた「未知の友人宛」の手紙では、途中までの内容は「妻宛」とほぼ同じでも、家康をkingと記した箇所はわずかしかなく、ほぼすべてがEmperorに変化しているのである。すなわち１６０５年から１６１１年の間に、アダムスの理解では家康がkingからEmperorと変化したことになる。しかも手紙のなかに秀忠が登場していないことも特徴的である。

これら2通の手紙が書かれたとき、イギリス東インド会社はまだ日本に商館を開設していない。参考までに当時のオランダ人の手紙で確認してみると、１６０８年の家康宛ではZijne Majesteit（国王陛下）が、アダムスへの手紙ではMajesteit（国王陛下）が使われていた。翌１６０９年にはden Coninck van Japan（日本国王）とする場合がある一方で、conprador van sijne keijserlijcke Ma.t van Japan（日本皇帝陛下）との表記がみられ、少しずつ家康を「皇帝」と表現するようになったことがうかがえる。

家康が秀忠へ将軍職を譲った１６０５年、イエズス会宣教師はその移譲について「家康が将来、秀忠へ帝国（日本）の統治を譲るためである」と報告書で評している。ここで「将来」としたことは見逃せない。なぜなら、秀忠は征夷大将軍に就いたものの、日本の統治権を譲られるのは家康の死後であることが暗示されているからである。すなわち宣教師には、家康の征夷大将軍辞任と秀忠の将軍就任は、家康の政界からの引退を意味しないと理解されていたのである。

そして、豊臣家と徳川家との関係は、豊臣秀頼と家康との二条城会見（１６１１年）によって可視化された。この対面をめぐる一連のできごとは単に徳川家と豊臣家との関係だけではなく、諸大名と徳川家との関係もはっきりと示すことになる。上洛した西日本の主要大名たちに対して「三ヶ条条々」に署名させ、幕府法令の遵守を誓約させたのはその一例である。こうして国内での徳川家優位の立場は揺るぎのないものになりつつあった。

イギリス人にとっての秀忠

対外関係は当初から秀頼ではなく家康主導で進んでいた。二条城で秀頼と対面したのが家康であり、秀忠ではなかったことも家康と秀忠、Emperor と king との関係を示している。イギリス人が平戸に商館を開いた１６１３年、秀忠はすでに将軍職に就いて9年目に入っていた。幕府直轄地から駿府・江戸への年貢については、徐々に駿府から江戸へ移されるようになり、１６１２年には江戸城において秀忠の前で東国諸大名に対する「三ヶ条条々」への署名が行われた。このように征夷大将軍としての秀忠の立場が徐々に高まっていたにもかかわらず、いまだイギリス人は秀忠を Emperor とも Chief Commander ともみていなかったのであった。

イギリス東インド会社第八航海を率いたジョン・セーリスは１６１３年６月に日本に来航し、交易交渉のために家康と秀忠に謁見することになったが、セーリスは迷うことなく家康を Emperor とみていた。セーリスが日本に来るころは、すでに家康が Emperor であり、秀忠が king であることは自明のことだったのである。日本へ向かう途中の１６１２年10月28日、日本にいるアダムスからセーリスへ手紙が届けられ、そこに日本との交易を熱望する旨が書かれていたという。そのアダムスの手紙は残されていないが、先の「未知の友人宛」の手紙を踏まえると、そこに家康を Emperor として記していたであろうことは間違いない。

コックスの『日記』や手紙では、平戸松浦家が king of Firand と書かれたように、秀忠は king of Edo として扱われた。king は大名を指す用語として使われ、秀忠もそれと同じような立ち位置にあったが、まったくの同格でもなかった。秀忠は king のなかでも Emperor 家康の息子で、将来は日本を統治する立場であると理解されていたからである。

セーリスが江戸城で秀忠と謁見したときは挨拶程度で終わり、秀忠からは「イギリスの希望のとおりになるであろう」との言葉をもらう程度で、重要事項に関するイギリスからの請願も幕府からの回答もなかった。重要な案件はすべて駿府の家康の下で処理されたからである。１６１３年12月にアダムスがロンドンの東インド会社に宛てた手紙でも、秀忠は「皇帝の長子である国王」とされた。セーリスの見方と同じであり、すでに征夷大将軍であったにもかかわらず、ここでも秀忠は Emperor として認められていなかったのである。

セーリスが持参したイングランド王ジェームズ一世の親書に目を向けると、興味深いことがわかる。外交文書を担当する以心崇伝（金地院）は「南蛮文字」を読めなかったため、アダムスが親書を日本語に翻訳した。その訳は多少意訳的なところがあるが、注目すべきは、親書にある Emperor の訳語である。アダムスはこれを「日本将軍様」宛と日本語訳したのである。明らかに家康に対して宛てた親書をなぜ「日本将軍様」と訳したのだろうか。少なくともアダムスは Shongo Samma が秀忠であり「将軍様」であることは知っていたはずである。秀忠宛に出されたものであれば「日本将軍様」と翻訳することに何も問題はない。しかし、これは Emperor である家康へ出されたものなのである。

ジェームス一世の親書は王自身が本国で認めたものではなく、船隊の航海中に書かれたものという。日本に対して書かれた親書は、１６１０年の king 宛、１６１１年の Emperor 宛、１６１２年の Emperor 宛の3通である。そのうち１６１０年のものは使用されていないが、同年の段階で日本との交易を前提とした king 宛の親書があるということは、何らかの形で日本情報が本国の東インド会社にもたらされた結果である。

ここでのEmperorとkingについては、徳川家康と平戸松浦家であるとみることもできるが、king宛の文面にはthe great king of Japanと書かれている。一大名である松浦家に対してgreatという形容詞を付すか疑問が残る。ではこのkingは誰を指すのだろうか。推測にすぎないが、これを家康とみることが可能なのではないか。１６１０年の段階で家康をEmperorとする手紙はなく、アダムスもこのころの家康をkingと理解していた。そうであるがゆえに、当初イギリス東インド会社は将軍家に対してking宛として親書を認めていたのではないだろうか。

問題はこのEmperor宛の親書である。Emperorが家康を指すことは間違いない。外交文書であることから、年寄の本多正純あるいは崇伝に尋ねれば、訳出の際に適切な語がみつかるのではないかと考えたくなるが、徳川将軍は中国皇帝との冊封関係を結んでいないこともあり、「国王」号を使うことはあり得ない。その点で、将軍家を宛所にする適切な日本語がみつからない。この時期は「大君」も定められていない。また、直接将軍家に対して文書を書くことはほとんどないので、適切な用語をあてることは難しくなる。

一つの考え方であるが、誤解を恐れずにいえば、アダムスにとっては秀忠ではなく家康が「将軍」なのである。それが翻訳にも表れたとみるのはどうだろうか。

家康死亡情報の流布と外交方針の転換

１６１４年３月、国内では家康が死去したとの噂が流れていた。リチャード・ウィッカムに宛てたコックスの手紙のなかで、虚言癖のある修道僧が、「皇帝が死んだ」との報告がもたらされたことを記している。家康死去の虚報の背景はわからないが、大坂の豊臣秀頼との関係に緊張が走るころであることを踏まえれば、豊臣方あるいは大坂近辺で流された噂であろう。

大坂冬の陣が起こる直前、コックスは同一内容の手紙をロンドンの東インド会社などへ送っている。そこでは、Emperor が「イエズス会、僧、修道士、尼僧」などを討ったことや、Emperor と Fidaia same（秀頼様）との間に戦いが起こるであろうことが記されている。いわゆる禁教令が発令されたことによる全国的なキリスト教弾圧、そして、徳川家と豊臣家との緊張を報告したものである。続いて大坂の陣が終わった翌１６１６年2月、コックスは本国の東インド会社、ジャワ島のバンタン、およびシャムに宛てて近況報告の手紙を送っている。大坂の陣の終結と秀頼の息子国松の処刑、長崎で起こった南蛮人の捕縛に関する報告などである。3月になると、再び家康が死去したとの情報が手紙に登場する。家康死去の噂は同年1月にもあったことが『日記』に記されている。コックスは、家康死後の政治や社会がどれほど動揺するのかが試されていると考えた。実際、家康は元和二年正月二十一日（1616年3月8日）に駿河国田中（現静岡県藤枝市）で病に伏せた。これがもとで家康死亡説が生まれたものと思われる。

さて、家康の外交方針の転換をみてみよう。１６０９（慶長十四）年のノッサ・セニョーラ・ダ・グラッサ号事件の2年後、事件の解決をはかるためにポルトガル艦隊司令官のヌーノ・ソトマヨールがマカオから派遣され、家康と秀忠に謁見したものの、司令官たちの要求は却下され、さらに岡本大八事件にまで波及した。これらの一連の事件にはイエズス会とドミニコ会が関わり、さらに長崎交易で力を持つ長谷川藤廣や西国大名の有馬晴信、幕府年寄の本多正純にまで影響を及ぼした。
そもそも、アダムスが家康に近づくことのできた背景の一つに、イエズス会の通詞ジョアン・ロドリゲスが家康のもとを離れた事実がある。オランダやイギリスとの交易が活発になれば、イエズス会側の反発やイギリスやオランダに対する警戒が強くなり、アダムスもイエズス会宣教師の妨害を受けるときがあった。家康のキリスト教に対する不信感の高まりは、ポルトガルやイエズス会と家康との距離を拡げ、禁教令となって現れた。

大坂の陣が終了してから、老齢の家康の死が現実的なものになりつつあった。家康の死去はイギリス人をはじめ、交易の自由を保障されていた者たちにとって決して軽い問題ではなかった。１６１６年４月５日付で京のリチャード・ウィッカムから平戸のコックスへ宛てた手紙には、「商館の商品に対する勘定書を作る場合、特権を皇帝へ要求する」と、家康による保証取り付けの必要性を指摘する一方、「家康以外の他の誰かが大名統制の権利を持った場合、かつての特権はすぐに反故にされてしまう」とも記している。「家康以外の誰か」は徳川家以外の者の可能性もあるが、現実的には秀忠を指す。まさに代替りとなったときに起こりうる事態をウィッカムはすでに予見していた。

スペイン人捕縛事件にみるイギリス商館とアダムス

ところで、家康の晩年の１６１５年９月、長崎でイタリア人ダミアン・マリンとスペイン人フワン・デ・リエバナが、イギリス人の下で勤務したことを理由に、ポルトガル人船長に捕縛・監禁される事件が起こっている。この事件の解決プロセスは、

①コックスによる長谷川権六（長崎の奉行）への交渉
②後藤庄三郎（御金改役）と長谷川藤廣（駿府政権、長崎の前の奉行）への介入依頼
③アダムスを通した家康の直裁による解決

の三段階に分かれる。なお、長谷川権六らは奉行と呼ばれるも、後の長崎奉行とは性格が異なっているため、ここでは「長崎の奉行」としている。

第一段階でコックスが権六から得られた情報は、囚禁した者が南蛮人であるといった程度にとどまり、コックスの依頼にもかかわらず、権六は囚人を解放しようとしなかった。コックスは平戸の領主松浦隆信を頼り、隆信は権六へ手紙を送ると約束しながら、実際には送っていないことがコックスに発覚してしまう。するとコックスは商館員エド・セイヤーズを長崎へ送り、セイヤーズも権六から解決させるとの言質を得たものの、事件は一向に解決しなかった。

そこでコックスは後藤庄三郎や長谷川藤廣に近づくことを考えた。コックスは長崎へ派遣したエド・セイヤーズの報告を受け、松浦隆信を再度訪問する。そこでアダムスに手紙を送って、家康にこの件を報告することを告げ、長谷川藤廣と後藤庄三郎への紹介状を依頼したのである。長谷川藤廣は以前長崎の貨物管理や紛争解決を担っていた。後藤庄三郎は金座の長で家康の側近であった。この段階で、現地長崎においてではなく、幕府から長谷川権六に圧力をかけて解決させようとしていたことがわかる。そしてアダムスを通して家康に情報を伝えることで、一層の強い圧力を期待したのであろう。

そして第三段階は、アダムスを通したルートである。これは最後の手段で家康の上意を得ることで

ある。権六がまったく動こうとしない現状を打開するには、否応なく動かざるを得ない状況を作るしかない。そのための上意を得るのであるが、コックス自身が将軍家へ直接手紙を送ることは不可能である。ならば、家康にもっとも近いアダムスを頼る以外に手段はなかった。

さて、コックスが松浦隆信から長谷川藤廣らへの紹介状などを受け取った10月10日、隆信はコックスに対して家康への愁訴を思いとどまるよう伝えた。理由は『日記』にも書かれていないが、外交上のトラブル情報が家康の耳に入ると、松浦家に不利益が出ると考えたのであろうか。コックスはいったん隆信の申し出を受け入れた。しかし、翌日にはアダムスらへ手紙を送り、実際には家康への愁訴に向けて動いていた。コックスが隆信の意に反して動いたのは、隆信や長谷川権六への不信感にほかならない。

長谷川権六はこの問題を最初から解決させるつもりがなく、松浦隆信も権六へ働きかけるといいながら、十分応じているわけではなかった。協力どころか、コックスらの動きを牽制しようとしたのである。それゆえに、コックスが彼らを信頼しないのも無理はない。同じようなことはあらゆる場面で繰り返されたからである。事実、同時期に起こった商館付の通詞五郎左衛門と松浦家家臣の兄竜崎七郎右衛門との争いでも、松浦隆信は十分な協力をしていない。

10月14日付でコックスがアダムスや他の商館員に宛てた手紙には、①隆信がコックスに当面の平戸滞在を願ったこと（愁訴の阻止）、②アダムスのほかに本事件を家康へ伝えられる者はいないこと（アダムスへの依頼）、③隆信が権六へ使者を出したとはいえ、アダムスを通して家康へ事実を伝えるのがよいと考えたこと（隆信・権六への不信）など、本事件の経緯や対応が書かれていた。そして、この手紙を至急アダムスに届けるように使者には伝えられた。

コックスは手紙のなかで that Gonrok Dono is more friend to the Portingales then us と、権六のポルトガル人優遇の姿勢を強調している。これには権六のポルトガル交易での利権が大きく関わっており、「権六はポルトガル人を好む」といった単なる好みの問題ではなかった。将軍家の買物掛とされる権六が、ポルトガル商人と利害関係にあることはよく知られたことである。そのため、権六はコックスらにリップサービスはするが、実際には動かなかったのである。

アダムスがコックスの書いた手紙の内容を知るのは10月下旬である。コックスが早く家康へ知らせてほしいと記した手紙は、想定より1か月遅れてアダムスへ届いたことになる。アダムスが家康の命で各地を動き回っていたからである。このことはコックスにとっては誤算だったかもしれない。それまでの間、捕まったスペイン人たちは解放されない。10月23日付ウィリアム・イートンのリチャード・ウィッカム宛手紙によれば、平戸から出された9月24日、10月10日、10月21日付の手紙をイートンは受け取っていた。その手紙には、長崎での解放交渉は成功しなかったので、コックスが家康との連絡を強く望んでいたことが記されていた。

コックスは、囚人解放を命じる家康からの手紙をアダムスが携行していることを11月27日に知った。10日前に小倉から発信したアダムスの手紙が平戸に届けられたからである。それまでに何があったのかは記録に残されていないが、アダムスが家康の手紙を持って平戸に戻ったことは事実であり、結果、囚人たちは無事に解放されたのである。

しかし、この事件がアダムスを通じて解決したとはいえ、コックスはアダムスを完全には信頼しきれないところがあったのも事実である。アダムスがオランダ人に雇われて来日したこと、ポルトガル人やスペイン人との関係が良好だったことから、「イギリス人よりも彼らの方を好む」と何度か『日記』に記すことがあった。いざという際に、アダムスがイギリス商館のためには動かないのではないかとの疑念を持っていたのである。しかし、コックスにとっては、家康の力を借りるにはアダムスを信頼するしかなく、一方でアダムスを信じ切れないという葛藤のなかで、先の問題は解決されていった。

　そして、この事件は現地での解決をめざしながらも、家康が登場しなければ結局は解決できなかったという現実を突きつけた。コックスが家康周辺の者たちを、とりわけアダムスを介して事件を処理しようとしたことから、大坂夏の陣終了後もなお、家康個人の威光に頼らざるを得ない姿が伝えられている。Emperorとしての立場は家康が握り続け、秀忠はいまだ主体的に外交を担えない状況にあった。江戸の秀忠はこの事件をめぐっていっさい登場しなかったのである。言い換えれば、家康死後に同様の事件が起こった場合、コックスが秀忠を頼れるのかどうかが問題となるのである。

Emperorとしての秀忠の誕生

　家康に替わって秀忠がEmperorとして認められたのは、元和二（１６１６）年の家康の死後である。いわゆる代替りである。家康が亡くなったこの年の夏、オランダ商館やイギリス商館に新たな特許状が発行されることになった。そして、オランダ商館やイギリス商館に対し、平戸と長崎のみを寄港地と定めた秀忠による厳しい貿易制限令が出された。

家康の存命中に秀忠がイギリス人やオランダ人から Emperor と呼ばれた例はほぼなかった。国内事情がどうであれ、彼らにとって秀忠はあくまでも「Shongo Samma と呼ばれていた家康の息子」にすぎなかった（鍋本２０１７）。つまり「しょうぐんさま」に政治的意図が込められたのではなく、秀忠の征夷大将軍、Chief Commander としての役割は、イギリス人には認められていなかったのである。

しかしその事情は１６１６年に変わった。１６１６年６月22・23日付でコックスからウィッカムに宛てた手紙では、the Emperor is dead と家康の死を記し、『日記』の６月23日条には平戸領主松浦隆信から新しい商品のリストを求められたとあり、松浦がその商品を New Emperor へ送るつもりなのだろうと記している。この New Emperor が秀忠である。また、７月21日のウィッカム宛のコックスの手紙には new Emperor, old Emperor の両者が書かれ、家康と秀忠の代替りが行われたことがはっきりと示された。その手紙には、秀忠からの回答があるまで商売ができないとのことについて、コックスは「家康から特権を得ており、着船次第いつでも売買できたと回答した。しかし相手が、家康はすでに死去していると答えたため、秀忠に対して特許状更新前に以前の特許を利用するならば、手紙を書くと言った」と書かれている。ここから、家康の死後、家康からの特許は利用できないのではないかとの疑問が生じていたことがわかる。そして、秀忠による特許状が更新されるまで、家康の特許状を利用するための便宜を図ろうとしていることもうかがえるのである。

なお、１６１６年10月14日付スペックス宛のアダムスの手紙はオランダ語で書かれている。先に紹介したように秀忠を van Shiongasamma（将軍様）、家康を Olt keijser Gossosamma と書き、秀忠を積極的に Keyser と記さない。言い換えれば、家康は死去するまで Keyser、すなわち Emperor であったことが示される。

家康死去と外交方針の急展開

代替りが起こったときのウィッカムの心配は現実のものとなった。商館が設立された１６１３年に家康から与えられた特権、特に取引に関わる自由交易の権利が奪われたのである。もちろんすべての権利が奪われたのではなく、コックスらによるイギリス人への裁判権は認められていた。

　１６１６年5月22日、京のウィッカムから平戸のコックス宛の手紙で家康の死去が報じられたが、家康が快復したとの知らせも同時にあるとし、情報は錯綜していた。手紙の発信日を和暦に直すと元和二年四月十七日、すなわち家康の死去当日にあたる。家康死去の確定情報は１６１６年6月10日にコックスへもたらされた。本多正純が将軍秀忠のもとへ向かったこと、後藤庄三郎が不正を働いたことで将軍から不興を買ったことなどが記されている。いよいよ秀忠による将軍親政がスタートした。厳しい貿易統制は、家康からの特権で胡坐《あぐら》をかいている者たちへの牽制なのであろうか、秀忠は自身の方針を曲げることがなく、キリスト教禁制とあわせて厳しい姿勢で外国人に臨んでいくのである。

　さて、イギリス商館員の手紙の和訳は『慶元イギリス書翰』に多く収められているとはいえ、家康死後の手紙のほとんどは訳されていない。India Office Records に収められた Original Correspondence から、家康死後の状況を紹介してみよう。上述のように、１６１６年7月21日付ウィッカム宛のコックスの手紙には new Emperor, old Emperor の両者が書かれており、秀忠を新たな Emperor として認めたことがわかる。

貿易統制令が出された直後の１６１６年9月19日付で京のウィッカムから江戸のコックスに宛てた手紙がある。そこには、「京の宿主から手紙を受け取り、大坂と堺の宿主とともに、２日前に京都所司代板倉勝重から京で民衆へ命令が出たということである。商人も町衆も、京でイギリス商館の商品を買ってはならないと厳しく達せられた。また、宿主も私たちの商品売却を禁じられた」と書かれている。ここの手紙ではまた、「（イギリス人が）見逃した情報は、私たちの商売を妨害し、旧皇帝（家康）が私たちに与えた自由（交易を認めた特許状）が彼の息子のションゴ様（将軍様＝秀忠）によって更新されなければ、日本での交易ができなくなる。堺からアダムスへ連絡し、平戸と京から手紙を送り、特にこの交易の情報を（コックスへ）伝えるために送った。スペイン人とポルトガル人に対して出された以前の慣例に従い、長崎などに限定して商売するよう皇帝（秀忠）から出されたようである。京や堺などで商売するならば、コックスとアダムスの両名で（特権の）回復を求めて江戸へ戻られたい。こちらでは今年の京と堺、その他の場所での商売ができるようにして、早く確実に輸送できるようにした」と書かれている。

コックスとアダムスらは朱印状更新のために江戸へ向かった。そして朱印状を下付されたあと、アダムスの領知である逸見《へみ》へ寄ったときに、先の手紙で特許内容が大きく変更されたことを知ったのである。家康時代に認められていた自由交易は認められず、寄港地は平戸と長崎のみに限定され、京や大坂での商売が禁止された。慌てた一行は平戸へ戻る組と江戸へ引き返す組に分かれ、アダムスはコックスとともに江戸へ引き返した。特許が継続して与えられると考えていたのか、コックスたちは逸見に着くまで変更内容を確認しなかった。内容を確認しなかったのは油断以外の何ものでもないが、家康が与えた特許を、家康に従順とされた秀忠が覆すわけがないと思い込んでいたのであろうか。

コックスとアダムスが江戸で行うべきことは、新たな特許内容を撤回させ、家康時代に戻す交渉を進めることであった。コックスらは土井利勝や本多正純といった外交担当にあたる年寄の家を訪問した。しかし、使用人は「すでに家を出た」「仕事が忙しかったようでまだ寝ている」「酒を飲み過ぎて起きてこない」「さっきまでいた」と告げ、年寄らは面会を避けていた。そのため、コックスは年寄たちに容易に会うことができず、アダムスは何日も登城するが、やはり解決させることができず徒労に終わるばかりであった。ちなみに、この待ち惚け状態は１６１７、１６１８年にも繰り返された。粘ったコックスは土井利勝や本多正純、そして江戸下向していた板倉勝重らに会うことはできた。しかし、全員から「すでに昔の世の中とは違う」「すべてが新しい方法に変わった」「新しいEmperorのもとでは何もできない」と聞かされるだけだったのである。本多正純に至っては、「私はすでに昔の私ではない」「(Secretaryではなく)ただのCouncil(評議会員)になってしまった」といわれる始末だった。このような状況は１６１８年にも起こっている。アダムスが江戸登城して渡航朱印状発行などに必要な事務手続きを進めようとしても、秀忠は鷹狩りに出かけることが多く、結局何の成果も得られず江戸城を退出する日を数日間繰り返すのである。

二元政治の終焉――新たな政治体制への布石

『日記』において、本多正純の役割を示す用語Secretary(秘書)がCouncil(評議会員)へ変わったことは、出頭人としての年寄から普通の年寄へ変わったことも意味する。出頭人とは主人の寵愛を受けた家臣であり、当時は政治の世界で力を発揮するとともに、請願や裁判の窓口となっていた。

コックスの『日記』の内容は、当時の幕府政治を知るうえでの重要な意味を含んでいる。それは、本多正純自身が自らの処遇が変わったことを話している部分である。家康から秀忠への代替りにおいて、正純ら駿府にいた重臣たちが、家康時代よりも冷遇されることになったとの見方はこれまでもあった。それは状況から導き出された結論であるが、『日記』の記述は当事者自身の証言である。つまり、正純自身が秀忠のもとでは活躍の場がないことを自覚していたのである。そして、コックスも年寄の機能を知り、用語を使い分けていたことは注目したい点である。

江戸時代初期の幕府政治はいわゆる「出頭人政治」であり、主人のお気に入りが政治の中心にいた。家康であれば年寄本多正純、秀忠であれば年寄土井利勝がその代表である。家康と秀忠の二元政治期では、主導権は家康が握っていたといってよい。特に家康のもとにいた本多正純の権限は大きく、後の老中と比べても各方面に通じていた。いわば、正純の言葉がそのまま家康の言葉であるといってよいほどである。

同じ年寄でも、正純や利勝とは異なり、出頭ではない者もいた。コックスは出頭人の年寄をSecretary、それ以外の年寄をCouncilと呼んでいた。特に家康を取り巻く人々は多岐にわたっており、武家、商人、外国人、僧侶、学者などが集まってブレーン集団を形成していた。アダムスやヤン・ヨーステンもその集団にいた。もっともアダムスらはビジネスや任務のために各地を移動するので、常に駿府にいたわけではない。それでも家康に近侍していたことで、さまざまな便宜がはかられていたことは想像できる。それは拘禁されたスペイン人らを解放したときの流れからもうかがえる。

代替りでは、単に将軍が替わるだけではなく、周囲の人材も大きく変化する。家康の死後、家康のブレーン集団は解体し、秀忠のブレーンを中心とした政権となる。家康時代のように多種多様な立場の者が集まる政治組織ではなく、武家中心の組織に改編されていく。その意味ではアダムスも家康の出頭人のような立場にあった。秀忠の親政期、幕府との交渉のうえで商館が期待したアダムスの役割はそれほど大きな変化をみせていないようだが、外交をめぐる問題の解決方法は大きく変わっていく。アダムスはもはや家康時代のような出頭人ではなくなり、縦横無尽に立ち回れる立場ではなくなったのである。

秀忠の将軍親政によって貿易統制が敷かれるなかで、イギリス商館は活動範囲を大幅に制限されることになった。商品取引をめぐって長谷川権六の介入が激しくなり、次第に松浦隆信の強硬な姿勢が目立つようになる。１６１６（元和二）年に取引場所や寄港地に厳しい制限が加えられても、平戸イギリス商館は商売を続けていたが、家康の生前に構想していた琉球経由での大陸との交渉は成功していない。家康からの特権が奪われ、交易が幕府統制下に入りつつある時期が秀忠政権期であり、のちの「鎖国」につながる政策が次々に出てくるのである。

平戸イギリス商館史料読み直しの必要性

リチャード・コックスの『イギリス商館長日記』やイギリス商館員の手紙は、その数こそ少ないとはいえ、書かれている記事内容は豊富で、当時のイギリス人たちの動きがリアルに伝わってくる面白さがある。それはこれら『日記』などの史料が単なる取引記録・公務日記ではなく、そこに生きていた人々の動きをリアルに伝えるからである。

最後に家康・秀忠期の権力関係についてまとめてみよう。Emperor 家康と prince にして true heir の秀頼の間に連続性はなく、それでいて Emperor に連続するはずの秀忠は Crown prince ではなく、単に Emperor の息子である king にすぎなかった。しかし秀忠が家康の跡を継ぐことは、外国人にも理解されていた。このわかりづらい関係が大坂夏の陣までの西洋人による日本の権力理解である。このように、用語をみるかぎり、豊臣政権と徳川政権との関係、徳川政権内部の序列は混沌としていた。家康が Emperor で最高権力者であり、その跡を継ぐのは本来の後継者であるはずの秀頼ではなく秀忠であったこと、その時期は家康の死後と想定されていた。

家康が息子の秀忠に将軍職を譲った段階で、宣教師たちは「家康は帝国を自分の息子へ継承することを示した」と評した。とはいえ、家康はその後も幕政の主導権を握り続け、外交に至っては家康の意思を中心に進められた。ゆえに、秀忠は家康の死後まで Shongo Samma, son of Emperor などと記された。これはコックスでもアダムスでも、他の商館員でも同じである。

近年の歴史学は、日本史やイギリス史といった一国史単位での研究にとどまらない。日本、アジア、ヨーロッパの共同研究が進められるなかで、平戸イギリス商館の活動もイギリス東インド会社との関係で研究を進めていくことが今後大きな課題となる。そのためには改めてイギリス商館員たちの手紙の精緻な読み直しが必要である。日本においてアダムス、あるいは平戸イギリス商館の研究が目立たないのは、アダムス自身の手紙がほとんど存在せず、ジョン・セーリスの『日本渡航記』をはじめ、各種の航海記録にアダムスは登場するものの、アダムス自身の行動を詳細に知り得る史料類が絶対的に少ないことに原因がある。
　また『日記』は１６１５年から１６２２年ごろまでの、わずか8年ほどしか残されておらず、しかも１６１９年と１６２０年の部分はほとんど欠落している。つまり、商館開設から大坂の陣、そして商館閉鎖の前後については断片的にしか知り得ず、改めて現存する『日記』と各種『航海記』や商館員らの手紙を読み直すことからのアプローチが必要なのである。

参考文献

フレデリック・クレインス『ウィリアム・アダムス——家康に愛された男・三浦按針』ちくま新書、２０２１年
ジョン・セーリス（村川堅固訳）『セーリス日本渡航記』雄松堂書店、１９７０年
東京大学史料編纂所『大日本史料　第十二編』東京大学出版会、１９０４〜２０２０年
東京大学史料編纂所『日本関係海外史料　イギリス商館長日記』（原文篇・譯文篇）東京大学出版会、１９７９〜81年
永積洋子・武田万里子『平戸オランダ商館イギリス商館日記——碧眼のみた近世日本と鎖国への道』そしえて、１９８１年
鍋本由徳「一七世紀イギリス人のみた日本——幕府政治に関する噂話」『生活文化史』61号、２０１２年
鍋本由徳「江戸時代初期における領主権力と「長崎奉行」の覚書——『イギリス商館長日記』を中心にして」日本大学通信教育部『研究紀要』第28号、２０１５年
鍋本由徳「一七世紀、ヨーロッパ人の徳川家康・秀忠理解について——イギリス商館員の記述を中心にして」『史叢』第97号、２０１７年
鍋本由徳「イギリス商館長リチャード＝コックスと領主権力——一六一五年のスペイン人・イタリア人囚禁事件をめぐって」『日本大学通信教育部研究紀要』第31号、２０１８年
フアン・ヒル（平山篤子訳）『イダルゴとサムライ——16・17世紀のイスパニアと日本』法政大学出版局、２０００年
松本和也『イエズス会がみた「日本国王」——天皇・将軍・信長・秀吉』吉川弘文館、２０２０年

皆川三郎『ウィリアム・アダムス研究』泰文堂、１９７７年
皆川三郎『英人の観た徳川初期の世相――平戸商館長日記より』泰文堂、１９７９年
三宅英利「Diary of Richard Cocks における“Gonrock Dono”について」『北九州大学文学部紀要』B３－２、１９７０年
森良和『三浦按針――その生涯と時代』東京堂出版、２０２０年
Farrington, Anthony, *The English Factory in Japan 1613-1623*, vols. 1, 2, London, 1991.
Riess, Ludwig, *History of the English Factory at Hirado 1613-1622*, Tokyo, 1898.

第４章　帰国しなかった理由をめぐる一試論

——「エミグレ」か「ディアスポラ」か

小川秀樹

アダムスのころの本国イギリスは

ウィリアム・アダムスの日本での20年にわたる生活は、日本滞在も半ばを過ぎたころ、ジョン・セーリス司令官の来航を境に（１６１３年）、徳川家康に召し抱えられる立場から解放され、大きく変化した。待ち望んだ帰国をついに許されたものの、あろうことか直前になって心変わりし、セーリス船での帰国を取りやめたのである。その後も幾度か帰国の機会があったが、帰国しなかった。日本でのアダムスに関する最大の謎が、なぜ帰国しなかったかである。

まず日英貿易が始まった時期のイギリス側の時代背景であるが、長きにわたったエリザベス女王の時代に別れを告げ、家康による江戸開府と同年に（１６０３年）英国王にジェームズ一世が即位して、テューダー朝からステュアート朝へと世替わりした。そのことは大陸のネーデルラントと関わりが深く、「一介の船乗り」とはとても思えないアダムスにとっても等閑視することはできない出来事であった。ジェームズ一世はエディンバラ城生まれのスコットランド王であったから、それでノルマン征服以来の大陸の血筋が一掃されたというわけでは全然なく、むしろ逆である。エリザベス女王は、母アン・ブーリンの父方からフランドルの血を引き、父ヘンリ八世の両親もエドワード三世等につながる、主としてフランスの血筋が半分入っているが、それでも「彼女は、五世紀もさかのぼる遠い祖先のハロルド以来、もっとも濃くイギリスの血を引く君主であった」（ガードナー１９８９）とされるのである。もちろんハロルドとは、11世紀にウィリアム征服王に敗れ戦場に消えたイングランド王である。

対するジェームズ一世は、父母とも遠くルーツはサンマロを出自とするブルターニュの血筋であり、さらに父方と母方の祖母は、それぞれカンブレ（ル・フレミング姓）とロレーヌをルーツとしている[1]。北のスコットランド王という地理的なイメージとは裏腹に、ほとんど大陸のフランス系の血筋ということだ。王朝が替わり、大陸の血筋はむしろ濃くなっていて、ジェームズ一世の登場は、アダムスにとっては、心情的に馴染みの薄い新王が本国に登場したと感じられた可能性が高い。母語の英語以外にフランス語、イタリア語に加え、オランダ語をも話したエリザベス女王の死に対して、エリザベス時代人を自負するアダムスは一抹の喪失感を感じたに違いない。

他方、政治・宗教面でみれば、変化はそれだけにとどまらなかった。ジェームズ一世はその治世下で、王権神授説を信奉して議会と対立し、また宗教面では『欽定訳聖書』を定め（アントワープで印刷された『ティンダル聖書』を下敷きにして）、国教会の立場から教会のイギリス化を鋭意進めた。エリザベス時代よりはるかに強硬な宗教政策で、有名なガイ・フォークス（火薬陰謀）事件以降、カトリックを否定する一方、カルヴァン派（ピューリタン）も弾圧したので、結果的にメイフラワー号のピルグリム・ファーザーズによるプリマス植民が始まり、国策のヴァージニア植民と相俟って北米植民の発展がみられさえした。

アダムスの宗教的立場は、国教会の教会で受洗したこと、そして手紙等から素朴で敬虔なプロテスタント信者であったことはうかがえるが、それ以上のことはいっさい不明である。国教会の教会で洗礼を受けたとはいえ、幼児洗礼自体はプロテスタント諸派でも国教会に限らないし、そもそも時代背景からして、キリスト教自体が大変革の最中であり、ヘンリ八世以降、ときの国王の宗教政策だけでなく教会自体も揺れ動いていた世紀である。アダムスが東インドを目指して国を出発するころ、つまり16世紀末にかけてのエリザベスの治世においても、国教会に与さないカルヴァン派のピューリタン（特に分離派）たちが迫害されて次第に追い詰められ、カルヴァン派の聖域オランダへの脱出が続いていた。[2]

（1）https://www.geni.com/people/James-VI-King-of-Scots-James-I-King-of-England-Ireland

（2）カルヴァン派がフランスだけでなく、ネーデルラントやイギリスでも浸透したのは、カルヴァンの生まれが、フランドルを核とした当時のブルゴーニュ公国に含まれるピカルディのノワイヨンであること、そしてイギリスには既存のフランドル系住民に加えて、新しくカルヴァン派の大陸系住民が多数移住した事情もある。姓の綴りCalvin、ないし本名 Cauvin はいずれもフランドル姓で、彼は自らの名を Johan と署名した。母（Lefranc）はユダヤ系の姓で、ノール県カンブレー出身、寡婦だった妻（de Bure）もフランドル出身、その前夫はリエージュ出身であった。秘書等の最側近（例えば de la Fontaine, de Trie など）もみなフランドル姓である。もっとも本国フランスではユグノーの分布にそのような南北の地理的偏りは少なく、むしろ南西部のモントーバンや大西洋に面した港町ラ・ロシェルなどはユグノーの強固な根拠地であった。

イギリス人としてオランダに亡命した人たちの少なからぬ部分は、もともとフランドル系であり、彼らはイギリスに住みながら、故郷とのつながりを強く維持していた（第11章注1も参照）。例えば１５９６年に多数でノリッジからライデンに移住したグループは、ピューリタン陣営のなかの分離派を設立したロバート・ブラウンが説教をしていた教会に通っていた人々であった。このブラウンこそはピルグリム・ファーザーズにとって最大の精神的指導者であり、リンカンシャーの家系だがノルマン・フランドル系の人物である。

「ピューリタニズムは外来思想であった。エミグレによって持ち込まれた思想、エミグレの宗教」（大木２００６）であり、国教会を「土着」とすれば、ピューリタン思想は「外来」であった。後で詳述するが、オランダを「祖国」と告白している「エミグレ」、つまり移住者・亡命者と思しきアダムスは、同じプロテスタントとはいえ、カルヴァン派の信条・心情に近いと考えられ、生後の受洗は別として、好んでイギリス国教会に与するとは考えにくい。アダムスが故郷に帰還しなかった理由として、国教徒以外への迫害が激しくなった本国は、中道主義でまだまだ穏やかだったエリザベス時代人であるアダムスの心のなかでは是が非でも帰国したい国ではなくなっていた可能性がある。否、帰国すると危険に巻き込まれると危惧した可能性すら考えられよう。

おまけにジェームズ一世は自らの即位を機にイングランドとスコットランドが同君連合に入ったことで、デザイン的に二国の国旗を掛け合わせた形で、いわゆるユニオン・フラッグを１６０６年に制定した国王でもある。ただし初代ユニオン・フラッグで、赤い斜め十字のセント・パトリック・クロスは入っていない。平戸に来航したクローヴ号のマストに翻る新しい国旗を見て、平戸の自宅の窓にイングランドの赤い十字のセント・ジョージ旗を掲げていたアダムスが、軽い衝撃を受けたであろうことは容易に想像できる。

いよいよ運命のセーリス来航

さて日本のイギリスとの貿易開始からみていこう。１６１３年６月11日午後３時ころ、イギリス東インド会社第八航海の船隊司令官ジョン・セーリスのクローヴ号（丁子という香辛料の英語名）が平戸の川内浦に来航した。浦賀に来航するようにとのアダムスの事前の求めにもかかわらず、連絡の行き違いから平戸方面に真っ直ぐに来港したものだ。セーリスの船隊は、１６１１年４月にイギリスを出帆していて、東インドへの航海を終えバンタンからイギリスに帰帆する他の２隻と別れ、そこから司令官自ら国王ジェームズ一世の家康宛の親書を携えて来日したものである。

セーリス一行は平戸藩主自らの大いなる歓待を受け、日英貿易の出だしは順風満帆に思われたが、しかしそれ以降は、アダムスをめぐって、不手際や問題が頻発した。セーリス到着時に平戸に不在で、ようやく連絡を受けたアダムスは直ちに駿府から平戸に17日かけて急行、結局、一行の平戸到着からは48日後にやっと到着した。

８月７日、アダムスに案内されて計19人が、平戸から海路、参府の旅に発った。後の商館長リチャード・コックスは留守番に残った。瀬戸内海を経て大坂からは陸路にて９月６日に駿府へ到着、８日に家康との謁見を実現させ、国王ジェームズ一世の親書を手渡した。ちなみにこのときにセーリスが家康に提出した国王ジェームズ一世の書簡は、「全能の神の意により大ブリテン國、フランス及びアイルランドの王、キリスト教の保護者……」（セーリス　１９４４）という14世紀のエドワード三世

平戸のイギリス商館遺跡碑（平戸市役所前）（小川秀樹撮影）

が使い始めた文言で始まっている。イギリス国王がフランス国王をも宣言していることは英仏百年戦争を考えれば不思議なことではなく、他方、「キリスト教の保護者」との文言は、後にイギリス商館の運命に微妙な綾を織りなした（第8章参照）。

9月14日、江戸到着。17日に将軍秀忠との謁見が叶い、9月29日、浦賀視察を経て再び駿府に戻り、10月8日に家康から朱印状と国王への返書を貰うなど、異例のスピードでことは運び、アダムスは誠心誠意、イギリス商館設置を手伝った。イギリスの貿易条件は、自由貿易が許され、日本のどこででも寄港が可能で、さらに税も免除、治外法権も認められることが計6条にわたり定められていた。仲介したアダムスの功績によるものだ。しかしセーリスは、アダムスが推す（家康も求めた）浦賀でなく、平戸にイギリス商館の場所を独断で決めた。一般にいわれる貿易や国内市場の観点のほか、アダムスが直前に帰国を許されて領地から離れた事実や、生活面や平戸藩主との蜜月も含め、コックスの仕事のやりやすさへの考慮が最重要だった可能性もある。

アダムスの貢献にもかかわらず、それでもセーリスのアダムスに対する心証は良くなかった。それはセーリスの離日時の新任商館長コックスに対する指示書に明らかである。セーリスは、アダムスがそれまで家康に仕える傍ら、オランダ商館の仕事をしていることを知っており（第7章参照）、アダムスにイギリス商館のお金は任せられない、アダムスはいつ「スペイン人やフランドル人」側に寝返るかわからない、彼は日本人的になりすぎていて、高い地位に慢心しているので、彼を信用するなかれとまで酷評し、コックスに注意を呼び掛けている（岩生１９６６）。本来、一介の船乗りにすぎないのに、運と偶然で異国において将軍の懐刀にまで昇りつめ、物腰まですっかり日本風となってしまったアダムスをセーリスは気に食わず、逆にアダムスはセーリスを、イギリスを代表するエリートを気取り、華美な振る舞いで無礼なだけの人物とみなしていた。

強者セーリスとはいったい何者なのか

さてセーリスがイギリス東インド会社の第八航海の司令官兼対日全権特使として来日したのは、彼が33歳のころで、彼の家系はジェントリ（郷紳、最下層の領主）階級である（Saris 1900）。曾祖父ハンフリーはヨークの人で、祖父エドムンドがロンドンに移り住んだと思われるが、父トマスは二度結婚し、ヨーク出身の先妻の末っ子として１５７９年ないし80年に生まれたのがジョンである。家督を継ぐ立場になかったジョンは、１６０４年、ヘンリ・ミドルトンの第二航海に参加、そのまま数名の若い仲間とともにバンタンに商館員として居残り、１６０８年には商館長に昇進し、翌年、アダムスの同胞でもあり手紙の交換もしているオーガスティン・スポルディング[3]に後を託して、いったん帰国している。

（3）スポルディングはリンカンシャーの南端、ノーフォークに接する南ホラントにある町名でもあり、フランドル系住民が多く、ノルマン征服以来、大陸系土地所有者がその姓を名乗った。

具体的にセーリスの家系図をみると（Saris 1900）、祖父の妻デイ（Day）、セーリスの母ロヴェル（父の先妻、Lovell）、父の後妻シュヴァル（Chevall）、叔母レーン（Lane）等、ノルマン・フランドル系またはユダヤ系と思しき姓がずらりと並んでいる。なかでもロヴェルはノルマン征服以来の名門の姓である。セーリスないしサリス（Saris）というきわめて珍しい本人の姓は、もともとフランドルの名前とされ、[4]今ではオランダやその関係国に多い名前である。セーリスはその帰路の航海日誌のなかで一か所だけ、「今日は安息日（sabbath day）だから船にとどまった」（1614年1月16日）という書き込みをしているが、調べてみるとその日は日曜日にあたるので、セーリスは確かにキリスト教徒である（ユダヤ教では金曜日）。セーリスは自らの名前を「サイリス（Sayres）」と署名したが（村上1966）、その他にも幾多の綴り方が文献には散見され、姓の綴りの謎にも以上の背景があると思われる。

　セーリスはその日誌のなかで、オランダの東インド会社の活動全体をまるでフランドル人が担っているかのごとく、「フレミング」「フレミッシュ」という呼称を全編で多用している。しかし選択的には「オランダ商館のブラウエル館長」とか、「120人ものホラントの兵士たち」等々、用語を使い分けている。例えば、セーリスのアダムスへの最初の言及は、「按針（原語Ange）とは日本語で水先案内人のことで、アダムスはフレミングの船の航海士として日本にやって来たから、そう呼ばれる」（1613年6月11日）というものだ。きわめつけは「ホラントから……フレミッシュの船が到着した」である（1614年1月26日）。セーリスはオランダの船を「フランドル」の船と認識していた。土地や国の名称には「オランダ（ホラント）」を、そして人物を重視した場合には「フレミング」「フレミッシュ」と使い分けている傾向が明らかだ。

アダムスがオランダを見つめる目

ちなみに自らの日記ではほぼ全部を「オランダ」で通したコックスは、「手紙」においては、一連の手紙類の最初のもの（１６１３年11月30日）から「フレミングス」を使っている。１６１３年12月10日、コックスが離日帰国するセーリスに託した本社宛ての手紙では、12回の言及のうち、４回「オランダ」と書かれているだけで、ほかは「フランダース」を用いている。ヨーマン（自営農民）身分であるコックスの遺言状をみると（東京大学史料編纂所１９８１）、関係者には姉妹の一人の配偶者の姓グレイ（Graye）、金銭の貸借関係にあったヒューエット卿（Hewett）等々、フランドル・ノルマン系と思われる人物が多く目に付く。そのコックスの姓は、自身は手紙で当初はCocksと綴っていたが、後にはCockに変更している。[5] またCox, Coxeとも綴られ、上記遺言状ではCockesと綴られている。以上からはコックスがネーデルラント系である可能性が示唆されるが、本稿の視点から重要なのは、むしろコックスが姓の綴りにこだわりがあった事実である（第11章参照）。

（４）本書拙稿において、欧米の姓の由来を探るために用いたのは主として下記のデータベースである。http://www.americanlastnames.us/S/SARIS.html, https://surnam.es/netherlands, https://www.surnamedb.com/Surname/, https://www.houseofnames.com/

（５）コックスの署名のCocksからCockへの変更は、より見栄えの良い綴り（with a flourish）にしたものとされる（Cocks, Vol.1の注16）。ちなみにCocksは、イギリスやオランダの姓とされ、ユダヤ系を含み、他方、Cockはイギリスやフランドルの姓とされる。なおコックスの平戸での蔵書には“Dutch Chronicle”（オランダ年代誌）があった（皆川１９６７、xv頁）。

他方で、アダムスは「フランドル」でなく、すべて「オランダ」という言葉を用いており、セーリスの場合と著しい対比をなしている。仮にセーリスもアダムスもともに大陸系だとしても、セーリスの場合、先祖がブリテン島に渡来して数世紀が経過していて、家系はジェントリ階級として完全にイギリスの上流階級化しており、他方でアダムスは、祖父または父の代で渡英した新しい移住者である可能性がある。セーリスは宗教面でもおそらく主流の国教徒であり、文語的な呼称の「ネーデルラント」を、「オランダ」でなく、より一般的で馴染みがある「フランドル」と呼び、一方、アダムスは、比較的最近イギリスへ逃れた家系とすれば、カルヴァン派に信条・心情的に近く、カトリックにこだわる古風で伝統的なフランドルより、カルヴァン主義で革新的なオランダに感情移入したのかもしれない。

イギリスでは3世代続けて住んで初めてイギリス人になり、それまでは外国人であると俗にいわれる（小池１９９２）。当時の社会において、移住民の一部は勅許や帰化によって公式にイギリス人になったとしても、社会生活のなかで外国人扱いは続き、意識面でもイギリス人になるというのは容易ではなかった（中川２０１２）。16世紀には、島国イギリスの外国人管理は、オランダに比べても厳しく、例えば宗教的には寛容であっても職業面では制約が厳しい等、大陸からイギリスへ逃げ延びた者が、外国人という意識にとどまってイギリス人にはなりきれず、再度オランダや新大陸へと渡っていく背景がここにある。

セーリスとアダムスが仲違いした背景として、以上のような二人の間の宗教面と階級・出自面の相違があった可能性がある。セーリスはイギリスに請われ招かれた時代の名誉ある移民家系に属して

「イギリス国民」意識を有し、他方、アダムスはイギリスに難民のように逃げ延びた、招かれざる家系に属する違いがあり（第11章も参照）、セーリスは、アダムスがいまだ完全にイギリス人になりきっておらず、ゆえに信用に欠けると見下した。

アダムスは平戸で帰国を断念

さてセーリスとの参府の際、アダムスは、12月のクローヴ号の離日の機会に帰国したい旨、申し出て、家康からついに、帰国する許可を得た。それまで何度か家康に帰国のうかがいを立てており、そのつど拒否されていたが、このたびは、国に帰ることを望むか、と家康はアダムスを凝視して尋ね、彼が熱望していると答えると、ついにそれを許した。アダムスの大手柄で、オランダに続いて、イギリス国王の国書が届き、交易開始に目途がついたことが一番の理由だ。

アダムスは、やっと家康の帰国許可を得ることができ、待ち望んだ自由を得たので、心軽やかに平戸に戻ったころまでは、セーリスの船で帰国するつもりでいた。というのも、アダムスは、その意に反して長らくサムライとして日本の「陸」に縛り付けられていて、家康から帰国の許可を得た際、私たち「ホスト役」の日本人には若干意外で困惑することだが、長い「惨めな勤め」からようやく解放されたことを神に感謝すらしているのである（森 ２０２０）。しかしアダムスは、帰国間際になって、あろうことか自ら帰国を見送る。セーリスから受けた数々の侮辱のために気持ちを翻したというが、アダムスはその侮辱について手紙では言葉を濁したことから、その理由について上記のとおり、さまざまな憶測を呼ぶ。１６１２年に妻から受け取ったらしい手紙の内容はわからないが、それが影響を与えていたとも考え得る。

日本におけるアダムスという人物を読み解くカギはやはり「帰国」というキーワードだ。日本に来航してしばらくは、引き続き航海を続けて東インドを経て帰国するために、船員仲間と長い航海で傷みの激しいリーフデ号の修理に費用をかけて力を注いでいた。家康に帰国の願いをたびたび出していたのも、もちろん祖国や家族への思いもあったであろうが、それにも増して、イギリス人として初めて日本に到達し将軍に歓待されたうえで、帰路、モルッカ諸島で香辛料を調達して一刻も早い世界周航凱旋帰還が念頭にあったのは確かだろう。それこそがロッテルダムの本社から課せられた当初の航海目的でもあった。

来航2年後に仲間割れが起こって、それまでは船内で共同生活を行っていたものが、大半の仲間は、家康からの給金を山分けして、陸に上がってそれぞれ日本各地で定住を望むようになったので、本国に家族を残している船長クワケルナックとアダムスの帰国期待組は、それに応じざるを得なかった。家康から出国を禁じられてはいたのだが、大半の若い船員にとって、日本は移住先として悪くはなかったのである。すぐに再出帆できなかったのは、アダムスにとっての最初の大きな蹉跌である。2回目の帰国する機会は、オランダ商館開設時（特使ポイクらによる）、3回目はセーリス来航時であり、そして4回目は、イギリス商館の勤めが終わり（1616年12月）、1618年2月のアドヴァイス号離日のときである。このときは、唐人商人よりヴェトナムへの航海の依頼を受け、迷うことなくそれに応じているので、やはり3回目のセーリス来航時のことが最大の問題となる。

アダムスは、帰国前にもう少しお金を稼ぎたい、イギリスで貧しい航海士に戻りたくないとも言った[6]。憧れの航海家ドレークも、師であった徒弟時代の親方ディギンズも経済的にも大変成功していた。何が何でも一刻も早く帰国したいと強く思っていたわけでは必ずしもなく、上で述べたイギリスの社会・宗教情勢が帰国を思いとどまらせるものになっていたことに加えて、日本的とも思える「故郷に錦を飾る」ことこそが案外本音だったのかもしれない。アダムスは資産からみれば、決して貧しい男ではなく、それまではオランダ平戸商館の仕事を請け負っていたが、イギリスに残る妻子への送金もあり、現金の蓄えはほとんどなかった（第7章参照）。凱旋帰国を果たしていない現状では、日本にいてこそ、富も名声もある卓越した人間だったのである。

東インドで一財産稼ぐというのは、当時は遠洋に乗り出した船乗りや商人たちの夢だったのである。ちなみにアダムスと同じく家康に重用されたヤン・ヨーステンも、後にいったん日本を離れてバタヴィアに退き、本国帰国前に最後に日本で一儲けしようと試み、挙句、道中の南シナ海パラセル諸島で海難死している。イギリス商館のウィッカムは商魂逞しく（私貿易で）、５０００ポンドもの蓄財に成功したが、結局、帰国途上で病死した。他方、好人物のイギリス商館長コックスは、10年も平戸にいながら３００ポンドほどしか貯まっておらず、ほとんど蓄財はできなかったし、挙句、バタヴィアで経営の無能を責め立てられ、失意のゆえか、帰路のインド洋の船上で命を落として水葬に付されている（皆川 １９６７）。

（６）１６１３年12月に離日する船便に託した東インド会社への手紙によれば、自身の財産に言及したのは、セーリス船で一緒に帰国するのを断る口実であった（田中丸 ２０２１、51頁）。

1616年、北西航路探索の分水嶺

１６１６年は家康とリチャード・ハクルート[7]という、東西で最も北西航路に影響力を有する人物が相次いで亡くなり、北西航路探索のウィリアム・バフィンの航海も最後となった年で、北方航海にとって分水嶺の年となった。アダムスにとっても、１６１３年に家康のもとを離れ、新たに平戸イギリス商館のために働きつつ、北西航路に関する本社への働きかけの結果を待ちわびるも、ついに１６１６年の到着便で本社からの朗報は届かなかった失意の年である。

アダムスはそのころまでは、「日本発の北方航路」、つまり太平洋からカナダの北を東に進むまったく新しい航路によって、自力で日本から故国に凱旋する計画を熱心に構想していた。生粋の航海士魂は消えてはいなかったのだ。それゆえ気に食わないセーリス船長の船便にあえて頼る必要はないとの判断があったのだろう。しかしその夢がやがていずれかの段階で絶たれたのは明らかだ。頼るべき家康は隠居して10年近くなり、そのうちに人生最後の大勝負である大坂の陣に向けて最後の力を振り絞ることとなるし、そもそもアダムス自らその家康とひとまず袂を分かったばかりである。アダムス自身も来航以来、齢を重ね、40歳代の後半に差しかかっていた。急速に内向きの姿勢を強める新政権は段々と盤石となり、他方、自身の影響力は以前と比べ格段に弱まった。かつて伊東でともに西洋船を建造した日本来航以来の若いリーフデ号仲間は、約束の地とも思える安全で自由な日本にいて家庭を営んでいるだけに、誰も冒険への情熱はもちろん、望郷の念すら抱いてはいない。

アダムスはセーリスに託したロンドン本社宛の手紙において、北西航路開拓について英東インド会社に詳細な提案をしている。家康から十分な支援が見込めること、造船についても材料・費用等に問題ないこと、イギリスの熟練水夫が15～20人程度必要だが、他の人員は日本人でも足りる等々、各種の要請を出している。バンタンにいる知己のトマス・ベストへの同時期の手紙では、北方航路が発見されるとするなら、それは日本からだろうとさらに一歩、踏み込んでいる。コックスも同様にセーリスの帰国便に託した１６１３年11月30日の手紙のなかで、アダムスの北方航海計画について重ねて口添えしている。もちろんセーリスも同様である（第6章参照）。

アダムスはセーリスが帰国して口添えしてもらえるなら、会社が計画に同意してくれると信じていたが、実際にはそうならなかった。もともとアダムスは会社の人間としてイギリスの船で日本に来たわけではなかったし、帰国後のセーリスは、私貿易や日本から持ち帰った春画事件等々、自身に降りかかる火の粉を振り払うのに懸命であった。それに自分が既に二度もアフリカ南端経由でアジアを往復しているのに、そのうえわざわざ北方航路の実現に向けて積極的に動く誘因はなかった。セーリスは商人であり、船乗りでも探検家でもない。

（7）一般にはオランダ系とされるハクルート（Hakluyt）だが、その姓の由来が不明で、古い家系も不明である。アン・ブーリンの義理の叔父ウィリアム・ハワード（2代目ノーフォーク公トマス・ハワードの息子）に見出され、ノルマン系のエドワード・スタフォードのパリへの外交使節に随行して、これもノルマン系で、アン・ブーリンとも縁戚関係のウォルシンガムの指示で諜報活動をしたり、初代ソールスベリー伯ロバート・セシルの教師であった人脈、キャヴェンディッシュの従姉妹と結婚した事実等から、オランダではなく、むしろフランドル・ノルマン系ではないか。国政に重きをなしたセシル（Cecil）は、ハクルートの最大のパトロンであり、歴代ウェールズに地盤があるが、ルーツはワロンのブイヨン近郊（St. Cecile）である。

日本においては家康が亡くなると、アダムスのこの野心的な計画は一顧だにされなくなったばかりでなく、1616年以降は、外国人の商業活動が平戸・長崎に限定され、その行動にも大きな制約が課せられて（アダムス本人はこのかぎりではなかったが）、イギリス商館も存続の危機に陥った。1610年代はイギリスの朝野で北方航路開拓への機運が最後に盛り上がっていたころではあったが、少なくとも東インド会社にとっては北方航路の重要性が急速に減じ、北西航路の探検を担う主体が、東インド会社からランカスターなどの会社に移行しつつあった時期でもあった。しかも東インド会社は1611年、インド東岸のマサリパタムに、翌12年には、皮肉にもアダムスの盟友トマス・ベストがインド北西部のスーラトに商館を設け、綿を主力商品とした持続性のある域内貿易に力を入れ始めた。

日本にいて本社からの朗報を待ちわびるアダムスからしてみれば、1615年8月来航のホジアンダー号はそもそもジャワ島発の船であり、ロンドンからの新しい情報はもたらされず（ただしジョイント・ストック情報を伝達）、アダムスは商館との雇用契約をそのまま1年延長、そして待望の1616年7月来航のアドヴァイス号も北西航路に関する何らの朗報をもたらさなかったので、ついにアダムスは、イギリス商館との契約を12月には終わりにした。傷心のアダムスは北西航路の夢をついに諦めたといえよう。現に1617年1月に会社の総裁スミスに宛てた手紙では、それまであれほど熱心だった北西航路についてまったく言及しておらず（田中丸2021）、むしろ来るべきコーチシナ渡航に期待を寄せようとしている健気な様子である。1617年に再度来航したアドヴァイス号が翌18年2月に離日する際、帰国することを考えたことはまさに揺れ動くアダムスの心情を示している。こうして洋の東西で、あたかも軌を一にしたように、北方航路をめぐる事情は大きく変わり、アダムスもそれに翻弄された。

最後に一介の船乗りに戻ったアダムス

家康は、徳川幕府を開いてわずか2年後の１６０５年には、世襲を天下に知らしめるために、また最終決着が依然ついていない大坂の豊臣家対策を意識してか、早々と駿府に隠居して大御所となっており、外国やキリスト教に警戒心が強い二代将軍秀忠の側近は、アダムスと次第に距離を置くようになった。実務的で合理的な秀忠は、家康政権が周囲の取り巻きによる不透明な政権運営だったことから、透明で組織的な政策決定に転換したまでであり、その結果、家康時代は格別に重用されたアダムスが一番割を食った側面はあろう（第3章参照）。実質的に秀忠政権となった１６１６年には、早速、オランダ人やイギリス人の貿易が平戸に限られることとなり、商館の活動が大いに制限された。アダムスも動員して必死の請願を行ったが奏功せず、イギリスは、平戸商館以外の支店の閉鎖を余儀なくされ、絶望的になったコックスは日本撤収の可能性すら本社に書き送っている（１６１7年1月1日）。

もっとも、外国人に対する貿易許可を外交的合意というより恩寵と考える幕府であるから、それを撤回し、特権を剝奪することも可能ではあったろうが、家康ゆかりの江戸城をも行政の拠点に造り変えた秀忠といえども、父家康が、アダムス個人はもちろん、蘭英両国に与えた通商（来航）の特権そのものを否定することはしなかった（自由貿易の免状の部分に制限・禁止を加えた。第7章参照）。また秀忠はアダムスの息子ジョセフに逸見の領地を相続させ、三代目家光の代になっても１６３５年の最後の朱印状までジョセフに発行し続けている。

いずれにしても北方航路について本社の支持が得られるかどうかを確認する間、蓄財も念頭に、アダムスはイギリス商館と雇用契約を結んで、結局、３年１か月は平戸を拠点にイギリス商館の仕事をした。当初2年の契約で働き、期間を延長したのであるから、その気になればさらに契約は延長できただろう。１６１３年に家康に召し抱えられる立場を離れたことに続き、北方航海を諦めた今回、母国イギリスの会社からも離れる決心をしたことになるが、しかし本国帰還が最優先事項であれば、当然、イギリス商館に残ったはずである。実際には１６１５年のうちに家康から、もう航海に出ずに自分の傍にいてくれ、給金が少ないなら増額してもよいとまで誘われていて（Cocks, １６１６年2月25日）、しかも１６１６年のうちに北方航海につき本国からの知らせが届き、早晩、イギリス商館との契約は切れることがわかっていながら、やや意固地にもそのイギリス商館との契約を理由に命の恩人である家康の申し出を固辞している。本来なら大坂の陣の戦いを無事終えた家康に、改めて北方航海の相談をしてもよいはずであるから、どの組織からも離れて自由になる確固たる意思があったとしか考えられない。

１６１６年には航海先のアユタヤにおいて、アダムスが現地でイギリス人たちとギクシャクしていたこともあり、アダムスはいつまでもイギリス人のために働かないであろうと現地のオランダ商館長から報告されていて、逆にそのオランダ側から人柄、能力を高く評価されている（第7章参照）。さらに同年の家康の死後だが、パートナーである向井忠勝から蝦夷探検にあわせた北方航路探検の誘いがあったものの、再び律儀にも、イギリス商館勤務の身分で、会社の北方航海の回答待ちのゆえにその誘いを断っている（第5章参照）。

以上の経緯から、アダムスはかなり早い時期に、例えば前年の１６１５年の船便で朗報が届かなかった段階で、セーリスが仲介役になった北方航海に関する本社からの朗報を期待することを内心諦めていたのではないか。そして北方航海に挑戦しつつ凱旋帰国するのでないかぎり日本残留の腹を固めていた可能性がうかがえ、今後の生活や帰国に関して、見通しが暗いイギリスには頼らないと本国を見限ったようにもみえる。少なくとも国籍や組織に縛られずに行動の自由を確保し、船と海で過ごしたいと思ったものと解釈できよう。

　こうしてアダムスはイギリス商館との契約が切れてからも引き続き平戸で航海士・貿易家として活動、むしろ嬉々としてアジア貿易に専心しているようにみえる。家康のもとを離れて以降、アダムスは１６１４年から１６１９年までの間にアジア未到達の２回も含め計5回、シャムやコーチシナに向けて朱印船貿易を試みていて、失敗もあり成功もあった（森　２０２０）。

　アダムスは人生の最後に、日本での雇われの身である「三浦按針」という殻を自らかなぐり捨て、何にもとらわれることのない自由な身分で、つまりどちらの商館の人間でもなく、日本人でも外国人でもなく、遺書を遺す瞬間以外はイギリス人ですらない素の人間ウィリアム・アダムスに立ち戻って最晩年を平戸の家族とともに精一杯過ごしたのだろう。

　アダムスは１６２０年5月に亡くなり、死後、イギリス商館長コックスなどが遺産管理人となって、平戸で遺産目録が作成され、５００ポンドの遺産の半分は本国の妻子に、他の半分は逸見の日本人妻との間のジョセフとスザンナという二児にのみ渡された。逸見の妻との結婚は家康に媒介されたものであろうが、その家族に対しては終始、他人行儀で妙に冷淡にみえる。息子ジョセフに対して浦賀で航海技術を伝授した様子もない。同様に逸見の知行地にも無関心なようにみえる。当時のイギリス法では7年間配偶者の行方が知れないと、他方は再婚できるとされていたが、敬虔なキリスト教徒で遵法精神旺盛なアダムスは、イギリスの家族と逸見の子どもたちには公式に遺贈を行い、他方、逸見の妻は慎重に遺贈対象から外して重婚とみられることを避け、自らの名誉を守ったということだろうか。他方で平戸にいた家族（息子が一人）は遺言状に含まれない。もちろん法的にはイギリス人だったので、遺言状にオランダ人の名は登場しない。書き残しはしないが、平戸の家族には、生活に困らぬよう、市内西部の丘の中腹、寺の坂上と考えられる自宅等の財産を譲与したと考えられる。

帰国しなかったアダムスはディアスポラか

アダムスが亡くなった１６２０年はさまざまな重要な出来事が起こった年で、春には前年に締約された英蘭防衛同盟の知らせがバタヴィアに届き、それを受けて、アダムス死後ではあるが、アダムス家を知るマーティン・プリングの船隊や英蘭防衛同盟の艦隊が大挙して平戸に来航した。そこには曳航されて来た「平山常陳事件」の朱印船も含まれる。オランダ商館の未来を担うフランソワ・カロンも、まさにアダムスと交替するかのように到着した。かつてライデンに移住していたピューリタンたちを乗せて、メイフラワー号がプリマスに渡航してもいる。アダムスの退場とときを同じくして、オランダとイギリスの近未来を予見させる出来事が続いた。

クワケルナック船長、サントフォールトやヤン・ヨーステン、さらにはアダムスのように海外渡航ができたのであるから、その気になれば誰もが帰国できたのであるが、オランダ使節のニコラス・ポイクによれば、リーフデ号の元船員たちに無償の帰国便を申し入れたが、皆がそれを断り、結果的にリーフデ号の船員たちはそれぞれの自由意志で日本に居残った（金井１９８６）。ただし最新の研究によって、オランダに一時帰国した元船員が一人いることが判明している（クレインス桂子２０２１）。平和で自由に活動できる日本を好感したと思われるが、彼らの多くがフランドル系（またはユダヤ系）だとすれば、すでに故郷フランドル（あるいはイベリア半島）を追われた以上、移住先のオランダやイギリスに住もうが、日本に住もうが同じという感覚もあったと思われる。

　さてアダムスはなぜ帰国せずに日本に残り、平戸に骨を埋めたのか。この問題は江頭巌氏をして、「最後にして最大の謎」と言わしめ、同氏は結論として、イギリスより日本の妻子への恩愛の情、帰国後のイギリスでの仕事等、生活への不安、そして破れた北方航路の夢の3点を挙げている（江頭１９８０）。本章では、ここまで述べてきた仮説と、第11章で述べるアダムスの大陸起源のルーツを根拠に、江頭氏の2番目の理由である経済的な要因に重ねて、ジェームズ一世即位以降のイギリスの宗教政策の変化と、アダムスの宗教的信条と出自的立場を付け加えたいと思う。試論ではあるが、日本から帰国しなかった時点で、アダムスはそれまでのイギリスの「エミグレ」から、さらに離散して最終的に日本を選んだ祖国喪失者「ディアスポラ」になっていたといえるのではないか。

参考文献

岩生成一訳注『慶元イギリス書翰』雄松堂書店、１９６６年
江頭巌『三浦按針と平戸英国商館』山口書店、１９８０年

大木英夫『ピューリタン――近代化の精神構造』聖学院大学出版会、２００６年
ブライアン・ガードナー（浜本正夫訳）『東インド会社』リブロポート、１９８９年
金井圓『日蘭交渉史の研究』思文閣出版、１９８６年
クレインス桂子「アドリアーン・コルネーリセン――忘れられたリーフデ号の元乗組員」国際日本文化研究センター「日本関係欧文史料の世界」２０２１年（https://kutsukake.nichibun.ac.jp/obunsiryo/article/）
フレデリック・クレインス『ウィリアム・アダムス――家康に愛された男・三浦按針』ちくま新書、２０２１年
小池滋監修『読んで旅する世界の歴史と文化　イギリス』新潮社、１９９２年
ジョン・セーリス（村川堅固訳）『セーリス日本渡航記』十一組出版部、１９４４年
田中丸栄子『三浦按針11通の手紙』長崎新聞社、２０２１年
東京大学史料編纂所『日本關係海外史料　イギリス商館長日記』譯文編附録（上）、１９８１年
中川順子「帰化システムと複合国家」岩井淳編著『複合国家イギリスの宗教と社会――ブリテン国家の創出』所収、ミネルヴァ書房、２０１２年
皆川三郎『平戸英国商館日記』篠崎書林、１９６７年
村上直次郎訳注『異國往復書翰集・增訂異國日記抄 改訂復刻版』雄松堂書店、１９６６年
森良和『リーフデ号の人びと――忘れ去られた船員たち』学文社、２０１４年
森良和『三浦按針――その生涯と時代』東京堂出版、２０２０年
Cocks, Richard, *Diary of Richard Cocks* (Vol.1,2), ed., Edward Maunde Thompson, 2014. (https://www.gutenberg.org/files/48012/48012-h/48012-h.htm)
Mulder, W.Z., *Hollanders in Hirado, 1597-1641*, Haarlem, 1985.
Saris, J., *The Voyage of Captain John Saris to Japan*, 1900. (https://dl.ndl.go.jp/info:ndljp/pid/1043673)

第Ⅱ部　アダムスは卓越した航海士か、有能な貿易家か

第５章　「提督」向井政綱・忠勝とアダムス

小川　雄

向井政綱・忠勝父子は、徳川将軍家の直轄水軍を統率する船手頭であり、三浦半島の三崎に設置された番所を管轄して、江戸湾に出入する船舶の監察も担った。平戸イギリス商館長のリチャード・コックスの日記では、しばしば「提督」（admerall）として言及されている。この向井父子は、ウィリアム・アダムス（三浦按針）と親交があり、コックスからも「最も信頼すべき友人たち」と評価され、商館と徳川将軍家の交渉の周旋などに携わった。

向井父子とアダムス・イギリス商館の関係については、アダムスの評伝でたびたび言及されており、特に鈴木かほる氏は、向井氏が拠点としていた三浦半島の郷土史研究の立場から、専論として書籍を刊行している（鈴木２０１０、２０１４）。また、筆者も浦賀貿易の問題をめぐって、向井父子とアダムスの提携の意味を論じたことがある（小川２０１６）。鈴木氏と筆者の研究は、徳川将軍家の国際政策（対ヨーロッパ）におけるアダムスの役割について、三浦半島の浦賀へのスペイン船（ルソン島、メキシコ発）の入港をめぐる交渉を重視する点で一致している。相違があるとすれば、浦賀開港の意図について、鈴木氏は鉱山採掘技術の導入を主目的ととらえているが、筆者は交易（繊維・織物の輸入）の拡大こそが主目的だったと理解している点である。

もっとも、向井父子とアダムスの関係には、いまだ検証すべき課題が少なくない。向井氏は徳川将軍家の「提督」だが、もとは伊勢湾・駿河湾で活動した海賊だった。戦国期の海賊は、大名権力のもとで海上の軍役を果たすとともに、海上交通への介在（保護・襲撃）、あるいは交易事業（廻船など）の展開を存立基盤としていた。向井父子がアダムスと公私両面で関わったことも、「提督」「海賊」の二面性から理解すべきである。

本章においては、向井父子とアダムスの関係性の実態を読み解きつつ、徳川将軍家の国際政策における位置付けを論じていく。あわせて、向井父子とアダムスの活動拠点だった三浦半島が、国際外交でいかなる意味を持ったか、という見通しも提示したい。

徳川権力の水軍運用と向井氏

まず徳川権力における向井氏の立場を整理しておきたい。

向井氏の出自は不明確だが、系図の記事などを整理すると、伊勢国司北畠氏の一族に連なる田丸氏の支配領域で活動した海上勢力だったとみられる。１５７０年代前半に、向井氏は志摩海賊の小浜氏・小野田氏とともに、駿河湾地域に渡海して、甲斐武田氏の水軍（海賊衆）に参加するようになった。尾張織田氏が１５６０年代末ころから北畠氏領国（南伊勢、志摩）の併合を進め、かねて気脈を通じていた志摩海賊の九鬼氏に、伊勢湾南部の海上勢力を統率させるようになったことに反発しての動向だった。その一方で、武田氏は内陸部の甲信地域で領国を形成してきたが、駿河国に南下すると、東海方面で海上軍事を展開するうえで、伊勢湾地域の海賊を主力として、水軍の編成を進めたのである。

　向井氏などの伊勢湾地域の海賊は、武田氏から知行地を給付されるとともに、竹木の伐採地も指定されて、兵員や資材を確保する基盤を提供された。ただし、向井氏などの知行地は、清水・江尻（駿河湾水運の心臓部）の周辺、西駿河（徳川氏領国との境界）、東駿河（北条氏領国との境界）にほぼ三分しており、瀬戸内海における能島村上氏・来島村上氏のように、一己の領域権力として自立しうる構造ではなかった。あくまでも、武田氏の領国支配と結合しつつ、海上の軍役を履行する存在だった。武田氏があえて外来の海賊を招いた意図も、統制の容易な直轄的な水軍を創出しようとすることにあったと推測される。

　天正十（１５８２）年に武田氏が滅亡すると、駿河国は徳川氏領国に併合され、向井氏などの旧武田氏海賊衆も徳川氏に帰順した。伊勢湾地域に戻らず、駿河湾地域で海上活動を継続していくには、新たに駿河国を支配するようになった大名権力と結合する必要があったのである。天正十二（１５８４）年の小牧合戦では、旧武田氏海賊衆の小浜氏・間宮氏が徳川水軍の主力として、羽柴方の九鬼氏と交戦を重ねている。旧武田氏海賊衆は、大名権力のもとで自立性を低下させていたが、水軍としての力量は、織豊政権の海上軍事を支えた九鬼氏に対抗しうる水準に達していたのである。

　また、１５９０年代に徳川氏領国が東海から関東に移ると、向井氏は小浜氏・間宮氏・千賀氏とともに三浦半島南西部の三崎に配置された。さらに三崎で番所を運営して、関東内海（江戸湾）に出入する船舶の往来を監察する権限を付与されたという。小浜氏・間宮氏は向井氏と同じ旧武田水軍、千賀氏は知多半島の海賊だった。関東を支配してきた相模北条氏も、三崎に支城を設置して、水軍の拠点としても運用していた。徳川氏はこの北条氏の海上軍事体制を踏襲し、東海時代に従属させた海賊衆に三崎を共用させることで、海上勢力としての自立性を制限する一方で、三浦半島を中心とした海上交通の統制を委ねたのである。

同じく１５９０年代には、豊臣政権が対外戦争（朝鮮出兵）を遂行しており、徳川氏も豊臣大名という立場から、韓半島への出動に備えて、水軍の増強を志向するようになった。従来の徳川氏は、傘下の海賊に個別に海上軍役を課して、水軍を編成してきたが、外征に適応するには、より大規模な動員や、船舶の大型化が必要だった。そのため、徳川氏は直轄領からの漕手の徴発、大身家臣から鉄板を集めての大船建造など、領国・家中をあげて、水軍を編成する態勢の整備を進めた。こうした改革のなかで、向井氏などの海賊たちは、徴発・建造などの執行役として活動した。結局、徳川氏は韓半島に出動しなかったものの、各海賊は大名権力とより深く結合して、海上軍事官僚としての性格を帯びることになった。

さらに17世紀初頭に、徳川氏が豊臣政権に代わり、諸大名の連合体制の盟主（天下人・将軍家）になった後、向井氏などの海賊は、直属の船手頭（欧文史料でいうところの「提督」）として、より活動の規模と範囲を広げていった。17世紀以降の徳川氏は、江戸を中心とする大大名、全国政権を担う将軍家という二重性格を帯びたが、船手頭の活動も、江戸・関東の海上防衛と、各地に出動しての広域活動に二分したのである。

船手頭の屋敷が江戸の八丁堀に設定されたのも、17世紀初頭からである。

徳川氏は関東転封に伴い、江戸を新たな本拠に設定するが、戦国期の江戸城は、日比谷入江の西岸に立地しており、東岸には前島（現中央区）が存在していた。そこで、徳川氏は日比谷入江に直接出入する船舶の監察を担う拠点として、東岸（前島側）に「舟の御役所」を設けた（「別本慶長江戸図」）。この段階で、向井氏などの水軍諸氏は、三浦半島の三崎を拠点としており、「舟の御役所」の運営にも関わっていたかは不分明である。

しかし、17世紀に入ると、江戸城拡張（天下普請）の一環として、日比谷入江は埋め立てられて、城郭と城下町は旧前島にまで広がった。「舟の御役所」については、旧前島の東岸方面に移され、向井氏などの水軍諸氏の屋敷に設定された。１５９０年代の段階で、隅田川の水運を日比谷入江と接続する道三堀が前島に開削されており、日比谷入江の埋め立て後も、延伸して江戸城の和田倉門（龍の口）に達する水路を形成していた。旧前島・日比谷入江には、多数の水路が開削されて、特に京橋川は内堀まで到達しており、楓川によって、道三堀とも接続されていた。その楓川の西側（城寄り）には、外堀に通じる紅葉川の他に、荷船の収容・荷揚のために、慶長十七（１６１２）年ごろに「八丁堀」の地名の由来となる八本の船入が設けられた。船手頭の江戸屋敷は、この八丁堀に向かい合う形で、楓川の東岸に配置された。その目的は、荷船の出入・作業を監視すること、和田倉門から乗船して江戸周辺（深川・葛西など）に狩猟に出向く将軍を護衛することなどにあった。こうした立場は、オランダ商館長の日記で「港務官」と表現されている。

また、船手頭の屋敷が八丁堀に配置され、江戸に常駐するようになると、三浦半島の三崎番所における海上往来の監察権限は、向井氏が単独で管轄するようになった。向井氏も八丁堀で屋敷を与えられていたが、政綱（父）―三崎番所、忠勝（子）―八丁堀屋敷という、活動拠点の分担がなされた。

その一方で、広域の海上活動としては、慶長十四（１６０９）年の淡路島出張の事例が知られている。徳川将軍家は同年に西国大名から５００石積以上の大船を没収し、船手頭のうち、特に向井氏・小浜氏を淡路島に派遣して、志摩九鬼氏と共同で、西国より廻航された大船の接収を執行させたのである。向井氏・小浜氏は将軍家直臣、九鬼氏は大名だが、いずれも伊勢湾の海上勢力だった。この地域に蓄積されてきた海事技術（操船・造船など）が全国規模の海事政策に活用されていた構図もみえてくる。

さらに大坂両陣において、向井氏は冬の陣で「関船六艘、荷船・小船等合て拾五艘」と６００人、夏の陣で「関船七艘、荷舟・小船等合て拾七艘」と７００人を率いて出動したとされる（「清和源氏向系図」）。両陣とも、朝鮮出兵で海賊大名の来島村上氏が動員した兵力にほぼ匹敵する。徳川権力の海上軍事官僚という立場によって、直轄領から人員を徴発する権限などを行使することで、海賊大名と同規模の兵力を編成・指揮していたのである。

このように、向井氏は武田氏・徳川氏の権力と結び付き、水軍の運用や、海上交通の統制に関する権限を委ねられることで、海上活動の規模を拡張していった。ただし、１６１０年代中ごろの段階において、向井氏はまだ徳川権力の海上軍事力の第一人者ではなく、小浜氏に次ぐ存在であった。慶長十四（１６０９）年の大船接収では、小浜氏が九鬼氏とともに受け取りの実務を担い、向井氏は諸大名に大船の廻航に関する指示を出す役割にとどまった。大坂の陣でも、落城時にあげた戦果（首級の数）は、小浜氏が向井氏を上回っている（『駿府政事録』）。武田氏海賊衆に参加していた時期から、小浜氏の勢力（船数・知行高など）は向井氏を引き離しており、向井氏は徳川氏帰順後に成長を続けたものの、追い抜くことは容易でなかったのである。結局、元和六（１６２０）年に小浜氏が大坂の船手頭に転出することで、向井氏は江戸に常駐する船手頭の筆頭格となった。

なお、元和六年とは、アダムスが死去した年でもある。つまり、徳川権力の海上軍事力において、向井氏は二番手相当の立場ながら、アダムスと提携していたことになる。前述したように、向井氏は17世紀初頭から三崎番所の管轄を単独で担当しており、同じ三浦半島で活動したアダムスとの関係が形成されたのである。

ルソン島との交易をめぐる向井氏とアダムスの提携

▼提携の前提と始期について

向井政綱・忠勝父子とアダムスの交流は、徳川家康が取り組んでいた浦賀貿易の計画を前提とする。当時、スペイン領のルソン島は、メキシコで採掘され、太平洋を航行するガレオン船で持ち込んだ銀を交換手段として、中国大陸と盛んに貿易を展開しており、さらに日本にも交易船を派遣し、大陸から流入したシルクや磁器を輸出していた。先行して日本に来航していたポルトガル船と同じく、スペイン船も九州を主な渡航地としていたが、家康は領国の浦賀（三浦半島）にスペイン船を招致しようとしていたのである。

この浦賀貿易の計画は、アダムスが家康側近に加わる前から進行していた。計画の出発点は、秀吉没後の政局が進行していた慶長三（１５９８）年であり、家康は豊臣政権の大老という立場を利用し、フランシスコ会士のジェロニモ・デ・ジェズスを介して、ルソン島の総督府に交易の開設を打診している。当時の在日フランシスコ会士は、ルソン島を経由して入国しており、周旋の役割を期待されたのであった。また、在日フランシスコ会士にとっても、実権を握りつつあった徳川氏の好意を得ることで、慶長元（１５９６）年のサン・フェリペ号事件（および翌年の二十六聖人殉教事件）以降の苦境を打開しうるメリットがあった。

ジェズスを介した家康の提案は、①スペイン船を浦賀に入港させること、②徳川氏の持船をメキシコに渡航させることを二本の柱としていた。①の提案は、九州に偏在していた対外交易の拠点を関東にも開設しようとする試みであり、②の提案は、太平洋航路に参入する意思の表明であった。特に②は、従来と異なる交易のあり方（アメリカ大陸に渡航しての交易）を模索するものだった。

もともと、三浦半島には、相模北条氏の統治下で、中国船が来航して、交易が行われていた経緯があった。そして、家康は関東支配の一環として、中国船をスペイン船に置き換え、より大規模な形で再興を試みつつ、太平洋に面した関東の利点を活かした新たな貿易方法を打ち出そうとしたと理解することもできる。

こうした状況のなかで、アダムスも乗船していたオランダ船リーフデ号が慶長五（１６００）年に豊後国臼杵（現大分県）に着岸した。この段階で、リーフデ号は苛酷な航海のために航行を継続できる状態ではなくなっており、家康が手配した曳船によって、まず和泉国堺、次いで関東の徳川氏領国に廻航された。これは、家康が大老としての権力を背景として、リーフデ号とその乗員を庇護下に置いたことを意味する。スペイン船の浦賀入港や、メキシコへの船舶派遣を進めていくうえで、リーフデ号と乗員を利用する思惑であったとみられる。

なお、二度の廻航のうち、関東への航海には、徳川氏の水軍が関わっていた可能性が高い。この段階で、アダムスは乗員の代表格として家康と交渉を重ねており、向井氏と接点が生じる最初の機会であった。しかし、向井氏が実際にリーフデ号の廻航に関わっていたかは判然としない。当時、家康は豊臣政権に従属する立場から、在京・在坂を基本として、淀川で乗用の川船を有しており、小浜政精（向井氏と同じく武田氏の水軍から徳川氏の水軍に転じた小浜氏の一族）に運航を委ねていた。リーフデ号の関東廻航も、向井氏ではなく、小浜政精が関与していた蓋然性が高いように感じられる。

アダムスと向井氏の提携の始点として、より確度が高いのは、アダムスが指導した西洋船の建造である。アダムスの証言などによると、アダムスは徳川家康から命令されて、慶長八〜十（１６０３〜05）年ごろに積載量80トンの西洋船の建造を行い、さらに慶長十二（１６０７）年までに１２０トンの船舶を建造した。この造船は、『慶長見聞集』における唐船（外国船）建造の記事や、後にスペイン使節セバスティアン・ビスカイノの航海に随伴するための船舶（サン・セバスティアン号）の建造地となった経緯から、伊豆国伊東で実施されたと考えられている。当時の日本では、５００石（75トン）積以上が大船に分類されており、両船とも大船に該当する。

そして、向井氏もこの西洋船建造に関わっていたことを示唆する文書がある。

〈史料1〉「角屋文書」向井政綱書状（『徳川水軍関係文書』二一五号）

　已上

遠路御状、殊ニ樽壱荷被懸御意申候、御懇志趣忝候、先度ハ早々申承、残多存候、①御黒舟も大略致出来候而、近日罷下候ハんと存候、②何様明春早々可罷上候間、其節黒舟見物ニ御出可被成候、御内義御煩候由承候、能々御養生専一候、何事も期面上候、恐々謹言、

　　　　向井兵庫頭

十月二日（年未詳）　政綱（花押）

門屋（角屋）七郎次郎殿

　　　　御報

〈史料1〉において、向井政綱は旧知の間柄にあった角屋七郎次郎（伊勢大湊の廻船商人）に対し、「御黒舟」がほぼ完成しており、近日中に「罷下」る予定であることを知らせ（傍線部①）、さらに来春は「罷上」るために、見物に出向くように勧めている（傍線部②）。「御」字が付されていることから、向井氏の私的な造船ではなく、徳川氏の公的な造船であったことがうかがわれる。もともと、「黒舟（船）」については、鉄板の装甲を施された船、東南アジアから来航した外国船、という二つの用例がある。後者の場合、アダムスが建造を指導した西洋船のことだと判断して大過ないはずである。

　また、「罷下」（傍線部①）と「罷上」（傍線部②）の主語は、いずれも「御黒舟」であろう。アダムスの証言では、１２０トン船はアダムスの指揮で「都から江戸へ」航海したことがあるという。アダ

ムスの証言と〈史料１〉の「罷下」「罷上」を矛盾なく整合されるには、１２０トン船（「御黒舟」）は完成後に伊東から江戸に廻航され、家康・秀忠の上覧に供したうえで、畿内方面への試運転（往復）を行う予定となっており、向井政綱は角屋七郎次郎に対し、伊勢湾を通航する際（往路）の見物を勧めたと理解すべきである。あるいは、往路の航行を向井政綱、復路の航行をアダムスが担当したのかもしれない。

「御黒舟」の見物を勧められた角屋七郎次郎は、16世紀後半から徳川氏と主従関係を結んでいたことから、徳川氏の勢力下にある地域で船舶を運航し、津料（入港税）を免除される特権を得ており、その活動範囲は、東は陸奥国岩城、西は肥前国長崎まで及んでいたともされる（『安南記』）。向井政綱としては、角屋が広域の交易事業を展開していくうえで、西洋船の技術が相応に役立つと考え、実見を勧めたのではないだろうか。

なお、正保元（１６４４）年に向井直宗（忠勝嫡子）が死去した段階で、弟の正方（忠勝三男）が引き継ぐことになった権限には、三崎番所の他に、伊豆半島の番所の管轄も含まれていた（『江戸幕府日記』）。伊豆半島の番所としては、下田番所があるものの、下田には専任の奉行が存在するため、他に向井氏が担当する番所があったことになる。現段階では、向井氏も関与した西洋船建造が行われた伊東がふさわしいと見込まれる。

▼向井氏・アダムスが浦賀貿易で果たした役割

徳川家康は80トン船の建造に先行して、慶長七（１６０２）年ごろにリーフデ号を召し上げ、乗員は日本に居住するように命じた。家康は慶長五（１６００）年に関ヶ原合戦を制し、政権を実質的に掌握しており（慶長八［１６０３］年に将軍任官）、浦賀へのスペイン船誘致について、ルソン島総督府やフランシスコ会との交渉をより有利に進めうる立場となっていた。実際、慶長七年には、ルソン島総督から交易船の関東派遣に同意する旨の書簡（6月1日付）が発信されている。そこで、家康は浦賀貿易の開始に備え、対応（スペイン人との折衝や船の整備）の要員を確保すべく、庇護下にあったリーフデ号の乗員に永住を求めたのであろう。

もっとも、スペイン船の浦賀入港は容易に実現せず、慶長七年以降にルソン島から出航した交易船は、風向きなどのために浦賀に到達せず、相次いで九州方面に着船した。ルソン島発のスペイン船は、長らく九州周辺を主要渡航地としており、新たに関東への航海に適した航路を開拓・確立することは困難だったのである。

こうした状況から、慶長十（１６０５）年の段階で、アダムスは家康に対して、九州に来航したスペイン船を関東まで廻航させる水先案内をつとめることを申し出ている。当時のアダムスは、家康が進める浦賀貿易の計画において、スペイン船の廻航作業も担当しようとしていた模様である。

結局、スペイン船の浦賀入港は、慶長十一（１６０６）年から軌道に乗り始める。同年には、フランシスコ・モレノ・ドノソをカピタンとする交易船が関東に派遣されたものの、やはり暴風のために肥前国深堀（現長崎市）に到達した。その一方で、九州に向かったファン・テーリョをカピタンとする船が暴風のために針路が変動し、浦賀に到達している。多分に偶発的な展開ではあったものの、スペイン船の浦賀入港がようやく実現したことになる。

このテーリョ船の浦賀到達を契機として、関東への渡航方法は安定に向かった。慶長十二（１６０７）年には、ドノソをカピタンとする交易船、慶長十三・十四（１６０８・１６０９）年には、ファン・バウティスタ・デ・モリナをカピタンとする交易船が浦賀に向かっている。また、慶長十三年七月には、将軍秀忠（慶長十年に家康から将軍職を相続）の指示によって、スペイン船への狼藉を禁じる制札が浦賀に立てられた。スペイン船の定期入港が実現したことに伴い、日本人・スペイン人の取引をめぐるトラブルを予防する措置が講じられたのである。

慶長十一年から浦賀に来航するようになったスペイン船は、シルク（生糸・絹製品）を積荷の中心としていた。『当代記』（慶長年間の基礎史料）によると、慶長十一年に三浦（浦賀）に着船した「小黒船」（テーリョ船）は「糸一万斤」を積載していたという。また、ルソン総督府は慶長十五（１６１０）年から浦賀への交易船派遣を中止するが、徳川方に対して、オランダ人の追放を要求し、その履行と引き換えに生糸輸出を再開すると提案している。日本・スペイン（ルソン島）の双方とも、シルクを主要な商品と認識していたことがうかがえる。

さらに同時期の江戸には、浦賀来航のスペイン船がもたらした商品を供給する商人の集団が形成されていた。後にイギリス商館と契約する三雲屋は、江戸駐在のリチャード・ウィッカムによると、「イスパニヤ人と関係ある多くの商人」の一人であった。慶長十五年以降にスペイン船の定期入港が途絶えると、三雲屋などは舶来品を安定的に入手できなくなり、イギリス商館との取引に活路を見出したものと推測される。

なお、元和二（１６１６）年に生じたイギリス商館と三雲屋の売上金をめぐる係争では、向井忠勝が和解の斡旋を行った。これは、向井氏と三雲屋が特別な関係にあったこと、そして三雲屋とスペイン人の取引にも向井氏が介在していたことを示唆している。

浦賀貿易における向井氏の関与は、スペイン船の入港手続を中心としていた。

定期入港が凍結された後の事例だが、慶長十六（１６１１）年に浦賀に来航したサン・フランシスコ号は、向井政綱（忠勝父）が出動させた船によって、港内に曳航されている。また、上陸した乗員との「係争や騒動を避けるよき方法」の協議も、政綱が担当している。当時の政綱は、基本的に三崎番所に在番していたが、スペイン船の来航に合わせ、浦賀に出向き、曳航の指揮を執り、スペイン人の滞在中の諸事に関する交渉も担当したのである。

そこで想起されるのは、慶長十四年の大船没収において、向井政綱ではなく、嫡子の忠勝が淡路島に派遣されていることである。慶長十四年の段階では、まだスペイン船（ルソン島発）の浦賀入港が継続しており、政綱はその対応に専念する必要があり、淡路島には忠勝が出港することになったものと考えられる。

ところで、当時の浦賀は、スペイン船の入港を受け容れる経済拠点としての性格に加え、１５９０年代から代官長谷川氏の陣屋が置かれ、三浦半島全体の支配体制の中心に相当する統治拠点としての性格も備えていた。そして、向井政綱の妻は、長谷川氏の出身であった。この浦賀代官長谷川氏との縁戚関係から、水軍諸氏のうち、特に向井氏がアダムスと提携しながら、対スペイン貿易の運営に取り組むことになったと推測される。

それでは、アダムスは浦賀貿易でいかなる役割を果たしていたのであろうか。

元和元（１６１５）年にサン・ファン・バウティスタ号が浦賀に入港した際には、アダムスが浦賀に出向き、「用務及びその贈物」の確認を行っている。また、後述するように、アダムスは逸見で領地を与えられていたが、浦賀にも屋敷を所持しており、サン・ファン・バウティスタ号の乗員の一部は、この浦賀屋敷を宿所として、アダムスの日本人妻や子息によって接遇された。これらは、浦賀に来航したスペイン人との交渉・接待について、アダムスとその一家が相応の責任を負っていた状況を読み取れる事例である。

また、リーフデ号の元乗員のうち、ギスベルト（ギルバート）・デ・コニンクも、浦賀で家屋・財産を所有していた。何らかの形で、スペイン船の積荷をめぐる取引に携わり、利益を得ていたのであろう。ところが、ギスベルトは慶長十八（１６１３）年の火事で財産を失うと、翌年までに長崎に移り、やがて平戸のイギリス商館に勤務するようになった。スペイン船の定期入港が途絶えている状況では、浦賀における生活を再建することは困難であると判断して、活動を長崎・平戸に移していったものと考えられる。

さらに修繕工のヤコブの場合、元和元年の段階で江戸に居住しており、かつ過度の飲酒で身を持ち崩していた。本来は、浦賀に入港するスペイン船の整備に参加していたが、浦賀貿易の停止によって、活動の場を失い、荒んだ生活に陥ってしまったとみられる。

このように、アダムスなどの元リーフデ号乗員が浦賀貿易に関わる一方で、在日フランシスコ会士も、浦賀に活動拠点を設けていた。前述したように、貿易計画の初期段階から、徳川家康はフランシスコ会士にルソン島総督府との交渉の周旋を依頼していた。そして、浦賀にスペイン船が入港するようになると、フランシスコ会士は浦賀に教会を建設している。この浦賀教会について、イエズス会士カルヴァーリョは「茅葺きの家を一軒持っていただけ」と評し、フランシスコ会士は「ナウ船が渡来する時機を見はからって、時々滞在したに過ぎない」として、実態を欠くものだと非難している。イエズス会士とフランシスコ会士は、日本布教をめぐる競合や、徳川権力による禁教を招いた責任をめぐって、非難の応酬を繰り返す関係にあり、カルヴァーリョが浦賀教会に向けた非難も、感情論が先行している面を考慮すべきだろう。ただし、禁教後の元和元年に来日したスペイン使節デ・サンタ・カタリーナの報告書によると、乗船のサン・ファン・バウティスタ号が浦賀に入港したことに対応し、潜伏中のフランシスコ会士が通訳として現れたという。禁教前において、フランシスコ会士はより積極的な役割を担っていたはずである。また、向井氏はフランシスコ会士（ソテロなど）とも良好な関係を形成していた。

スペインとイギリス・オランダは、ヨーロッパでは政治的・宗教的に敵対関係にあったが、アダムスはスペイン語・ラテン語にも長じており、スペイン船乗員やフランシスコ会士との交渉役としても適性を有していた。そして、向井氏を扇の要（または緩衝役）とする形で、アダムスはフランシスコ会士とそれなりに協調しつつ、スペイン船との取引をめぐる周旋に参与していたものと考えられる。

メキシコとの交易をめぐる向井氏とアダムスの提携

▼浦賀貿易の継続に努力する向井氏とアダムス

慶長十五（１６１０）年以降、スペイン船の浦賀入港は途絶えてしまう。前年に徳川家康がオランダ人に平戸商館の開設を許可したことへの抗議として、ルソン島総督府は浦賀への交易船派遣を停止したのである。オランダとの通商開始について、慶長十四（１６０９）年に交易船カピタンをつとめたモリナから反対意見を表明されながら、家康が無視したことも、派遣停止の名目とされた。慶長十一（１６０６）年から続いた交易船派遣の外交的一面がうかがえる。

この後、ルソン島総督府は徳川将軍家に対し、交易船派遣再開の条件として、オランダ人を追放するように要求するが、家康は承諾しなかった。しかし、慶長十五年ごろの段階では、家康はまだ浦賀貿易の継続を望んでおり、向井氏やアダムスの努力へとつながっていく。

交易船の派遣停止を決定したのは、１６０９年にルソン島総督に着任したファン・デ・シルバであった。シルバはフランドルで戦歴を重ねた軍人であり、長らく交戦してきたオランダ勢力への敵意の強さから、徳川将軍家への対応を過剰に硬化させた面があった。そもそも、シルバは日本人がルソン島やメキシコに進出して、スペインの支配を動揺させることにも警戒感を抱いていたのである。その一方で、前総督（臨時）のロドリゴ・デ・ビベロは、オランダ人の日本進出を問題視しながらも、より柔軟な対応を志向している。

ビベロはシルバへの引き継ぎを完了させると、メキシコに向かって出航したが、中途で暴風にあい、慶長十四（１６０９）年九月に上総国岩和田（現千葉県御宿町）に漂着した。そして、徳川将軍家はビベロ一行を救助すると、アダムスが建造を指導した１２０トン船を提供して、翌年８月１日に浦賀から出航させている。また、家康の命令で、一行を大多喜から江戸まで案内したのもアダムスだった。この日本滞在中に、ビベロは駿府で家康と会見しており、オランダ人の追放を求めつつ、スペイン・

メキシコへの使節派遣を提案している。これは、浦賀貿易構想の目的の一半であった関東からメキシコへの交易船渡航を具体的に計画する契機となった。シルバと違い、ビベロはメキシコで出生した経緯もあり、太平洋航路の発展に肯定的で、浦賀貿易の拡大という実利を提示して、徳川将軍家から譲歩を引き出そうとしたのである。

なお、１２０トン船（ビベロが記すところのサン・ブエナベントゥーラ号）によるビベロのメキシコ帰還には、京都商人の田中勝介などが同行していた。そして、勝介は慶長十六（１６１１）年にサン・フランシスコ号に同乗して帰国し、家康にメキシコで入手した羅紗を献上しており、家康もその羅紗で鷹狩用の羽織を新調した（『駿府記』）。家康は勝介などを通じて、メキシコから輸入しうる商品を調査し、さらに自らがメキシコからもたらされた羅紗で羽織を製作することで、世間にその価値を強調しようとしたと理解することもできる。

さらに向井政綱・忠勝父子も、ビベロの配下に商品を託して、その売り上げで羅紗などを購入しようとした。おそらく、向井父子は従前から浦賀に来航するスペイン船（ルソン島発）の乗員を通じて、私的な交易を行っており、今回はビベロのメキシコ渡航を利用したのであろう。あるいは、ビベロ一行への１２０トン船の引き渡しも、向井父子の責任で執行されたのであって、その際に商品を委託したのではないだろうか。

そして、このビベロ送還の返礼と、日本近海に存在したと考えられていた金銀島の探検を兼ねて、慶長十六年には、メキシコからセバスティアン・ビスカイノの一行が来航した。前述したように、ビスカイノ一行の乗船サン・フランシスコ号は、向井政綱の指揮で浦賀港内に曳航され、また一行の江戸出府時には、向井忠勝の屋敷が宿所として提供された。また、アダムスもたびたびビスカイノ一行との折衝に携わった。向井父子とアダムスが浦賀に来航したスペイン人の世話役に位置付けられていたことがうかがえる。

さらに駿府における家康・ビスカイノの会見を経て、関東・メキシコを往来させるための船を建造する合意が成立した。サン・フランシスコ号は、メキシコから羅紗などを積載していたが、船の往復による交易の恒常化が志向されたのである。

そして、この船（ビスカイノが記すところのサン・セバスティアン号）は、伊東で建造されることになり、向井忠勝がビスカイノから提示された諸条件を徳川方に取り次いだ。アダムスが指導した80トン船・１２０トン船の建造と同じく、サン・セバスティアン号の建造も、向井氏が責任者となっていたのだろう。

サン・セバスティアン号の建造が成就すると、同船は伊東から浦賀に廻航され、慶長十七（１６１２）年九月に浦賀から出航して、メキシコに向かおうとした。ところが、サン・セバスティアン号は出帆からまもなく難破してしまった。その原因は、ビスカイノの助言（１００トン以内に収めるべき）を無視して、船体を過大にしたことにあったとされる。徳川将軍家・向井氏とも、アダムスの指導で二度の造船を実施したとはいえ、その経験を十分に消化・吸収できておらず、かつ経済的利潤（より多数の商品積載）を追求して失敗したのである。

さらにサン・セバスティアン号の渡航失敗に先行して、慶長十七年二月に島原有馬氏と在駿府のキリスト教信徒の通謀による不祥事（岡本大八事件）が発覚し、翌月から徳川将軍家がキリスト教の禁令を開始したことから、布教保護を重視するスペインとの交渉はより難しくなった。また、連座した旗本のうち、小笠原権之丞の弟が浦賀に碇泊していたサン・フランシスコ号に乗船し、日本からの出国をはかったことも由々しき事態だった。

小笠原権之丞兄弟は、向井氏と同じく、徳川将軍家の直轄水軍の一翼を担っていた幡豆小笠原氏の一族であった。もともと、権之丞の亡父正吉（越中守）は、三河国寺部（現西尾市沿岸）を所領として、三河湾・伊勢湾に設定されていた徳川権力の海上軍事拠点を統括しつつ、大坂湾にまで及ぶ海上交易を展開していた。権之丞兄弟は、こうした正吉の権勢や事業を引き継ぎ、より拡張するうえで、キリスト教信仰を媒介として、浦賀に来航するスペイン人とも交流しており、弟は窮地に際して頼ろうとしたのだろう。

結局、権之丞が弟を説得して、海外への逃亡を断念させたものの、スペイン船の来航地としての浦賀が禁教路線の抜け道となる危険性を示した展開だった。以後、徳川将軍家が浦賀貿易に見切りをつけていく一因と考えられる。

その一方で、アダムスは慶長十八（１６１３）年九月に江戸参府後の帰途にあったイギリス使節ジョン・セーリスに浦賀を視察させて、商館の設置を検討させている。スペイン船の入港が途絶えようとしている状況のなかで、イギリス商館を浦賀に置くことで、国際貿易港としての浦賀を維持しようとしたのである。当時のアダムスは、家康から帰国許可を得る機会をうかがっており（使節帰途の駿府在府中に成功）、浦賀貿易に注力すべき理由は稀薄化していた。それでも、自身の帰国後も日本に残り、逸見の知行地も相続することになる子息ジョセフのために、浦賀貿易を継続させる努力を払った模様である。

また、浦賀において、アダムスはセーリス一行にスペイン船やその積荷を購入するように働きかけている。このスペイン船は、ビスカイノ一行が使用していたサン・フランシスコ号であった。同船は日本滞在中に甚大な損傷を蒙り、ビスカイノ一行は後述する仙台伊達氏の遣欧使節団に同行してメキシコに帰還したが、アダムスはサン・フランシスコ号やその積荷の処分を一行から委託されていたのである。これも、浦賀貿易の周旋役としての活動の延長にあたると理解すべきである。

結局、浦賀イギリス商館の開設は実現しなかったものの、イギリス商館は三崎に定宿を設定している。イギリス商館は商品を江戸市場に搬入するうえで、三浦半島を中継拠点として活用していたのである。アダムスの努力は、ある程度の効果があったといえよう。

▼慶長遣欧使節における向井氏とアダムスの動向

サン・セバスティアン号の難船に前後して、ビスカイノ一行のサン・フランシスコ号も、金銀島探査の最中に嵐のために損傷して、浦賀に再度入港したものの、航海の継続は不可能に陥った。さらに岡本大八事件を経て、徳川将軍家の対応も冷淡化していたこともあり、ビスカイノ一行は陸奥国仙台の伊達政宗を頼り、サン・ファン・バウティスタ号の建造を指導し、慶長十八（１６１３）年九月に同船でメキシコに向けて出航することになった。

サン・ファン・バウティスタ号の建造については、向井氏が派遣した船大工も参加した。もともと、伊達政宗はメキシコとの交易に関心を抱いており、慶長十六（１６１１）年からビスカイノ一行と交渉を重ね、また徳川将軍家が建造したサン・セバスティアン号にも家臣を乗船させていた。徳川将軍家も伊達氏が対メキシコ交易に関わることを認めており、さらにサン・セバスティアン号とサン・フランシスコ号がいずれも破船して、メキシコに交易船や外交使節を派遣する手立てを失ったことから、ビスカイノ一行の送還を名目とした船舶派遣を委ね、向井氏を通じて、西洋船の造船技術も提供した、という構図である。この段階では、徳川将軍家は禁教路線を打ち出しつつ、まだスペインとの交易継続を模索していたのである。

　また、サン・ファン・バウティスタ号には、向井忠勝の家臣が乗船して、メキシコまで渡航している。さらに忠勝の荷物として３００梱、各方面から委託された荷物として４００～５００梱が積載されていた。単独では、向井氏名義の荷物が圧倒的に多く、ビベロの帰還と同じく、ビスカイノの帰還も、対メキシコ交易の商機として利用されたことがうかがえる。

　ところで、サン・ファン・バウティスタ号の渡航準備が進むなかで、慶長十八年八月一日付で伊達政宗（在国中）は「南蛮あんじん」から進物を贈られている（「政宗君記録引証記」）。この「あんじん」をアダムスに比定するならば、向井氏と同様に、アダムスも使節派遣に関与していたという理解が成り立つ。ただし、アダムスは六月ごろにイギリス使節セーリスを出迎えるために肥前国平戸に出立して、駿府・江戸参府の対応にあたっており（『萩藩閥閲録（粟屋縫殿家）』所収文書）、その最中に進物を手配したことになる。あるいは、江戸か逸見、または浦賀にいたアダムスの日本人妻やその一族（義弟のアンドレアなど）が手配を代行したのかもしれない。

　伊達氏がスペインとの交渉のために雇用していた通詞の「トメ」は、アダムス一家と親密な関係にあった。元来、トメは浦賀に来航するスペイン船との取引に参加しており、伊達氏に雇用されたのであろう。このトメや向井氏を介して、アダムスもサン・ファン・バウティスタ号の派遣に何らかの形で関わっていたと理解しておきたい。

なお、サン・ファン・バウティスタ号のメキシコ渡航や、その後の支倉長経（「常長」は後世の誤伝）を中心とする使節団のヨーロッパ歴訪については、フランシスコ会士のルイス・ソテロが立案や周旋を主導していた。もともと、ソテロは徳川将軍家の対スペイン交渉に参加してきた経緯があり、向井氏とも濃厚な信頼関係を形成していた。徳川将軍家は向井氏を扇の要として、アダムスとフランシスコ会士を浦賀貿易の運営に活用してきたが、フランシスコ会士のなかでも、ソテロの関与度は特に深かった。慶長遣欧使節とは、向井氏・ソテロのラインが伊達氏を媒介として、日本・スペイン（メキシコ、ルソン島）の交易を維持しようとする試みであった、という一面も指摘できる。

禁教令が出された段階でも、向井氏はソテロとの連絡を維持しており、向井政綱は慶長十八年八月に家康とイギリス使節セーリスの会見で取次役をつとめつつ、会見の詳細をメキシコ渡航の準備を進めていたソテロに報知している。もともと、岡本大八事件に関わったのは、イエズス会の人脈であったことから、向井氏はフランシスコ会士とのつながりを残し、交渉の成果次第では、状況を改善できる可能性を提示したのである。ソテロがヨーロッパで家康の名代を自称した一因（向井政綱・忠勝をパイプ役として、家康の信認をそれなりに保っていると認識）でもあるだろう。

さて、支倉長経・ソテロなどがメキシコから大西洋を渡り、スペインやローマを歴訪している間に、メキシコ副王は徳川将軍家との交渉を目的として、サン・ファン・バウティスタ号を用い、フランシスコ会士ディエゴ・デ・サンタ・カタリーナを中心とする使節を日本に送り出した。このデ・サンタ・カタリーナ使節団は、元和元（１６１５）年七月に浦賀に来航しており、今回も向井氏が応対して、家康への会見希望も取り次いだ。さらに当時はイギリス商館に雇用されていたアダムスも、浦賀に出張して接伴に参加し、スペイン人の一部を浦賀屋敷に宿泊させた。浦賀にスペイン船が来航した場合、向井氏とアダムスに応対させるという方針は、サン・ファン・バウティスタ号にも適用されたのである。

　また、サン・フランシスコ号と同じく、サン・ファン・バウティスタ号もメキシコから大量の羅紗を積載していた。対メキシコ交易の維持という慶長遣欧使節の目的の一部は達成されたことも、向井氏・アダムスによる応対が適用された一因であろう。

　しかし、家康はデ・サンタ・カタリーナ使節団を江戸に出頭させて引見しつつ、具体的な交渉には応じなかった。フランシスコ会士ディエゴ・サン・フランシスコ（江戸での拘禁から解放され、使節団とともにメキシコに帰還）は、「使節団は全部が将軍の嫌う修道士よりなっていた」ことによる対応と観測している。禁教後の徳川将軍家は、伊達氏がフランシスコ会士の周旋で対スペイン交渉を実施することは許容しながらも、自らは宣教師が前面に立つ形の交渉を拒絶する方針をとっていた模様である。

　その一方で、向井忠勝はディエゴの出牢に尽力したうえで、江戸や三崎の屋敷に滞在させつつ、サン・ファン・バウティスタ号に託したものの、停滞している積荷の販売について、メキシコ帰還後に周旋を行うように依頼した。実際に、ディエゴは忠勝の要請を副王に伝達し、便宜を引き出したという。向井氏が徳川将軍家の信認を損なわない範囲を見極めながら、私的な利益を追求していた状況がうかがわれる。

▼対メキシコ交易継続の試みと、向井氏からアダムスへの勧誘

サン・ファン・バウティスタ号は、元和二（１６１６）年八月にメキシコに向けて再度出帆した。本来、カタリーナ使節団は、サン・ファン・バウティスタ号を引き渡し、ルソン島を経由して、メキシコに帰還する予定だったが、伊達氏は支倉長経一行を迎えるために、家臣の横沢将監をカピタンとして、サン・ファン・バウティスタ号を再びメキシコに渡航させたのである。また、メキシコ向けの商品も多数積載されており、支倉一行の帰国を交易の機会に利用した面もある。

このサン・ファン・バウティスタ号の再渡航については、徳川将軍家も承認しており、渡海朱印状を発給していた。再出帆に先行して、家康は元和二年四月に死去したが、病床に伊達政宗を招き、将軍秀忠への意見役となるように遺言している。当時、家康は六男で政宗女婿の松平忠輝を無軌道な言動のために勘当処分としており、政宗も世上から叛意を取沙汰されていた。そこで、家康はあえて政宗への絶大な信頼感を強調して、忠輝の勘当問題と、政宗の処遇を区別する意向を示し、徳川将軍家・伊達氏の間に、無用な緊張が生じる事態を避けたのである。この家康の遺言は、政宗が以後もメキシコとの交易を継続しようとする拠所にもなったと見込まれる。

政宗は横沢将監に託したメキシコ副王宛て書状にて、今後はサン・ファン・バウティスタ号を交易船として、日本・メキシコ間で毎年往来させることを希望し、運航にあたる船員を手配するように要請している。支倉一行の出迎えによって、メキシコ渡航を終了させるのではなく、太平洋往還航路の

常設化を望んだのである。

その一方で、家康没後に親政を開始した将軍秀忠は、元和二年八月から、ヨーロッパ船の入港を九州の平戸・長崎に限定している。これは、浦賀にスペイン船を入港させる形式の貿易を放棄したことも意味する。デ・サンタ・カタリーナ使節団の来日を受け、スペイン側がフランシスコ会を前面に押し出さない交流に応じてこないと判断し、浦賀貿易の打ち切りを決定したのであろう。政宗の交易構想は、秀忠政権のヨーロッパ船の寄港地限定と矛盾するが、向井氏を介して、何らかの合意が成立していたものと考えられる。

サン・ファン・バウティスタ号は、メキシコに渡航すると、ヨーロッパ歴訪を終えた支倉長経やソテロを乗せ、1618年8月にルソン島に到達した。その知らせに接した段階で、政宗は向井忠勝宛てに次の書状を発給している。

〈史料2〉伊達政宗書状案　（「政宗君記録引証記」『徳川水軍関係文書』一六八号）

先度者御状慥相届候、先年南蛮へ遣候舟、ろすん《（ルソン）》へ廻申候由、貴殿被遣候上乗死去之由、扨々無御心元候、然者今度ろすんへ早飛脚遣申候、於様子者可御心安候、急候而先早々申入候、恐惶謹言、
八月廿三日《（元和四年）》
向将監《（向井忠勝）》様

〈史料2〉の書状で、伊達政宗は向井忠勝に対して、サン・ファン・バウティスタ号に乗船していた「上乗」（配下の上級船員）が死亡したことを報告している。サン・ファン・バウティスタ号のメキシコ再渡航は予定外のことであり、スペイン人の水夫は10人あまりにすぎず、他に日本人が２００人ほど乗り込み、向井氏配下の船頭も参加していたという。こうした船員の構成によるものか、メキシコ渡航は過酷な航海となって、多数の死者を出しており、向井氏が同行させた船頭もそのなかに含まれたのであろう。

　これと関連付けて注目すべきは、向井忠勝が元和二年八月に平戸から江戸に出府していたアダムスと面会した際に、北方航路と金銀島の探検について、水先案内人となるように勧誘していることである。この段階で、浦賀貿易の打ち切りは決定していたものの、向井氏はアダムスと引き続き提携していくことを望んでいたのである。

　向井忠勝による勧誘の前提には、慶長十八（１６１３）年にアダムスが家康から蝦夷地を越えて、北西方面に進み、ヨーロッパに到達する航路の開設を探る計画への参加を打診されていた経緯があった。忠勝はサン・ファン・バウティスタ号のメキシコ再渡航に合わせ、かつてビスカイノが発見しようとした金銀島の確保も兼ねて、北方航路の調査を実施し、まだ継続の可能性が残っていた奥州・メキシコの航路を安定させつつ、さらに発展させる構想を抱き、アダムスにも協力を働きかけたのではないだろうか。

　当時のアダムスは、イギリス商館に雇用されており、その立場を理由として、向井忠勝の勧誘を断っている。しかし、同年に契約期間が満了すると、アダムスは商館から独立し、平戸を拠点とする航海を展開するようになった。よって、慶長遣欧使節の成果次第では、北方航路探検の計画が再始動し、アダムスも参加する可能性は相応に残っていた。

結局、サン・ファン・バウティスタ号はルソン島から日本には向かわず、ルソン島総督府に引き渡され、同地の艦隊に編入された。そして、支倉長経は元和六（１６２０）年七月ごろに長崎経由で帰国し、ソテロは後に密入国を試み、捕縛されて刑死した。このサン・ファン・バウティスタ号の引き渡しによって、同船を用いた奥州・メキシコ航路の常設化も完全に潰えることになった。なお、長経の帰国に先行して、アダムスは同年四月に平戸で死去している。

付論　逸見領主「三浦按針」と向井父子の関係

ウィリアム・アダムスは80トン船建造の褒賞として、徳川将軍家から俸禄を支給されるようになったが、やがて三浦半島東岸の逸見で所領を与えられた。アダムスは慶長十八（１６１３）年に家康に帰国を申し出るにあたり、逸見領を返上する意思も示したが、実際には逸見領の支配を継続しており、ウィリアムの没後は、子息のジョセフが逸見領を相続した。

この逸見は、１５７０年代には、相模北条氏の被官である朝比奈泰之（六大夫）の知行地となっていた模様であり、天正二（１５７４）年に逸見鹿島社の社殿建立の大檀那をつとめている。北条氏の家中において、泰之は三崎城主である北条氏規（四代氏政の弟）の重臣という立場にあった。三崎と逸見は、それぞれ三浦半島の西南端と東北沿岸に立地していた。つまり、北条氏規・朝比奈泰之は、主従で三浦半島を西南・東北の両側から守衛する役割を担っていたのである。

また、ウィリアムの死後、ジョセフは朱印船の事業者として活動したが、１６３０年代後半に日本船の海外渡航が停止されると、逸見の領主としての活動に重点を移し、寛永十三（１６３６）年に鹿島社の社殿を修造したとされる。かつての朝比奈泰之と同じく、地域信仰の保護を通じて、支配の正当性を整えようとした模様である。

縷述してきたように、向井氏は１５９０年代から三崎を拠点として、三浦半島の海上警衛を担っており、その一環として、三浦半島の最東端である走水《はしりみず》にも番所を設置していた。そして、走水と逸見は、ともに三浦半島の東岸にあって、海上往来の監察にも適した立地であった。

実際、逸見の按針塚の成立に関する伝承によると、三浦按針は「将軍家の御厚恩」に報い、「永く江戸を守護」するために、「江戸を一望すへき高き地」を墓所とするように遺言したとされる（『相中留恩録』）。これは、ウィリアムではなく、対外貿易の停止を経て、逸見領主の立場から、徳川将軍家への奉公のあり方を模索していたジョセフの意向ととらえるべきではないだろうか。

あるいは、徳川将軍家はウィリアムの所領を逸見で設定するにあたり、かつて北条氏規・朝比奈泰之のもとで形成されていた三崎・逸見の関係を、向井氏・ウィリアムのもとで再現しようとしたのかもしれない。ただし、その場合も、主従であった氏規・泰之と違い、ウィリアム（およびジョセフ）は向井氏の与力格という扱いであったと考えられる。

なお、アダムスが逸見で与えられた所領の石高は２５０石とされ、軍事的役割を果たすには、規模が過少であるという疑問もあるだろう。ただし、三河国大崎（渥美半島）の中島与五郎家が６００石で海上軍役をつとめていた事例もある。ウィリアムも向井氏と提携することで、何らかの軍事上の役割を課されており、ジョセフの代にいっそう積極的になったという推測を示しておきたい。

　こうした三浦半島における向井氏とアダムス父子の関係は、江戸城下でも成立していた形跡を指摘できる。「按針町」の地名の由来となったウィリアムの江戸屋敷は、日本橋川と伊勢町堀（西堀留川）に囲まれた空間の一角に存在した。この立地は、向井氏の八丁堀屋敷からみて、日本橋川を挟んだ対角線上に位置していた。

　そもそも、向井氏の八丁堀屋敷は、軍船を格納する機能も備えており、江戸城の和田倉門から乗船して江戸近辺に狩猟に出向く将軍の警固や、城下の舟運を監察する役割を担っていた。アダムス父子の江戸屋敷の配置には、向井氏の八丁堀屋敷の役割を補完する意図が含まれていたのではないかと見込まれる。

　ただし、逸見の所領や、江戸の屋敷について、軍事・治安という文脈のみから読み解くのは不適切であろう。本論でも述べたように、向井氏は徳川将軍家の「提督」（船手頭）という立場から、浦賀貿易に参加しつつ、私的な取引を行っており、さらに三浦半島の知行地で捕鯨を行い（「記録御用所本古文書」）、浦賀の干鰯問屋の組織化にも関わっていた（「東浦賀干鰯問屋旧記」）。アダムス父子も、向井氏と同様に、逸見や江戸屋敷を用い、独自の事業を展開していた可能性を指摘し、後考を俟つことにする。

向井父子とアダムスはなぜ提携したのか

向井氏は、伊勢湾の中小規模の海賊ながら、戦国期に徳川氏の家中に参加して、徳川権力の成長

（東海の一大名→関東の大大名→全国政権）に応じて、運用を委ねられる海上軍事力の規模を拡張していった。海賊が陸上の権力に組み込まれ、自立性を失いつつも、海上軍事力の運用規模を大きくすることは、洋の東西を問わず、同時代の普遍的な事象であった（小川２０２０）。

向井政綱・忠勝父子とアダムスの関係も、父子が徳川権力の「提督」（船手頭）だったことから形成されていった。向井父子とアダムスの提携は、おそらくアダムスが伊豆国伊東で指導した西洋船建造を始点とするが、その前提には、三浦半島や伊豆半島の番所を管轄する向井氏の立場があった。アダムスが与えられた逸見の所領や江戸の屋敷も、向井氏との提携を意図して設定されたものであったと考えられる。

また、徳川権力はキリスト教の禁教に傾斜するまで、相模国浦賀を拠点として、スペイン（メキシコ、ルソン島）との交易を展開する計画を進めており、向井父子はスペイン船の入港や家康・秀忠への連絡、アダムスはスペイン人との折衝を担当した。その一方で、向井父子は浦賀貿易の周旋に携わるフランシスコ会士のルイス・ソテロなどとも良好な関係を形成しており、徳川権力は向井父子を扇の要とすることで、アダムスやフランシスコ会士の活動を両立させていたとも理解できる。

ただし、浦賀貿易の展開について、向井父子はただ徳川権力の「提督」としてのみ振る舞っていたわけではなく、往来するスペイン船に積荷を託することで、私的な利益も得ており、禁教路線が明確化した後も継続している。つまり、徳川権力の意向に基づきつつも、独自に商業活動を展開しようとする方向性を有したことになる。

確かに、向井氏は徳川権力の機構に参加することで、海上軍事勢力としての自立性をほぼ失っていた。しかし、海賊が有した海上交易の事業者としての側面はある程度保持しており、アダムスと提携しながら、浦賀貿易の運営と維持につとめ、仙台伊達氏の事業である慶長遣欧使節にも関与している。そして、徳川権力もこうした向井氏の動向を容認して、同氏に沿岸防備を委ねている三浦半島を国際貿易の場とする計画を進めたのである。

もっとも、本論の検証は、スペインとの交渉をめぐる関係に偏り、アダムスの母国であるイギリスとの交渉には、ほとんど紙数を割けなかった。後日の課題として確認したうえで、本章は擱筆することにしたい。

参考文献

【書籍・論文】

浅倉直美「北条氏規家臣朝比奈氏について」戦国史研究会編『戦国期政治史論集【東国編】』岩田書院、２０１７年

小川雄『徳川権力と海上軍事』岩田書院、２０１６年

小川雄『水軍と海賊の戦国史』平凡社、２０２０年

佐々木徹『慶長遣欧使節――伊達政宗が夢見た国際外交』吉川弘文館、２０２１年

清水有子『近世日本とルソン――「鎖国」形成史再考』東京堂出版、２０１２年

鈴木かほる『徳川家康のスペイン外交――向井将監と三浦按針』新人物往来社、２０１０年

鈴木かほる『史料が語る向井水軍とその周辺』新潮社、２０１４年

ファン・ヒル（平山篤子訳）『イダルゴとサムライ――16・17世紀のイスパニアと日本』法政大学出版局、２０００年

森良和『リーフデ号の人々――忘れ去られた船員たち』学文社、２０１４年

森良和『三浦按針――その生涯と時代』東京堂出版、２０２０年

【史料】

『徳川水軍関係文書』（戦国史研究会）

『仙台市史 特別編8慶長遣欧使節』（仙台市）

佐久間正訳『キリシタン文化研究シリーズ　ディエゴ・サンフランシスコ報告・書簡集』（キリシタン文化研究会）

第6章　アダムス作製の日本地図

——蝦夷、北方航路との関連で

森　良和

日本に来航したアダムスは、何度か自身の操舵で日本沿岸を航海し、そのときの観測データを基に日本地図を作成している。その地図は現存しないが、そこに蝦夷が書き込まれていたことは注目に値する。というのは、それが最初とはいえないものの、西洋人が日本地図に蝦夷を載せたごく初期のものだからである。むろんアダムスが日本全土をくまなく踏査したわけではなく、それまで知られていた地理情報に自らの観測データを加えて作図したのは疑いない。

章末の「蝦夷地図関係参考文献」で示したように、蝦夷地図に関する著作は従来多く現れているものの、アダムスの地図に蝦夷があったことにはほとんど言及されていない。では、アダムスはなぜ蝦夷を載せたのか、またそれはどのようなものだったのか。本章では、まず日本地理に関するアダムスの認識の変遷を辿ったうえで、当時の西洋人が入手した蝦夷情報をまとめ、さらにアダムスが大事業として構想した北方航路との関連で、地図作成の意図を考察していく。なお、アダムスの手紙やイギリス・オランダ両商館関係の和訳文には「地図」が頻出するが、それぞれ原語に微妙な違いがあるので、必要に応じてそれらを付しておく。

なお、文中にあるアダムスの手紙からの引用文は、すべてファリントン氏の著書から和訳したものである（Farrington 1991）。また、次頁から示す略地図は、すべて日本付近の部分図である。

リーフデ号にあった地図類

そもそも日本に来着する以前のアダムスは、日本についてどのような地理知識を持っていたのだろうか。のちにアダムスは、オランダを出帆してから2年近くに及ぶ艱難辛苦の航海の最後に、リーフデ号が目的地日本に近づいたときを次のように回顧している。この文章から地図類や地球儀を多く所持していたことがわかる。なお、文中の「最北」が「最南」の誤りであるのは疑いない。

> 北緯30度で日本最北《（ママ）》の地を探したが、すべての海図、地図、地球儀 all cardes, and mappes, and globes の誤りのため、見つからなかった。実際はそこは北緯35½度なのだから、大きな誤りだった（「妻宛」）。

リーフデ号のものとされる3枚の羊皮紙地図が現存している。「南洋鍼路図」（図1）1葉と2葉一組の「西洋鍼路図」（図2）で、ともに東京国立博物館に保管されている。これらの地図名は本来のものではなく、明治維新による江戸城開城に伴って、それまで収蔵されていた紅葉山文庫から帝室博

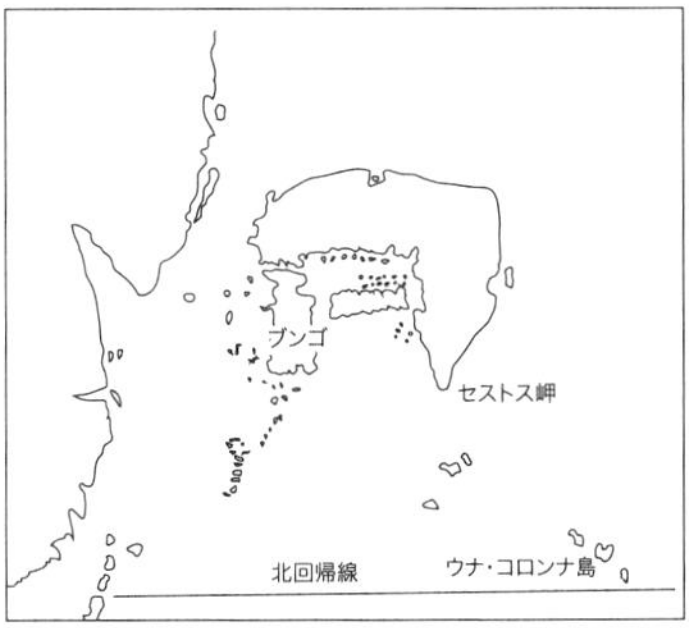

図１　南洋鍼路図（1598年）

図２　西洋鍼路図（1598年以前）

物館（東京国立博物館の前身）に移管され、名付けられたものである。ただ、いつ、どこから、どのように同文庫に収められたのかは不明である。

いずれにしても、これらがリーフデ号のものであれば、明暦三（１６５７）年を筆頭に江戸時代に何度も繰り返された大火、および近代の関東大震災や東京大空襲などにもかかわらず、４００年以上も保存されてきたのは驚異的といえる。なお、同博物館によれば、資料の損傷を防ぐため炭素14による科学的年代測定は行わないという。では、これらの地図がリーフデ号由来とされる根拠は何か。

「南洋鍼路図」については、第一に、同図のわずかな説明文に「エーダム（北ホラント州）のフィール・ヘームスキンデレン Vier Heemskinderen（仕事場の名、中世伝説「エーモンの4人の息子」の意）にてコルネリス・ドゥエッツによる、１５９８年2月18日、新版」とある。リーフデ号を含む5隻編成のジャック・マヒュー船隊は、１５９８年6月24日にロッテルダムを出帆したが、船隊を派遣したマゼラン海峡会社は出発前に地図を集めているので、同図もその一つとみられる。

第二に、同図の「日本最南の地セストス岬（架空の岬）」はほぼ北緯30度に位置し、まさにアダムスのいう「地図の誤り」と一致する。また、同図にはリーフデ号が立ち寄った「ウナ・コロンナ島」（南硫黄島）や、来着地の「豊後」も載っている。ただ同図の日本の形状は本州の東半分がない、いわゆる「ドラード型」で、地名はポルトガル語活字で表されている。「ドラード型」とは、16世紀後半のポルトガル人地理学者フェルナン・ヴァス・ドラード作製の地図に基づくものである。

第三に、リーフデ号以後に来航したオランダ船やイギリス船が、航行用に両図を用いていたとは考えにくい。１６０９年に最初のオランダ連合東インド会社の派遣船が来航して以来、江戸時代を通じてオランダ船来航が続いたが、それらの航海では「南洋鍼路図」のような不正確な海図は使用されなかったであろう。オランダ船隊は16世紀末以来、何度も喜望峰回りで東南アジアに達しているので、それらの経験を生かしたより正確な地図を用いたに違いない。

第四に、日本人航海者がそれらを入手して、朱印船貿易の際に西洋式海図を用いたことはない（中村１９６５）。また、江戸初期の大名や豪商は、実用目的ではなく異国趣味からしばしば南蛮伝来の地図や屏風図を購入したが、「南洋鍼路図」には帆船や海獣などが描かれておらず、飾り枠もない。地図上の何か所かに羅針盤を描いて、そこから32の方位線を放射状に伸ばした実用本位のポルトラーノ式海図であるゆえに、鑑賞目的の「南蛮屏風図」などとはほど遠い。

以上のことから、「南洋鍼路図」がリーフデ号で用いられた可能性はきわめて高い。現在残されている同図は1枚であるが、「西洋鍼路図」と同様に、ペアとなるアフリカやアメリカの図があった可能性もあろう。ちなみに「南洋鍼路図」には「西洋鍼路図」にはない赤道以南のオーストラリアを思わせる大陸が見え、そこにはマルコ・ポーロ『東方見聞録』の誤解に由来する想像上の黄金郷「ルカチ Lucach」と「ベアチ Beach」が載せられている。

一方、「西洋鍼路図」の製作者と成立年は不明であるが、「南洋鍼路図」と一緒に保管されていたことはリーフデ号由来を推測させる。同図もポルトラーノ式の海図2枚で、1枚にはヨーロッパ・アフリカ大陸西部・南北アメリカ大陸が、もう1枚にはアフリカ東部・インド・日本を含む東南アジアが描かれている。同図は地形も地名も手書きなので全体に粗い印象を受ける。日本の形状は「ドラード型」で、地名（ポルトガル語）はわずかしか判読できないが、「平戸 firando」「銀鉱 mina de prata」「板東 Banda」などが見える。ただ「南洋鍼路図」とは朝鮮の地形などに若干相違がある。

「西洋鍼路図」にマゼラン海峡があるのもアダムスの証言と一致する。豊後に到着したアダムスは、まもなく「大王（徳川家康）の宮廷」大坂城に連行され、１６００年5月中旬に家康の引見を受けた。このとき日本までの航路を尋ねられたアダムスは、所持していた世界図 a chart of the whole world を示して、マゼラン海峡を通過してきたと答えている。すると家康は（その途方もない航程に）信じがたい様子をみせたという。よって同図をアダムスの「所持していた世界図」とみても不自然ではない。

興味深いことに、「図2」で明らかなように「西洋鍼路図」の日本と朝鮮の部分はのちに書き加えられて、本州の東半分が付け足されている。ただ蝦夷がないので、リーフデ号の来着から比較的早い時期、おそらく江戸初期に加筆されたのだろう。加筆者は不明で、加筆部分に地名の記入はないが、同図がリーフデ号で使用されたならば、保持していた船員、なかでもパイロット（水先案内人）のアダムスが有力な加筆者となる。なお、加筆された同図の模写版はオランダにもたらされ、後述のヘッ

図３　ヘッセル・ゲリッツの日本図（1616年）

セル・ゲリッツの日本図（図３）に受け継がれたいう（松本１９７５）。

一方、当時京で布教していたイエズス会神父ペドロ・モレホンは、現地（大坂か？）でアダムスに会ったときのやり取りを次のように伝えている。「彼（アダムス）は巧みに印刷された世界図 mappe-monde を持っており、そこには日本がはっきり示されていて、Bungo（豊後）、Hitachi（常陸）、Tonnsa（土佐）、Meaco（都）、Kigo（備後 Vigo？）などの国や町がありました」。神父はこのことを豊後の司祭ジョアン・ロドリゲスに伝え、ロドリゲスはさらに長崎の巡察使アレッサンドロ・ヴァリニャーノに報告した（Delplace 1910）。

しかし、この証言には困惑させられる。モレホンが挙げた地名のうち、「南洋鍼路図」にあるのは「豊後」だけで、「西洋鍼路図」にはそれらすべてがないか、判読不能である。ただし、「オルテリウス／テイセイラの日本図」（１５９５年）にはそれらすべてが載っているので、リーフデ号には海図以外の地図もあったとみられる。

また、当時インドのゴアに滞在していたポルトガル人歴史家ディオゴ・ド・コウトは日本のイエズス会からの情報で、「このパイロット（アダムス）が所持していた地球儀には、シナで複製されたものを私も持っているが、彼らが通過しようとしている二つのルートから日本まで、彼らが豊かな銀鉱があるとしている筑後国までが順に載っている」としている（Sinclair 1967）。アダムスが日本でこの地球儀を製作したとする見解もある（Boxer 1936）が、すでにリーフデ号で地球儀が用いられているので、それを指すのだろう。

沿岸航海によるアダムスの実測と最初の地図作成

日本で生活するなかで、アダムスはそれまでの日本地理の知識に大きな誤りがあったことを知った。もともとパイロットとして各地の正確な緯度や地点間の距離に関心のあったアダムスである。日本人から情報を集めたほか、やがて自ら建造した2隻の西洋船を操舵して西日本から関東までの太平洋沿岸をたびたび航海し、後日それらで得た観測データを用いて自ら地図を作成することになる。その観測記録はアダムスのいくつかの手紙にあるので、以下にそれらを列記する（Farrington 1991）。なお、1英リーグは４・８２８kmである。

＊１６１１年10月23日付、バンタンの未知の友人宛

①豊後から約80英リーグにある皇帝の住む宮廷（大坂城）に私を連れて行くため、5隻のガレー船あるいはフリゲイト船が送られてきました。

②30日後、皇帝の住む宮廷のある大坂より2・5か3リーグの堺という港から、この国の最東部である関東にわれわれの船を移動するように命じられたので、それによってわれわれの船は１２０英リーグ離れたその地に回航されました。

③この船（最初の建造船）で1、2回航海したあと、王（家康）はもう1隻造るように命じられたの

で、今度は１２０トンの船を完成させました。私はこの船で京（堺か）から江戸まで航行しましたが、その距離はロンドンからリザード（コーンウォール半島南端）、あるいはランズエンド（イングランド西端）までと同じです。

④日本島 Iland of Iapan は非常に大きく、北東から西南西まで２２０英リーグ、北は北緯48度から最南部の北緯35度まで広がっています。

＊１６１３年1月12日付、平戸発信、バンタンのオーガスティン・スポルディング宛

⑤もし船を来させるなら北緯35度10分の、王と皇帝の宮廷がある日本の東部にしてください。オランダ人のいる平戸は宮廷まで２３０英リーグもあり、あまりに遠くて負担が大きいからです。

⑥私は貴氏に航路図 pateron（pattern）を送ります。これは私自身が皇帝のために造った船で日本の沿岸を航行した際に作成したものです。

⑦私は自身の航海経験により大坂、堺から江戸まで、北緯36度付近の海岸線についてすべて知っています。

⑧もし船を日本の最東部によこすなら、私のことを尋ねてください。私は日本語で「アンジンサマ」と呼ばれ、その名ですべての沿岸で知られていますので、恐れずに本州に来航してください。

＊１６１３年12月１日付、ロンドンの東インド会社宛

⑨そのとき私は、船（クローヴ号）の到着地（平戸）から２５０リーグ離れた（駿河の）宮廷にいて、彼（セーリス）の手紙を受け取ると居ても立ってもいられませんでした。

⑩皇帝は全世界図 a mape of the wholl world を持ってこさせて、そこ（北西航路）が非常に近いと知

りました。

＊１６１３年12月1日付、バンタンのトマス・ベスト宛

⑪（後日）スペイン人に買われた１７０トン（③では１２０トン）の船で、私はこの国の沿岸を航海したことがあります。

⑫私はもう1隻（最初の船）でも航海したことがあり、ここ2年間当地の海岸を往来しました。

⑬蝦夷はカタイか大ハンの北東に朝鮮から肘状に突起している半島と思います。

上記の④で最南部を「35度」としているのは奇妙であるが、「日本島」が単数形なので本州だけを指すのだろう。実際の本州最南地は潮岬（和歌山県串本町）で、およそ33度26分にある。それでもアダムスの「西南西」の言葉から、この「35度」は本州西端の下関付近（約34度）とみられる。同じ手紙に日本来着時を回顧して「北緯32度30分で陸地を認めた」としているし、別の箇所では駿河を同35度10分としているので、九州を含めた日本の最南地を35度と考えるはずはない。

同様に④にある最北部「北緯48度」は現サハリン南部となるので、これも理解しがたい。後述のように、アダムスは前フィリピン総督に「北緯46度以上のところにも皇帝の臣民がいる」と伝えている。当時こうした風説が出回っていたのであろう。また⑦で「大坂から江戸までの海岸線」としていることから、北日本の沿岸は航海していないと思われる。

自身の観測データをそれまでの地理情報と照合させたアダムスは、浦賀を「第二の長崎」にと願う家康の意向を受けて（⑤）、まもなく日本来航が見込まれるイギリス船の浦賀入港を促した。そのために、まず浦賀の位置を示した日本までの航路図を作図したが（⑥）、それには蝦夷や朝鮮がなかっ

た。

ただ、１６１１年10月の「未知の友人宛」には浦賀への言及がまったくないので、家康から浦賀への招致要請があったのはその後なのだろう。ちなみに１６０９年に最初のオランダ船が平戸に来航したとき、オランダ使節は駿府で家康と謁見して商館設置を認められたが、そのときも浦賀には誘致されていない（金井１９８６）。しかしまもなく起こった幕府の外交政策の転換によって、オランダ人にも同港を勧めていたことが次の書簡からわかる。

＊１６１３年1月29日平戸発信、オランダ商館長ヘンドリック・ブラウエルよりバンタンの東インド総督ピーテル・ボット宛（要旨、現代仮名遣いに改め）

皇帝はわれわれに対し、今後日本の東部江戸の大きな湾の入口にある浦賀港に来航するように熱心に勧告しました。しかし、すでに多額の費用をかけて商館を増設しているし、領主の厚遇も受けているので、移転はせず平戸にとどまることにします。私はこの手紙に添えて、航海士アダムス氏が贈ってくれた日本の小地図1枚 een kaertken van Japan を貴下に送ります。これは上野《こうずけ》殿（本多正純）を通じて皇帝と約束したところにより、この地図によって浦賀の位置を紹介するためです（ナホッド１９５６）。

もともと浦賀は対スペイン貿易の拠点とされるはずであり、アダムスが逸見に領地を拝領したのもその一環であった。しかし、貿易と布教を頑なに切り離さないスペイン側の姿勢に不満を持った家康は、方針を転換する。慶長十七年三月二十一日（１６１２年4月21日）には岡本大八が処刑され、直轄領へのキリスト教禁教令も発令された。当時日本に滞在していて何かとスペイン王の権勢を振りかざす同国使節セバスティアン・ビスカイノも、これにより冷遇される。スペインに見切りをつけた家康はオランダとイギリスを南蛮外交の中心に置く。

ただ、1613年6月にイギリス船として初めて来日したクローヴ号は、浦賀ではなく平戸に入港している。アダムスがスポルディングに送った地図（⑥）は、クローヴ号には届かなかったのである。いずれにしても、クローヴ号の来航はアダムス個人の立場に大きな変化をもたらした。すなわち、帰国を認められたアダムスは、生活拠点を平戸に移してイギリス商館に勤務しながら、自身思い描いていた北方航路探検構想の実現を図るのである。

太平洋側からの北西航路探検構想

「北方航路」とは、ヨーロッパから北極海経由でアジアに至るとされた「幻の航路」である。当時の航海技術では通航不能なこの航路を求め、特にイギリスとオランダは16世紀後半から17世紀初頭にかけて、その発見に躍起になっていた。北方航路には二つのルートが考えられた。一つは北東航路で、ヨーロッパから北上してスカンディナヴィア半島北部を回り、ロシア北岸伝いに東に向かったのち、アジア大陸とアメリカ大陸との間にあるとされた幻の「アニアン海峡」を通過し、極東に至るルートである。

一方、アダムスらが執着した北西航路は、ヨーロッパから北西に向かってアイスランドとグリーンランド沿岸を経、現カナダ北部に存在すると信じられたアジアに通じる海路を発見し、これを通過して太平洋北部に出ようとするものである。この探検に赴いたハンフリー・ギルバート、マーティン・

フロビッシャー、ジェームズ・ハドソン、ジョン・デーヴィス、ウィリアム・バフィンらの名は北米の湾・海峡・島などの地名に残されている。

「南方航路」はすでに確立していた。すなわち、ヨーロッパから喜望峰回りでインド洋を経由するポルトガル支配の「インド航路」と、マゼラン隊の世界周航後徐々に開拓され、ヌエバ・エスパーニャ（メキシコ）のアカプルコからフィリピンのマニラ間を横断するスペイン支配の「太平洋航路」である。前者の主な目的地はモルッカ諸島など香辛料の産地、後者は唐人商人を仲介して高級絹製品などが持ち込まれるフィリピンであった。イスラム商人やヴェネツィア商人を仲介せず、直接「宝庫」アジアに到達するルートが開拓されたことは、当時のヨーロッパ人にとって画期的な「発見」であった。

「南方航路」があるならば、北方にも同様のルートが存在するはずである。特にイギリスやオランダは一時期その発見に取り憑かれていた。その理由は第一に、南方航路で必ず遭遇するポルトガルやスペインからの激しい攻撃に晒されずに済む。第二に、東インドまでの距離に関して、当時の学者の見解では北方航路の方が南方航路より近いとされた。第三に、経由地に居住する寒帯の住民に、両国の主力商品である毛織物の需要が見込まれた。第四に、南方航路で常に悩まされる食糧の腐敗や、熱帯の風土病から解放されることも大きな魅力であった。要するに、極寒さえ克服できれば「いいことづくめ」のルートであった。

しかし、もともと架空のルートである。著名な探検家による度重なる冒険航海で、人的にも経済的にも多大な犠牲を払ったにもかかわらず、すべては失敗に帰した。それでも諦めきれない探検家たちは、大西洋からではなく、反対側の北太平洋からの航路探索も考えた。すでにスペイン人も16世紀以来そうした試みを行っていたが、特にイギリス隊は盛んにその挑戦を繰り返した。

１５７６年から三度北西航路の発見を試みたマーティン・フロビッシャー、１５７７年から80年にかけて私掠船で世界周航を果たしたフランシス・ドレイクらも、航海の目標に太平洋側からの北西航路発見を含めていた。ドレイクはマゼラン海峡を通過したのち南北アメリカ大陸の太平洋岸を北上し続け、かつてのスペイン人と同じく、ファン・デ・フカ海峡（現アメリカ・カナダの国境、北緯48度）付近にまで達した。ドレイクはなおも航路探索を続けるつもりであったが悪天候に阻まれて諦め、太平洋横断に転じたのであった。

その後、ジョン・デーヴィスも同様に、１５９１年出帆のトマス・キャヴェンディッシュ隊に同行したが、激しい逆風にあってマゼラン海峡さえ越えられなかった。アダムスはイギリスでの徒弟時代やバーバリ会社勤務時代に、居住地のテムズ河畔からたびたび出航する探検船を見送って、当然こうした情報に馴染んでいたであろう。なお筆者は、アダムスがバーバリ会社に勤務した１５９０年代に、オランダ人ウィレム・バレンツの指揮する北東航路探検に参加したとする説には懐疑的である。

こうした時代背景の下、日本で13年間生活したアダムスは、イギリス人の来航を機会に日本からの北方航路の開拓こそが最も自身の立場と特性を生かせると考えるようになった。それによる日英交易の実現こそ家康の恩に報いる絶好の場であり、最大の自己実現ともなった。アダムスが往々用いる言葉に従えば「神が私に与えた使命」ということだろう。

アダムスの北方航路探検計画と蝦夷への関心

１６１３年９月６日、駿府で家康に謁見したイギリス船クローヴ号の司令官ジョン・セーリスは、イギリスの対日貿易と日本商館の設置を請願して認められた。通訳として同行したアダムスが翌日再び家康に呼び出されたとき、北方航路や蝦夷・松前が話題に上った。それらの地名について家康から尋ねられたアダムスは、どちらも地図上で見たことがないと答えたうえで、もし東インド会社がその地の探検に積極的ならばぜひ実現させたい旨答えている。すると家康は、後述のように多くの支援を約束した。その後アダムスとセーリスは将軍秀忠に謁見するため江戸に向かう。

両者は江戸で蝦夷について貴重な情報を得ることができた。家康との会話で蝦夷に大きな関心を抱いたアダムスが、現地に通じた人物を紹介されたのだろう。セーリスが帰国後に記した覚書「二度蝦夷に行ったことのある一日本人が江戸の町で伝えた同地に関する情報」（セーリス １９７０）は、アダムスも共有したに違いない。以下がその要旨である。

・蝦夷は一つの島で、日本から10リーグ隔てている。現地の住民は色白かつ強健で、全身多毛であり、武器は弓と毒を塗った矢である。島の最南部の者は度量を解するが、奥地に30日ほど入った所では理解しない。彼らは銀と砂金を多く産出し、それで日本人から米、綿布、鉄、鉛などを買う。

・日本人住民が住む市場町は松前という。この町には日本人の住居が５００戸あり、要塞もあって、総督は松前殿という。ここが蝦夷の主な市場で、９月には多くの先住民が冬に備えて売買のため集まってくる。３月には鮭や各種の干物、他の商品を持ち込むが、日本人は銀よりもこれらを欲している。
・日本人は松前以外では住居を持たず貿易もしない。島の北方には非常に丈の低い人々が住んでいるが、蝦夷人は日本人と同じ背丈であり、また日本から持ち込まれる以外の器具はまったく持っていない。蝦夷と日本の間には朝鮮から発する激しい潮流がある。季節風は日本とほぼ同じで、9月に北風が始まって3月に終わり、その後南風が吹く。

浦賀へのイギリス船寄港を望む家康の希望により、アダムスは江戸から現地にセーリスを案内する。江戸に近い浦賀を見分したセーリスはすっかり気に入り、「食料品や新鮮な肉が豊富でないことを除けば、平戸を捨ててここを選ぶべき」とさえ言っている。

しかし、直後に再び駿府を訪れたアダムスは、平戸に戻る直前に家康から思いがけず帰国を許された。このときの喜びを旧友の司令官トマス・ベストに「長い惨めな勤めからようやく解放されたことを神に感謝しました」と本音で伝えている。漂民同然だった異国人の自分を一領主にまで抜擢してくれた家康に、アダムスが無上の恩義を感じていたことは疑いない。一方で、生来「海の男」であり、政治的駆け引きとは無縁なアダムスは、政務や外交交渉に携わる「長い惨めな勤め」にずっと違和感を覚えていた。

こうして帰国を許されたアダムスであるが、すぐには離日せず、１６１３年11月24日付でイギリス商館の臨時商館員となった。直後の12月初め、アダムスは平戸を出航するクローヴ号に、トマス・ベストと東インド会社に宛てた2通の手紙を託している。これらでアダムスは自身の北方航路探検計画を伝えながら、会社からの支援も要請している。「北西航路を発見したいという私の強い願望が、会社に加わる動機となりました（東インド会社宛）」というように、自由を得たアダムスはにわかに冒険心を沸き立たせたが、同時に自らの生活も大きく転換することになった。

アダムス自身はすぐには帰国しなかった理由を「私を侮辱した」司令官セーリスとの確執としている。しかし、おそらく他の理由が大きい。駿河から逸見の領地に立ち寄らず平戸に向かったので、愛着ある日本人妻と子どもたちへの愛惜もあったであろう。また、窮状を訴える本国の妻子との再会にはまとまった金が必要であった。アダムスが自嘲気味に「自分は一文無し」としているように、なお日本に留まって蓄財することも重要であった。そのうえで、北方航路探検の時機をうかがっていたのである。

計画に家康の支援が得られたのは何よりも心強かった。家康は自身の臣下から離れるアダムスに対し、寛大にも松前藩主への紹介状を与えて数々の便宜を図る約束をしている。すでに北西航路のことを知っていた家康は、「クローヴ号の来航目的の一つは、北西や北方の地域を発見することではないか」と尋ねている。これに対してアダムスは「わが国はその発見のため絶え間なく莫大な費用を投じています」と応じている（東インド会社宛）。

さらに家康が「本当にそのような航路があるのか、日本から近くはないのではないか」と問うと、アダムスは「その航路があるのは疑いなく、しかも日本から非常に近いです」と家康が持ってこさせた世界図で説明している。ちなみに日英間の貿易協定を定めた英語版朱印状には「蝦夷までの航行の自由」が含まれるが、日本語版（漢文）にはそれがない（『増訂異國日記抄』）。ただ、家康が北西航路による日英貿易の成果にどの程度期待を寄せていたかは不明である。むしろ蝦夷の金銀にいっそう関心があったのだろう。後述のとおり、家康は金銀採掘を探らせるため、慶長十三（１６０８）年に松前藩まで使者を派遣している。これを受けて、イギリス商館長リチャード・コックスも１６１３年11月30日付で東インド会社総裁トマス・スミス宛に、アダムスの新しい地図を添えた書簡を送付した。

アダムス氏は、もし北東か北西の航路が発見されるなら、それはこちら（日本）からであろうから、そのために全力を尽くすと申しております。また皇帝も、人員やあらゆる大名への推薦状などによって、最大限の支援をすると約束してくれました。すでに蝦夷Yedzoと呼ばれる島への入口はわかっており、そこはタルターリア（韃靼）大陸の一部と思われます。アダムス氏は日本の略地図plot of Japanを描き、その島（蝦夷）や朝鮮、および周辺諸地域も記載していますので、閣下に送ります（Farrington 1991）。

コックスはこのように、アダムスの北方航路や蝦夷への探検計画と、皇帝による支援の約束を伝えている。また蝦夷を島としているが、アダムス自身は半島の可能性も考えていた⑬。ただ、コックスの添付地図には「島」としてか、あるいは蝦夷全体ではなく松前周辺だけが載せられたのだろう。コックスは１年後の１６１４年12月10日にも、本国のソルスベリ財務長官と在ミッデルブルフ（オランダ・ゼーラント州）のイギリス人毛織物輸出商人組合に、以下の内容を含む書簡を送っており、このころまでは計画に楽観的な見通しを立てていたことがわかる。

・皇帝の支援による日本からイギリスへの北方航路発見に大きな展望です。この国に14～15年住んでいるイギリス人ウィリアム・アダムスは日本語を完璧に話し、優秀なパイロットでもありますので、もし王や議会および会社が援助すれば喜んで実行するでしょう。

・皇帝からは北方探検の支援の約束と、領内全土で貿易ができる大きな特権が得られています（Farrington 1991）。

アダムスもかなり具体的に計画を練っている。東インド会社に対して、派遣船は何とか建造できるし、食糧や日用品もほぼ調達できるとし、不足品は索具一式、帆布、タール、ピッチまたは松脂、羅針盤、時計、地球儀2基と数枚の海図か地図（1枚は全世界図）などで、他に15人から20人の優れた航海士を送ってくれるよう依頼している。さらに、蝦夷では韃靼語が話されていると勘違いし、同語や朝鮮語を学ぶ意向も示している（「東インド会社宛」）。蝦夷と大陸が陸続きで交易していると思い込んだからだろう。ただ防寒装備を強調していないので、第一段階では予備調査としての航海を想定したとみられる。

一方、セーリスは本国帰着後しばらくプリマス港に留まり、１６１４年10月14日、蝦夷が載った日本地図 draught を添えてロンドンの東インド会社に書簡を送っている。この地図は前年末にコックスが送付したものと同じくアダムスの作図によるとみられる。セーリスは書簡で、北方航路の発見を所望しているアダムスを蝦夷探検に登用すべきとして、次のような趣旨の提言をする（セーリス１９７0）。

・皇帝に対して、長い間現地で無為に過ごしているアダムス氏を船長として、蝦夷島の探検に派遣する案を出した。

・その島は金銀と立派な毛皮を大量に産出する。
・日本人はイギリス人やオランダ人から購入した羅紗、胡椒をその島に運んでいる。
・皇帝はこの案を聞いて大いに喜び、要員を同行させるなどの支援を臣下に命じた。
・季節風の関係で今年は実現しなかったが、日本から北方航路を発見できる可能性は大変大きく、モルッカ諸島での争いが一段落すればオランダ人もこれに参入するであろう。

注目すべきことに、セーリスは蝦夷自体を有力なビジネスの場と見、またオランダ人もこれに関心を持っているとしている。すなわち、蝦夷は金銀や立派な毛皮を多量に産出するうえ、羅紗、胡椒の売り込みが可能な市場であり、さらにそこからの延長で北方航路探検も期待できると考えた。

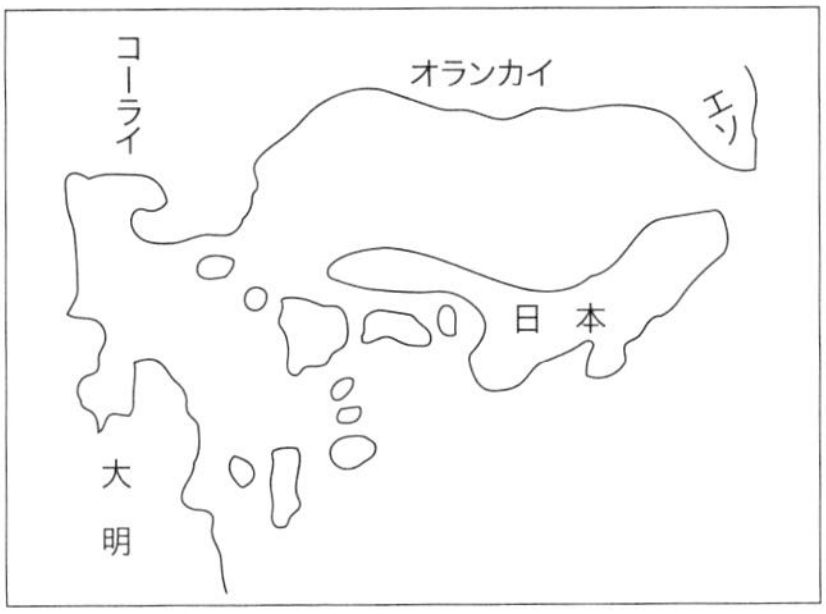

図4　サン・フェリペ号航海図（1596年）

東インド会社もこれらの情報を受けて計画推進を協議した。同社の1615年4月13日の議事録には、アダムスの妻メアリへの送金などとともに、日本からの北西航路発見計画を検討すること、計画の実行についてはアダムスが雇用を熱望しており、皇帝からの多大な援助を得るために十分貢献する意思がみられるとの記事がある。また、このときアダムスの要求に応じて地球儀2基と地図類が送られている (calendar of state papers)。

では、上記⑬でアダムスがイメージする「大陸から突起している半島」とはどのようなものか。おそらくサン・フェリペ号由来の航路図「浦戸漂着西班牙船航海地圖」（図4）などがそれに近い。同図は１５９６年10月に浦戸（現高知市）に来着したスペイン船乗組員の情報を基に作成されたという。同図は時代的にはリーフデ号来航以前のものであるが、アダムスが参考にした可能性は薄く、偶然イメージが重なったのであろう。

蝦夷地図の略史

蝦夷地全体の地形は長らく不明であり、地図上にほぼ今日の北海道の形状が現れるのは18世紀末になってである。それでも江戸時代以前の地図に「蝦夷」が載っているものもある。例えば朝鮮人官僚の申叔舟著『海東諸国紀』（原著１４７１年）には、津軽対岸に横長楕円状の小島「夷島」が描かれている。また、豊臣秀吉所持の「扇面東亜図」（16世紀末）にも「エソ」が高麗までつながるアジア大陸の一部として描かれている。これは秀吉の朝鮮侵攻を反映したものだが、アダムスがこれらを参照したとは考えにくい。

ヨーロッパ人もすでに16世紀末に蝦夷が載った地図を作成していた。１５９０年7月、イエズス会巡察使アレッサンドロ・ヴァリニャーノは、日本に帰国した天正遣欧使節を引率して長崎に来航した。これに同行したポルトガル人地図技師イグナシオ・モレイラは、ヴァリニャーノとともに上京したとき、長崎から京までの各地を探訪してヨーロッパ式の測量を行った。ヴァリニャーノ著『日本巡察記』には、モレイラが自身の測量で得たデータに日本人から収集した情報を加えて、当時としては最も精度の高い日本地図を作製したとある（ヴァリニャーノ１９７３）。

同書によれば、日本は下《しも》（九州）の端から奥州国の端（現岩手県大船渡市）まで、北緯30度半から39

度に達し、また日本の1里はスペインの2レグアよりやや短いとしている。ここには蝦夷への言及がないが、京では蝦夷から来た住民（蠣崎氏の配下）と接触し、その情報を得たヴァリニャーノは以下の要旨の覚書「蝦夷人の島」を残した（チースリク1962）。

・日本人はその島を蝦夷、現地人は「アイノモショリ」と称している。

・彼らは西方にある他の島々や、朝鮮と連なっているといわれる北方の島レブンクール（礼文島説あり）にも行っている。

・蝦夷の民族は文明や礼儀に欠け、体格が良く、非常に力が強い。

・獣の皮を身にまとい。日本人より短い弓を持ち、刀を首からかけ、多くのことはこの地図に見えるように、そこから近い韃靼人をまねている。

・これらのことは日本人から、およびインド副王の使節（ヴァリニャーノ）が京に着いたとき、関白殿の下に遣わされたその島のある住民から、聞き取ったものである。

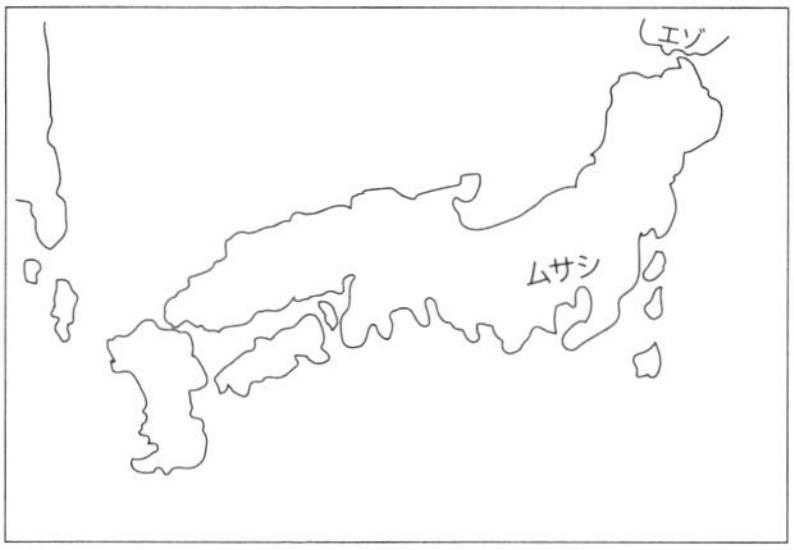

図5　ブランクス／モレイラ日本図（1617年）

上記「この地図に見える」から、モレイラは蝦夷と韃靼が近接する地図を描いていたことがわかる。その図を基に、クリストファー・ブランクス（仏名クリストフ・ブラン）は、1617年にローマで蝦夷最南部がわずかに見える銅版画日本地図を作成した。ただ、モレイラの日本滞在からブランクスの地図（図5）までには25年の隔たりがあるので、同図がモレイラの原図に忠実かは不明であり、その後書き加えられた可能性も排除できない。

一方、ドイツ人著作家のエリウド・ニコライは、１６１９年にミュンヘンで『東西インドに関する新しい真の報告集』を出版している。その一部に「日本とシナに長く住んでいた信頼できる人物」が教えてくれた話として、「エゾ Iezo」に関する従来の誤りを正す行がある。「信頼できる人物」がモレイラであることは疑いない。モレイラやニコライから2世紀を経た19世紀初頭、かのフィリップ・フランツ・フォン・シーボルトもその著『日本』で、ニコライの書を引きながら蝦夷について次のように説明している。

> 日本の北部に関する従来の地図には二つ誤りがある。一つは、日本の北方には蝦夷 Iezo と呼ばれる大きな島があることが見落とされていること、二つには、蝦夷島から北に向かって海峡はなく、大陸があることで、そこはレブンクール Rebuncur という地方であるが、人びとはその手前で止まってしまう。また、テンドック（伝説上のモンゴルの都）とキヴィラ（伝説上の北アメリカの黄金都市）の間には海峡があり、それが普通アニアンと呼ばれるものである。
>
> 蝦夷島と大陸との間、すなわちフランシス・ドレークが再び帰航してしまった場所（カリフォルニア）にも島がいくつかあるが、かの地においてはそれがあるとはほとんど感じられない。またそこから、つまり日本・蝦夷（アイノモソリ島）から北に向かっては、海峡も、航路も、海も地峡もない。つまりレブンクールやロシャ Loxa（中国東部の地方）と考えられていた地方以外には何もない。さらに東西に向かっての両側には、大陸だけがあるが、北の方には多くの未知の地方・

王国がある（シーボルト１９７７）。

ニコライの書に基づいて、ドイツ人地図製作者ヘッセル・ゲリッツも１６１９年に世界図を作製した。ここでは極東（北半球右端）に日本が載せられ、その上方に「エゾ」がわずかに見える。もちろん発刊時期を考えると、ニコライの著書やゲリッツの地図が直接アダムスに示唆を与えたわけではない。ただ、両者ともモレイラに拠っているならば、当然その情報が広く出回っていたことは考えられる。なおゲリッツの他の地図（図３）に、補正された「西洋鍼路図」の影響が指摘されるのは、先述のとおりである。

図６　アンジェリスの日本・エゾ地図（1621年）

その２年後の１６２１年には、１６１８年以来同地を訪れて布教に当たったイエズス会のイタリア人宣教師ジロラーモ・デ・アンジェリスが、初めて蝦夷地全体を地図に表した。しかし、その蝦夷の版図は本州全体をはるかに上回るほど広大で、長大な川を隔ててアジア大陸に連なっている（図６）。これには、大陸から直接蝦夷に伝道するように促す意図があったという。その地図どおりに旅すれば、オランダの勢力が台頭した東南アジアや、禁教令が出された日本を経由せずに蝦夷に達することができるというわけである。

蝦夷地だけの地図もすでに存在していた。慶長四年十一月七日（１５９９年12月24日）、蝦夷地の福山城主蠣崎慶廣は大坂城で家康に拝謁して朝鮮北部の地形と家系を尋ねられた。このとき蝦夷の全島地図と家系図を奉呈した慶廣は、黒印状を授けられて氏《うじ》を「松前」に改めた。今では失われたこの地図は日本最初の単独蝦夷図であろう。だが1世紀後の元禄十三（１７００）年に作成された『元禄御国絵図』の「松前嶋絵図」（図7）さえ、現北海道とは大きく地形が異なるので、蠣崎氏の地図はさらに未発達なものだったに違いない。

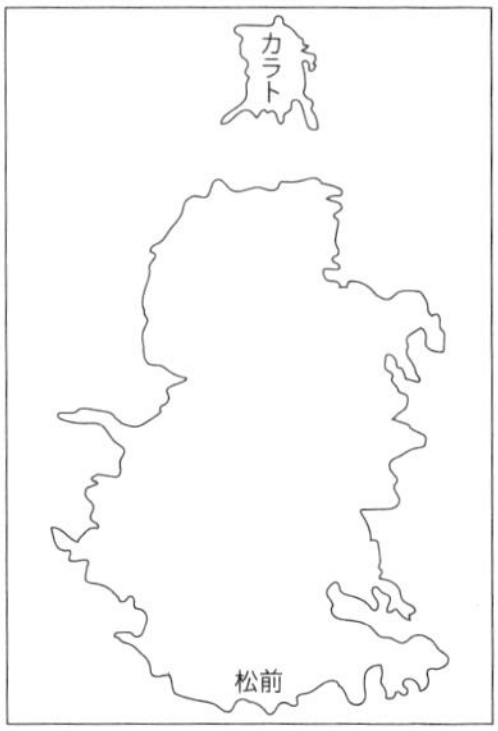

図7　松前嶋絵図（1700年）

リーフデ号来着直後の１６０２年、明で布教していた司祭マテオ・リッチ（利瑪竇）は世界図「坤輿万国全図」（図8）を作成した。同図はイエズス会ルートですぐ日本にもたらされたので、アダムスにも見る機会はあったであろう。ただし、同図の東日本の地名には誤謬が多く、現関東の位置に「飛驒」「陸奥」「信濃」が、本州最北部に「安房」「武蔵」「常陸」がある。本州の北には島があるが、島内の地名に蝦夷はなく「加賀」「能登」「佐渡」などが見え、蝦夷は「野作」と記されて島内ではなくアジア大陸東部に置かれている。

なお、家康は慶長十六年九月二十日（１６１１年10月25日）、駿府城に後藤庄三郎と長谷川藤広を呼び出し、西域より奉呈された「世界図屏風」を眺めながら談議している（『駿府記』）。この「西域」がどこで、またどのような屏風であったかも不明であるが、「坤輿万国全図」はしばしば屏風化されている。とすれば、セーリスの参府の時期にアダムスがその屏風図を用いて家康に説明したとみても不

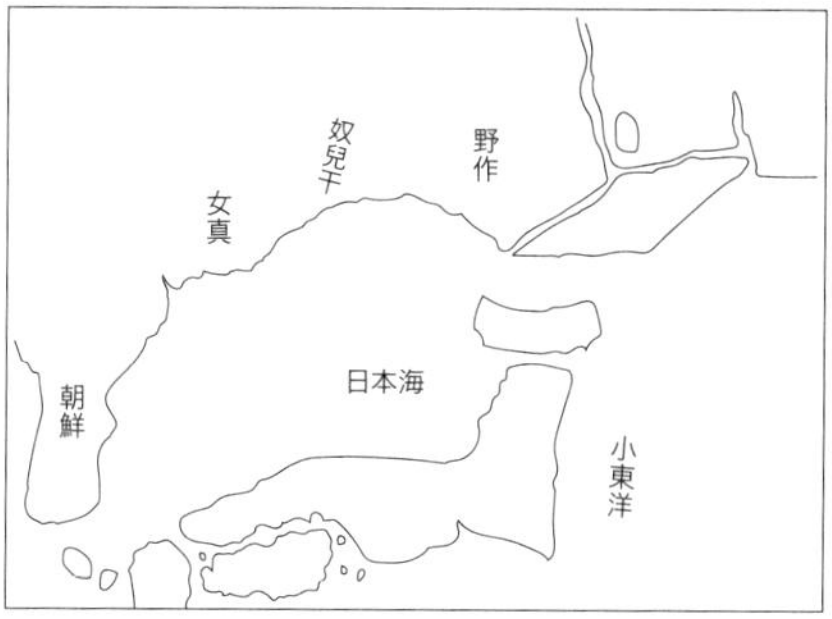

図８　坤輿万国全図（1602年）

自然ではない。ちなみに「坤輿万国全図」には現在のアラスカの位置に「亜泥俺（アニアン）國」が、その西方沖に「亜泥俺峡」が見え、日本東方沖に「銀島」もある。

また翌１６１２年には、後述のセバスティアン・ビスカイノが自作の４枚組日本地図を家康に奉呈している。

ヨーロッパ人の蝦夷人認識

一部のヨーロッパ人は日本来航とほぼ同時期に、本州より北に人の住む島か大陸があることを認識していた。早くも１５５０年、ゴアのイエズス会司祭ニコロ・ランチロットは日本人アンジローからの情報で「日本の北東部エゾEsooと呼ばれる島」に「色白で短髪、長い髭で大きな体軀を持ち、弓矢と幅広の刀で勇敢に戦い、海賊となって日本沿岸に襲来し略奪する住民がいる」と記している。薩摩出身で倭寇の一員とも言われるこのアンジローこそはゴアで洗礼を受け、フランシスコ・ザビエルの来日を促した人物である。

次いでマノエル・テイシェイラ（広東、１５６４年）、司教ルイス・フロイス（京都、１５６５年／長崎、１５９６年）、司祭ガスパル・ヴィレラ（ゴア、１５７１年）らも、若干の違いこそあれ、蝦夷について報告をしている（『イエズス会日本報告』）。当初海賊とされた蝦夷人であるが、のちの報告では、本州最北部にやって来て魚類、鹿革、海草を売り、武器や食糧を買うとある。彼らの肌の色は色白とも褐色ともされて一定しないし、地理情報も錯綜しており、「北極の真下にある広大な国」「ヌエバ・エスパーニャ（メキシコ）まで続いている」「（住民は）大陸から渡来した韃靼（だったん、タタール）人」などの誤解もみられる。

では、アダムスは蝦夷についてどのような認識を持っていたのだろうか。

アダムスが日本の最北地を「北緯48度」としていることは、スペイン側史料からも裏付けられる。先述のように、１６０９年にマニラからアカプルコに向かう航海の途中に遭難し、上総に漂着した前フィリピン臨時総督ロドリゴ・デ・ビベロ・イ・アベルサ（以下、通称「ドン・ロドリゴ」）は、上総まで出迎えたイギリス人航海士（アダムス）の話として次のように記している。

・（北緯）46度以上の所にも皇帝に服従し、租を納める臣下がいるにはいるとイギリス人航海士が明言した。〈中略〉その彼が、私には何かよく分からぬ皇帝の権利を確認するために派遣されたとき、アストロラーベを持参し（そこが）45度にあることが分かったが、行ける可能性のあるところすべてを踏査しなかった、と言った。

・都の北東、日本の最北端にエゾがあり、日本人が交易している。それが島なのか、ウランガイ（オランカイ、現ロシア沿海州地方）に続く大陸なのかわからない（ヒル２０００）。

このようにドン・ロドリゴは、徳川政権がすでに蝦夷北部まで支配し、その地をアダムスが探検していたとする。しかし上述のように、アダムス自身が「蝦夷」「松前」を知ったのは１６１３年９月に家康に謁見したときであるから、それ以前に北緯45度（現北海道最北端の宗谷岬は北緯45度31分）まで派遣されていたはずはない。ドン・ロドリゴの文章表現に曖昧さがあるのは、アダムスが伝えた風説を本人の探検と勘違いしたからだろう。それでも、当時すでに一部の日本人が蝦夷の奥深くまで達していたことは疑いない。

ドン・ロドリゴが帰還した翌年、1611年に返礼使節として浦賀に来航したセバスティアン・ビスカイノも蝦夷について詳しく述べている。ビスカイノは三陸沿岸で海岸線調査を行った際、北緯40度付近とした根白《こんぱく》（現岩手県大船渡市）で、住民から「松前殿の所領」について聞かされた。その要点は次のようなものである。

・はるか北西に北緯50度近くまで達するエソ（蝦夷）と呼ばれる大きな島があって、そこには山岳民族が居住している。

・北方の人びとは猪の毛皮で作った履き物を用い、領主にほとんど服従していない。そこには二つの国があり、一つは南部殿の、もう一つは松前殿の所領である。

・どちらの国も大変大きく、端に達するまで30日以上もかかる。これらの国を過ぎると海岸線は西に曲がり、その端から朝鮮まではそれほど遠くなく60レグア以下という。

・タルターリア（韃靼）に至る手前に海峡があって、エソ（蝦夷）と呼ばれる大きな島がある。そこには、他人からは目しか見えないほどに全身が毛におおわれている未開人が住んでいる。彼らは7月と8月に日本にやって来て、魚や動物の皮、その他の交換品を持参し、米や綿花やそのほかの必需品をかき集めていく。この海峡は激しい風と潮流によって船が難破し沈没するので、1年の大部分は航行できない（ヒル2000）。

上文でビスカイノも、蝦夷地が「北緯50度近くまで達する」としているのは興味深い。来航目的の一つに日本の海岸線測量があったビスカイノは、西洋式の観測機器を用いて松島海岸から根白付近までの三陸沿岸を調査し、観測結果を日本人絵師に描かせた。その略図は直ちに伊達政宗に献上されている。なお、アダムスはこうした測量がスペイン人の他国侵略の前段階であるとし、家康にその危険性を注進している（第２章参照）。

一方、ビスカイノは部下の航海士ロレンソ・バスケスを西日本に派遣して、海岸線情報を収集させた。バスケス自身がどの程度実際に測量したのか定かではないが、東日本とは対照的に、当時でも西日本の地図は比較的正確だったので、多くは宣教師ルートで情報を入手したのだろう。仙台から江戸を経て畿内に向かったビスカイノは、１６１２年６月16日にバスケスと堺で合流し、それぞれの情報を照合して４枚図 cuatro cuadros 構成のビスカイノ版日本地図を完成させている。

その数日後、京を訪れたビスカイノは同図を家康と秀忠に献上した。したがって翌年９月に駿府を訪れたアダムスが、ビスカイノの地図を参照できた可能性はある。ただ、仮にビスカイノの地図に蝦夷が載せられていたとしてもかなり不正確なもので、松前周辺以外は推測によって描かれただろう。

いずれにしても、アダムスはおそらく１６１２年末に浦賀の位置を示した最初の日本地図を作成し、翌年初め、手紙に添えてそれを在バンタンのイギリス・オランダ両商館に送付した。しかし、１６１３年にアダムス自身の個人的立場に大きな変化が生じ、北方航路探検構想が具体化すると、同年末には朝鮮と蝦夷を書き加えた改訂版を作成した。

既述のように松前慶廣は慶長四（１５９９）年、大坂城で家康に蝦夷図を献上している。その後も松前氏と家康の接触を示す記録が多少あるが、家康の蝦夷への関心は当初現地の鷹にあったようで、慶長九（１６０４）年に慶廣が家康に謁見したときは、鷹献上に関する駅伝の朱印と黒印状三条を授けている。なお、慶長十五（１６１０）年五月、慶廣は長寿の源として珍魚膃肭臍（オットセイ）を家康に奉呈した（『大日本史料十二編之七』）。

松前藩が金の産出で注目されるのは慶長十三（１６０８）年からで、家康は同年大久保長安に指示し、南部（現岩手県）と蝦夷知内《しりうち》（上磯郡知内町）の金採掘のため使者を派遣している。前年佐渡と伊豆の銀産出量が減少したので、その打開策としてこれらの地に注目したのだろう。しかし藩主松前慶廣は、自領が不毛の地で食糧を他国に依存しており、飢饉の兆しさえあるので坑夫を雇えないとし、これを断っている（『大日本史料十二編之五』）。その10年後、元和三年十二月十六日（1618年1月12日）、前年死去した慶廣を継いだ孫の公廣は、江戸に参府して将軍秀忠から所領を安堵され、統治に関する規制三ヶ条も授けられた。このころから松前藩は徐々に金山を開発し、元和六（１６２０）年には再度公廣が江戸に赴いて、秀忠に藩産出の砂金製黄金１００枚を献上している。秀忠は献上された黄金をそのまま下賜するとともに、改めて同藩の金山採掘権を与えた（『大日本史料十二編之十三』）。

これに関連して『コックス日記』の１６１６年9月18日条には、アダムスが向井将監忠勝らと海事関係の会話を交わす一節がある。そのなかで向井は、北方にきわめて豊かな金銀鉱床を持つ島々があり、皇帝（秀忠）がその地を征服したがっているので、アダムスにパイロット（水先案内）を引き受けてくれないかと打診している。しかし、すでにイギリス商館の臨時商館員となっていたアダムスは、目下イギリスに仕える身なので二君に見《まみ》えることはできないと断っている。

秀忠が注目した「北方の島々」の具体名は記されていないが、「島々の征服」とあるのでおそらく

「金銀島」も含まれよう。当時のスペインやオランダは日本の東方沖にあると信じられた「金銀島」の発見に躍起になっていた。前述の向井らは「金銀島」を本来は台湾を指す「エルモサ」と呼んでいたようだ。「南洋鍼路図」も含めて、当時の東亜図には本州沖に「エルモサ」が載っているものが多い。なお、アダムス自身は「金銀島」にほとんど関心を示していない。

ちなみに、既述のジロラーモ・デ・アンジェリスも１６１８年の蝦夷報告で、「同地には良質の金を産出する金鉱が多くあるが、蝦夷人はそれを採掘しない、しかし松前氏がようやく2年前に鉱山を拓き始めた」としているのは、コックスらの会話を裏付ける。

構想の挫折

しかし、アダムスの構想の実現はならなかった。イギリス商館員となったアダムスは、しばらく国内市場の開拓と朱印船貿易に専念せざるを得なかった。家康もまた大坂の陣の準備と冬夏の戦闘、および事後処理に忙殺され、北西航路の件は持ち越された。そして大坂夏の陣の翌年、元和二年四月十七日（１６１６年6月1日）に家康が死去すると、実権を握った秀忠は北方航路探検について話題にもしなくなった。ただ前述のように、「北方の島々」への金銀探索にアダムスを用いたい意向は示していた。

こうした変化を反映して、イギリス商館長コックスは東インド会社宛の書簡で、秀忠支配下の新体制に対する苛立ちをみせ、家康が約束した支援についても疑念を抱き始める。例えば１６１７年1月には「（来日した）アドヴァイス号を北方の発見に用いるか考慮中」としつつも、「私は日本人が、われわれの北方探検は口実にすぎず、本当は豊かな（黄金）島の発見が目的で、航路開拓ではないと考えていることを知りました」とし、さらに次のように言う。

　イギリスへの航路を探索するため当地から北方に向かう航海についてですが、以前の特権、すなわち、皇帝がわれわれを支援すると約束したことには何ら言及がなく、またそうした事柄を取り上げようともしません。ゆえに実をいえば、もし私たちがそれを実行しようとしても、日本人が支援してくれるか否かは不明です。われわれの特許状（今も保持しています）の写しをここに同封します。私は二人の通訳およびキャプテン・アダムスに援助を依頼して、それらを学識ある僧侶に翻訳してもらいました（Farrington 1991）。

　アダムスも、１６１７年1月14日付で会社総裁トマス・スミスに宛てた手紙では、北方航路にまったく言及していない。それでもわずかに望みはつないでいたようだ。翌年2月15日、コックスは東インド会社に以下のように書き送っている（Farrington 1991）。

・キャプテン・アダムスは北方航路について協議するため、キーリング司令官（名ウィリアム、１６１５年の東インド会社合本第五航海司令官）の来航を待ち望んでいます。
・オランダ人もその実現のため、アダムスを雇うなどと言っております。

ここにキーリング司令官の名が現れるのは、探検計画の理解者だったからだろう。しかし同司令官は来日しなかった。それでも、アダムスが１６１８年7月、オランダ商館長スペックスに請われ、幕府に信用のないヤン・ヨーステンの代わりに江戸参府に同行した事実は示唆的である。その直後に英蘭の紛争が生じると、コックスは急遽平戸からアダムスを追い、スペックスとの同行を取りやめるよう急便で伝えた。しかし、アダムスはなぜか珍しく怒りに満ちた返信を送ってきたので、コックスが当惑している。

　このとき、スペックスがアダムスに探検計画を持ちかけたかどうか、記録は残っていない。それでも、前述のコックスの手紙にあるように、計画実現を諦めていないアダムスに対し、オランダ側が何らかの働きかけをしたことはあり得るであろう。いずれにしても、肝心の皇帝の支援がなくなり、家康時代に認めていた日本各地への自由旅行も不可能な以上、アダムスもコックスもスペックスも、最終的には計画の頓挫を認めざるを得なかった。

　しかし、アダムスにとってはむしろ幸いだったかもしれない。ベーリング海峡が氷結しない時期は現代でも夏から初秋までに限られる。平均気温がより低かったとされる17世紀前半は、通航可能期間がさらに短かったであろう。仮に計画を実行し、苦難ののち何とか同海峡を通過しても、北極海で遭難する可能性が大であった。とすれば多くの先達冒険家たちが経験したように、全面果てなく広がる氷海に孤立したまま身動きがとれず、全員餓死か凍死する運命にあったに違いない。

　１６３９年5月、江戸に参府したオランダ商館長フランソワ・カロンは、幕閣の要求でオランダから日本までの地図と陸地の投影図 caert ende uijtwerpsels der landen を苦心の末完成させた。それを携えて江戸城に赴いたとき、通された部屋にはシナ人、ポルトガル人、日本人が作成した多数の世界図が置いてあり、それらは重要な点でカロンのものと一致したという（『オランダ商館長日記』）。アダムスのものもそこにあったであろうか。

また、先述のように「西洋鍼路図」の補正板がゲリッツの地図に影響し、それがオランダの金銀島探検に用いられたともいう。しかし、１６４３年に金銀島探検に赴いたが遭難し、陸奥国山田浦（現岩手県山田町）に漂着したオランダ船ブレスケンス号の船長ヘンドリック・コルネリスゾーン・スハープは、探検に際して「地球儀は持ってきたが、地図は持参していない」と証言する。確かにスハープの航海記からは、アダムスの地図を参照した形跡はうかがえないし、携行した地球儀にあった日本北方域の形状も不明である。

アダムスの北方航路開拓とそれによる日英貿易、またその副産物としての蝦夷貿易はいずれも幻と終わった。一般に、アダムスの対外活動では南方のマニラ（対スペイン）や朱印船貿易の東南アジアが注目される。しかし、北方航路を通しての母国への強い眼差しがあったことも忘れてはならない。

蝦夷地図関係参考文献

岡本良知『十六世紀における日本地図の発達』八木書店、１９７３年
寺澤一他編『蝦夷古地図』（北方未公開古文書集成第10巻）叢文社、１９７９年
高倉新一郎編著『北海道古地図集成』北海道出版企画センター、１９８７年
秋月俊幸『日本北辺の探検と地図の歴史』北海道大学図書刊行会、１９９７年
高木崇世芝『近世日本の北方図研究』北海道出版企画センター、２０１１年

参考文献

岩生成一訳注『慶元イギリス書翰』駿南社、１９２９年

アレッサンドロ・ヴァリニャーノ（松田毅一他訳）『日本巡察記』東洋文庫、１９７３年
金井圓『日蘭交渉史の研究』思文閣、１９８６年
フィリップ・F・フォン・シーボルト（中井晶夫訳）『日本　第一巻』雄松堂書店、１９７７年
コルネリス・スハープ（永積洋子訳）『南部漂着記　南部山田浦漂着のオランダ船長コルネリス・スハープの日記』キリシタン文化研究会、１９７４年
ジョン・セーリス（村川堅固訳、岩生成一校訂）『日本渡航記』雄松堂書店、１９７０年
東京大学史料編纂所編『大日本史料第十二編之七・十三』東京大学出版会、１９０８年
東京大学史料編纂所編『日本關係海外史料　イギリス商館長日記　訳文編之上・下』東京大学出版会、１９７９～82年
東京大学史料編纂所編『日本關係海外史料　オランダ商館長日記　訳文編之四（上）』東京大学出版会、１９８３年
オスカー・ナホッド（富永牧太訳）『十七世紀日蘭交渉史』養徳社、１９５６年
フーベルト・チースリク編（岡本良知訳）『北方探検記――元和年間に於ける外国人の蝦夷報告書』吉川弘文館、１９６２年
中村拓『御朱印船航路図』日本学術振興会、１９６５年
ファン・ヒル（平山篤子訳）『イダルゴとサムライ――16・17世紀のイスパニアと日本』法政大学出版局、２０００年
松田毅一監修『十六・七世紀イエズス会日本報告集　第Ⅰ期第３巻』同朋舎出版、１９８７年
松本賢一編『南蛮紅毛日本地図集成』鹿島出版会、１９７５年
村上直次郎訳註『異國往復書翰集・増訂異國日記抄』駿南社、１９２９年
Boxer, Charles Ralph, *Jan Campagnie in Japan 1600–1850*, the Hague, 1936.
Couto, Diogo de, *Asia: Decada XII*. Lisboa, 1790.
Delplace, Louis, *Le Catholicisme au Japan*, tome 2, Bruxelles, 1910.
Farrington, Anthony, *The English Factory in Japan 1613-1623*, London ,1991.
Public Record Office, *Calender of State Papers. Colonial Series vol. 2, East Indies, China and Japan 1513-1616*, London, 1862.
Sinclair, William Frederik, *The Travels of Pedro Teixeira, with His "Kings of Harmus" and Extracts from His "Kings of Persia"*, Nendln, 1967 [1902].

第7章　オランダ商館のためにも尽力した「按針」

——新出按針宛書状４通の分析を通じて

フレデリック・クレインス

三浦按針ことウィリアム・アダムス研究においては、これまで主にアダムスの書状やイギリス東インド会社側史料が用いられてきた。一方、オランダ東インド会社の史料は精査されてこなかった。特に、オランダ東インド会社がはじめて日本に船を派遣した１６０９年からイギリス東インド会社の船が日本に到着した１６１３年の間のアダムスの動向については、情報が錯綜していた。さらに、１６１１年から１６１２年までの間のアダムスの動向については、これまで手がかりとなる史料がほとんどなかった。

２０２１年3月に『読売新聞』や『産経新聞』など各紙によって報道されたとおり、アダムス宛書状4通の新たな発見により、このアダムスの足取りにおける空白期間を埋めることができるようになった。発見のきっかけは、筆者によるオランダのハーグ国立文書館所蔵オランダ東インド会社文書の研究調査であった。その調査過程において、初代平戸オランダ商館長ジャック・スペックスからアダムスに宛てられた4通の書状控えの存在を突き止めた。これらの4通はこのオランダ東インド会社文書のなかに含まれる一冊の綴帳（整理番号1.04.02:1054）に含まれていた。

本章では、オランダ東インド会社文書に含まれるアダムス関連史料を整理したうえで、この新出書状を分析し、当該期間におけるアダムスの動向を再構築して、アダムスとオランダ東インド会社との関係を明らかにすることを試みる。

オランダ東インド会社との接点

日本に到着した時にアダムスが乗っていたリーフデ号が、オランダ船団の一隻だったことはよく知られている。この船団は1598年にオランダのロッテルダムから出帆した。オランダ人は1595年以降、複数の船団をアジアへ派遣していた。それまでは、ポルトガル人がアジア貿易を独占していた。オランダ人はアジアから舶載された品物を主にリスボンでポルトガル人から購入していた。しかし、スペインに対する独立戦争のため、当時スペインと併合されていたポルトガルへの買い付けの道が閉ざされてしまった。

オランダ人が打開策としてとったのは、直接アジアへ赴くことだった。最初はロシアの北方を通る北極海航路を探すために、3回にわたって船団を派遣したが、3回とも失敗に終わった。ついに1595年に北極海航路ではなく、喜望峰経由でアジアへ渡航する船団が派遣された。この船団はコルネーリス・デ・ハウトマンの指揮下におかれ、4隻から構成された。1597年にオランダに戻ったこの最初の船団の派遣は利益にはつながらなかったものの、アジアとの直接貿易が可能であることをオランダ人に知らしめた。
ハウトマン船団の成功に触発され、次々と船団がアジアに派遣された。アダムスが乗船したハーゲン船団は5番目の派遣船団に当たる。なお、オランダの船にイギリス人が乗船しているのは珍しいことではなかった。スペインに対する戦争においてオランダ人とイギリス人は戦友として戦っていた。また、同様に、イギリスの船にも多数のオランダ人が乗船していた。

この時期、次々とアジアへ赴くオランダ諸船団の派遣は各回そのときかぎりの事業であった。船団がオランダに戻れば、利益が分配された後、事業は解散された。たとえ同一の投資家が新たな派遣を準備するにしても、そのつど当座の企業組織が設立された。また、各船団は独立的に貿易を行っていたので、各船団との間に激しい競争が生まれた。その結果、アジア商品の原地での仕入れ価格が高騰し、オランダ国内の販売価格が下落していった。

オランダ当局はこの悪循環を打開するため、すべての企業を一つの巨大な会社に統合するよう働きかけた。とうとう１６０２年にオランダ東インド会社が設立された。アダムスがロッテルダムから出帆してから、わずか4年しか経っていないときであった。それまで1回かぎりの派遣で解散されていた「先駆会社」の形態とは異なり、このオランダ東インド会社は事業の継続性を図る方針で設立された。

設立当初は10年間の期間にかぎって運営するとの方針が掲げられていたが、10年が過ぎてもそのまま継続された。これにより、アジア貿易に関する包括的な戦略が可能となった。その結果、アジアに派遣された船団は、継続的な貿易を目指して、アジア各地で商館を設立した。

日本に最も近い場所に設立されたオランダ商館は、マレー半島に位置するパタニという貿易都市にあった。パタニにオランダ人がいることは、日本にとどまっていたアダムスの耳にも入った。家康への働きかけによって、リーフデ号の船長だったヤーコブ・クワケルナックと商務員メルヒヨル・ファン・サントフォールトが１６０５年にパタニに渡航する許可を得た。彼らはオランダ人に対して自由貿易の許可を与える家康からの特許状や書状を携え、最終的にオランダ船団のコルネーリス・マテリーフ提督に届けた。間接的ではあるが、これはアダムスとオランダ東インド会社との最初の連絡となった。

この連絡をきっかけにパタニ商館長ヴィクトル・スプリンケルが１６０８年に家康宛の書状をアダムスに取り次いでもらったことはよく知られている。スプリンケルより家康宛およびアダムス宛の書状の控えは、今回発見したアダムス宛４通の書状と同じ綴帳に所収されている。にもかかわらず、これらのスプリンケルの書状の存在だけがすでに把握されていたのはなぜなのか。それは、ファン・ダイクというオランダの歴史家が『ウェメル・ファン・ベルヘムの生涯中の６年間——初期日蘭関係論付』のなかでスプリンケルの両書状のオランダ語現代語訳を掲載していたからである。同書は１８５８年に刊行されたので、スプリンケル書状の存在は早い段階で知られていたことがうかがえる。

また、ドイツ人のオスカー・ナホッドは上述のファン・ダイクの現代語訳をもとにアダムス宛の書状のドイツ語訳を大著『十七世紀日蘭交渉史』（原著、１８９７年刊）に掲載している。このドイツ語訳は１９５６年に日本語に訳され、日本人研究者にも提供された。一方、ウィーデルというオランダの歴史学者が『マヒュとコルデスの渡航』のなかで初めて正確な翻刻を掲載している。１９２５年に刊行された同書は3冊から成り、第3冊にリーフデ号の日本到着に関する多数の史料の翻刻が掲載されている。アダムス研究において同書は基本的参考書の一つである。

家康に宛てたスプリンケルの書状では、オランダ東インド会社が日本に船を派遣していないことを陳謝している。また、その理由としてはアジアにおけるイベリア人との戦争を挙げている。一方、アダムス宛の書状では、家康宛の書状および贈物をアダムスの手で家康に渡し、家康がすべてについて十分理解できるように、日本語に翻訳してくれるように依頼している。アダムス宛書状の内容から、スプリンケルはアダムスのことをファン・サントフォールトを通じて知ったことがわかる。また、アダムスが家康の寵愛を受けていること、家康がオランダに対して自由貿易の許可を与えてくれたのはすべてアダムスの努力の賜物であることも認識していた。

このスプリンケル書状は現存するオランダ東インド会社文書のなかでの最初のアダムス関係文書である。その意義は、オランダ東インド会社が日本へ船を派遣する以前にもオランダ人がアダムスの存在を把握していたのみならず、日本との貿易交渉におけるアダムスの重要性を認識していたことを示す史料だというところにある。

次にオランダ東インド会社文書にアダムスへの言及がみられるのは、会社がローデ・レーウ・メット・ペイレン号およびグリフィユーン号という2隻を日本に派遣した1609年である。

オランダ人による通商許可の獲得

2隻は7月1日と2日にそれぞれ平戸に到着した。このとき家康に謁見するために駿府へ赴いたオランダ使節ニコラス・ポイクの日記の写本が現存する。同日記はカルルスルーエのバーデン地方図書館が所蔵している（Opstall 1972）。この日記には、オランダ人が家康から日本での通商許可を得た経緯について記されている。

駿府においてオランダ使節は家康に歓迎され、わずか1週間で家康からオランダのマウリッツ公宛書状と朱印状を獲得した。異例のスピードである。この快挙については、「使節に同行した」アダムスの仲介による成果だったとの記述がアダムス関連書籍に散見される（Rogers 1956ほか）。しかしながら、日記によると、オランダ使節が駿府で家康に謁見したときに、アダムスはその場にいなかった。アダムスがオランダ人を出迎えに平戸に向かったところ、オランダ使節と行き違いになってしまったのであった。アダムスが平戸から駿府に向かうときにはオランダ使節はすでに帰路の途についていた。アダムスの代わりに、オランダ船来航時にたまたま長崎に居合わせていたファン・サントフォールトがポイク使節に同行し、謁見の際に通訳を務めた。こうして、オランダ人はアダムスの助力なしに、家康から通商の許可を得た。

では、なぜオランダ人による通商許可の獲得をアダムスの功績にする傾向があるのだろうか。その傾向を引き起こしたのは、ジャワ島バンタンにあったイギリス東インド会社の商館員オーガスティン・スポルディングに宛てたアダムスの１６１３年1月12日付の書状の内容である。同書状には次のことが書かれている。「オランダ人が今居留しているが、私は彼らのためにその免状を得た。これはスペイン人とポルトガル人が日本にいるこの50〜60年で得たことがない」。

アダムスが家康とポイクとの間の仲介を行ったとされる説は、上記のアダムスの書状の記述に基づいている。アダムス研究の第一人者である岡田章雄は『三浦按針』でこの矛盾について次の仮説を立てている。それは、謁見時にアダムスが駿府にいなかったとしても、「家康が側近に彼を用いたという事情が、そしてアダムスの言葉を通じて家康がオランダ人に寄せていた好感が、この謁見を和やかな空気の中に運んだ」という間接的な貢献をアダムスが書状で主張していたという解釈である（岡田１９８４）。ただ、この解釈には疑問が残る。これについては次項で述べることとする。

　まず、いったんポイクの日記に戻り、そのなかでアダムスについてどのように記されているかについてみていきたい。帰路のポイクは瀬戸内海を通過中、９月４日に牛窓で駿府に戻る途中のアダムスと出会った。そこでしばらく談話した後、オランダ人のことを家康に推奨してくれるよう、また当地（日本）に残す人員と良好な文通を行ってくれるようポイクはアダムスに依頼した。それに対して、「私はオランダ人の友であり、オランダを祖国と思っている」とアダムスは答え、今後も良好な関係を結ぶことを約束し、別れた。

　ポイクは９月13日に平戸に到着した。早速委員会が招集され、家康から自由貿易の許可を獲得したため、平戸で商館を設立することが決定された。初代オランダ商館長には、当時20歳だった若きジャック・スペックスが任命された。10月２日にオランダ船は平戸から出帆し、日本を離れた。スペックスは助手３人および少年１人とともに平戸に残った。平戸オランダ商館関連文書をみるかぎり、それから２年後の１６１１年まで、アダムスとオランダ商館との連絡はなかったと思われる。この時期にオランダ船は来港していないうえ、スペックスも平戸から動けなかった。販売できる商品もほとんどなく、結局２人の助手をジャンク船でシャムへ派遣した。また、日本との貿易の助言においてファン・サントフォールトに頼っていたことは、この時期の状況についてシャム商館長に対して報告するスペックスの書状の内容から明らかである（ジャック・スペックスよりランベルト・ヤーコプセン・ヘイン宛書状、平戸、1610年11月）。

日蘭交渉におけるアダムスの功績

1611年7月1日にようやくオランダ船1隻が少しばかりの商品を積んで平戸に入港した。スペックスは日本の慣例に従って、船の到着に伴い、家康へ謁見しに行く準備に取りかかった。それをきっかけに、スペックスは2年ぶりにアダムスに連絡を取ることにした。7月5日に、アダムスに書状を書き、2年前のポイク使節のときのように行き違いにならないように、オランダ人を迎えに来ないで、駿府にてオランダ人の到着を待つようにと、速達にて依頼した。スペックスがアダムスに連絡を取った理由は、家康から有利な貿易条件を獲得するうえで、アダムスに助力してもらうためであった。

1609年に自由貿易の許可をすでに獲得したのに、なぜさらなる交渉が必要だったのか。それは、ポルトガル人と同じ制限が課せられることをオランダ人が恐れていたためである。平戸に到着した時点からオランダ人は日本の貿易事情について情報収集に励んだ。そこで、ポルトガル人が長崎にて長崎奉行の管理の下で貿易を行っていることがわかった。また、舶載する商品の価格設定は自由競争ではなく、長崎奉行によって定められていた。このように、ポルトガル商人には自由に商品が売却できる環境がなかった。

オランダ人は長崎奉行の介入をいっさい受けずに、自分自身で商品を管理し、最も高い値段を提示する買い手に自由に売却できる特権を獲得しようとした。長崎奉行はいわば家康の代理であり、幕府内で外国貿易を管理する担当者だったので、特別に申し出なければオランダ人も長崎奉行の管理下におかれるはずだった。特権の獲得には、家康に影響力のあるアダムスの助力が必要だった。スペックスは日記でアダムスについて次のとおりに記している。「このアダムス氏は、その学識および誠意のために、皇帝陛下〔家康〕によって王子や有力者のように非常に高い身分として評価され、扱われている。彼は陛下と口頭で非常に親しく面談できる。これはほとんどの人々に許されていないので、われわれにとって大きな支えである」（スペックスの参府日記、１６１１年７月５日条）。

このように、家康に対するアダムスの影響力はスペックスによって非常に高く評価された。この時点ではアダムスが家康と面談する様子をオランダ人は直接見たわけではないので、おそらくファン・サントフォールトの助言に基づく評価だろう。とはいえ、ポイクが家康に謁見したときや平戸藩主と面談したときにアダムスのことが話題になり、交渉を進めるうえでのアダムスの重要性についての認識がオランダ人の間で高まったことも想像に難くない。

１６１１年の駿府と江戸への参府、そして自由貿易の特権にまつわる幕府当局との交渉については、スペックスの参府日記に詳細に記録されている。そのなかにアダムスとの会話やアダムスの行動についても記述されている。日記の原本は現存していないが、アムステルダムの出版者イザーク・コメリンが出版した『東インド会社の起源と発展』（Commelin 1646）に掲載されているので、その内容は現在に伝わっている。

東インド会社が文書の流出を禁止するなかで、コメリンは東インド会社関係者から複数の良質な史料を入手し、それを刊行した。そのなかにスペックスの参府日記も含まれている。原本がないので、スペックスの日記がどれだけ正確に転載されているのかは照合できない。しかし、同書に掲載されているほかの日本関係史料を見ると、原本や写本が現存しているものもある。それらを調べた結果、転載が正確に行われていることがわかる。また、コメリンが翻刻部分をゴシック体、注釈部分をローマン体で区別していることも、原文を忠実に転載したことを示唆している。したがって、『東インド会社の起源と発展』に掲載されているスペックスの参府日記は、一次史料としての信頼性が高いと判断することができる。一次史料としての位置づけが確立している以上、アダムスの言動について詳細な記述が含まれている日記であるだけに、アダムス研究にとってきわめて貴重な史料である。

スペックスの参府中におけるアダムスの行動については、拙著『ウィリアム・アダムス――家康に愛された男・三浦按針』（２０２１年）で詳しく記述しているので、本章ではアダムスによるオランダ人と幕府当局との間の仲介についての部分のみを簡単にまとめるにとどめる。アダムスがスペックス一行と合流したのは、駿府からさほど遠くない鞠子の地点である。すでに駿府に到着し謁見も成し遂げたスペイン人とポルトガル人の動きについて、アダムスはスペックスに報告し、一緒に駿府へ向かった。そこでは、オランダ人の要望が認められるよう、家康の側近であった後藤庄三郎と本多正純に対して先に根回しを行い、実際の交渉の際も積極的にオランダ人のための弁明を行った。

8月17日にスペックス一行がアダムスに案内される形で駿府城に登城し、和やかな雰囲気で家康に謁見した。謁見は交渉の場ではないので、自由貿易の特権は話題に出されなかったが、謁見が終わると、スペックスはすぐにアダムスの助けを得て、自由貿易に関する請願の内容を書面に認めた。その日本語訳をアダムスが正純に渡しに行った。このように交渉の前段階が終わり、スペックス一行はアダムスとともに江戸に赴いた。江戸で秀忠に謁見した後、一行は浦賀経由で駿府に戻った。

8月29日に駿府に到着した一行は通商を許可する朱印状は入手できたが、自由貿易の免状は用意されていなかった。わざわざ明文化するほどのものでもないとの見解を幕府側が示した。これを受けて、確実な免状の獲得を切望していたスペックスはふたたびアダムスの助力を借りて、オランダ人の請願書をもう一度日本語で書き留めた。9月1日にアダムスは正純のところに赴き、それを渡した。正純はアダムスにその請願書を返し、翌日駿府城で家康のところで会おうと約束した。また、アダムスがその請願書を手元に持っておいて、もしも家康の機嫌がいいと察知し、機会があれば、その請願書を見せればいいと勧めた。

9月2日正午ごろに、アダムスは正純の助言に従って、請願書を携えて登城した。良い時機に到着したので、家康はオランダ人の請願について聞き入れた。そして、家康はすぐに免状を作成させ、慣習に従って、それに自ら押印し、アダムスに渡した。このようなアダムスの努力により、オランダ人は自由貿易の免状を獲得した。

以上の経緯からわかるように、この免状の獲得は並大抵のことではなかった。なぜなら、これには日本側から貿易管理権の放棄という大きな譲歩が伴っているからである。現代の状況に照らし合わせると、オランダ人は、税関を飛ばして日本国内市場に直接参入することができるという特権を得たことになる。従来の研究では、アダムスがオランダ人を家康に紹介し、日蘭貿易の開始に寄与したと認識されてきた。しかしながら、前述のとおり、最初にオランダ人が通商の許可を得たときはアダムスがその場に居合わせていなかった。一方、スペックスの参府日記を分析した結果、国内経済において重大な影響を及ぼすともいえる、オランダ人の日本国内市場への参入許可は、アダムスの交渉術の成果であることが明らかとなった。

つまり、アダムスがスポルディング宛書状で記した「私は彼らのためにその免状を得た」という文章は、まさしく上述の自由貿易の免状の獲得に向けての助力を指している。したがって、「その免状」を１６０９年のオランダ人が獲得した通商の許可と混同することは誤りである。また、その２年後の１６１３年にイギリス東インド会社司令官ジョン・セーリスが来航した際に、アダムスはイギリス人のためにもオランダ人と同条件の自由貿易免状を獲得するという快挙を成し遂げた。一方、アダムスも同書状で書いているとおり、スペイン人もポルトガル人もそのような特権の獲得に成功しなかった。したがって、オランダ・イギリス両国の免状獲得はアダムスの功績とすべきである。

アダムス宛書状の新発見に至った経緯

スペックスの参府日記によると、免状獲得後にアダムスはスペックス一行と一緒に平戸へ赴いた。一行は9月3日に駿府を発った。京都に立ち寄り、アダムスの仲介のもとで、西日本の諸大名を管理監督する京都所司代の板倉勝重への謁見を行った。大坂からは小型船に乗り換え、瀬戸内海を通って平戸へ向かい、19日に平戸に到着した。アダムスはしばらくそこにとどまり、停泊していたオランダ船の乗組員たちと交流した。

これまでの研究では、9月に平戸に到着してから、イギリス船が平戸に入港する1613年6月までの間のアダムスの動向については不明だった（森2020）。ところが、スペックスからアダムスに宛てられた4通の書状控えを筆者が新たに発見したことにより、同時期におけるアダムスの足取りの空白期間を埋めることができた。発見された4通の書状の書誌は次のとおりである。

①ジャック・スペックスよりウィリアム・アダムス宛書状、平戸、1612年4月5日
②ジャック・スペックスよりウィリアム・アダムス宛書状、平戸、1612年6月8日
（同書状の日付は1611年6月8日となっているが、「1611年」は誤記である）
③ジャック・スペックスよりウィリアム・アダムス宛書状、平戸、1612年6月20日
④ジャック・スペックスよりウィリアム・アダムス宛書状、平戸、1612年8月25日

これらの書状控えは上述のとおり、ハーグ国立文書館所蔵オランダ東インド会社文書史料群のなかに含まれる一冊の綴帳（整理番号1.04.02:1054）に含まれている。同綴帳にスプリンケルより家康宛書状およびアダムス宛書状が含まれているのに、なぜスペックスの4通の書状についてはこれまで知られていなかったのだろうか。その理由を知るためにまず綴帳の性格について把握する必要がある。

同綴帳は、1607年から1612年までの間にアジアの各商館で作成されたさまざまな書状や書類の写しや控えをアジアから帰還するオランダ東インド会社の艦隊が持ち帰った後に、オランダ東インド会社の重役の参照用としてオランダ本部で整理合綴されたものである。綴帳に含まれる各文書は、

関連商館分ごとにまとまって配置されている。パタニ商館、コーリコード商館、シャム商館、日本商館、ジョホール商館という順番で各商館ごとに文書が仕分けられている。同綴帳には約1500ページ分の文書が含まれている。統一したページ付けはないが、文書のまとまりごとに独自のページ付けのあるものもみられる。

　前述のスプリンケルのアダムス宛書状控えはパタニ商館関連文書のまとまりに集められている。一方、新発見のアダムス宛書状は平戸オランダ商館関連文書のまとまりに集められている。また、新発見のアダムス宛書状には送信元も宛先も明記されていない。唯一記されている情報は記述場所と日付のみである。その上、どうやら下書きとして書かれている控えであるので、正式な書状としての体裁がきちんと整っておらず、くずし字が解読しづらい。さらに、日付の誤記がみられ、丁の綴じ順序に間違いがある関係で、送信元と宛先を特定することは容易ではない。それゆえに、これらの書状がアダムスに宛てられたものであることが知られておらず、研究対象とならなかったわけである。

　筆者は、2015年以来、勤務先の国際日本文化研究センターとオランダのハーグ国立文書館およびライデン大学文学部と共同でハーグ国立文書館所蔵平戸オランダ商館関連文書の調査を行ってきた。その一環として、平戸オランダ商館について研究している妻クレインス桂子と二人でこれらの文書の和訳に取り組んでいる。今回のアダムス宛書状は和訳作業を進めているときに発見した。和訳しているうちに、書状の内容から、家康に面会できる人物に宛てられたことがわかった。しかし、その時点で宛先がアダムスであるとの確証はなかった。

　ようやく確証が得られたのは、マティアスというスペックスの助手に宛てられた1612年6月8

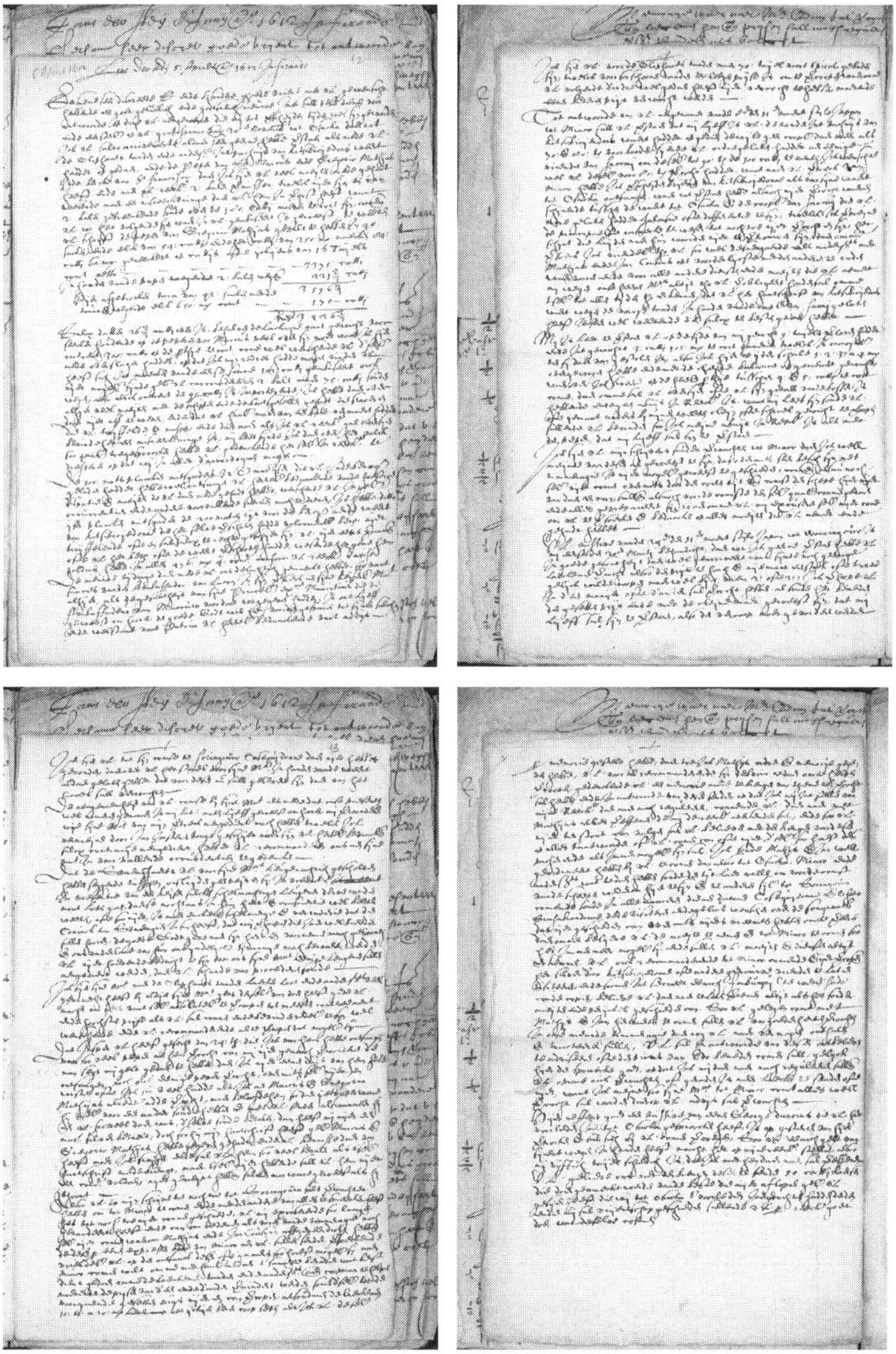

図1　ジャック・スペックスよりウィリアム・アダムス宛書状、平戸、1612年4月5日（ハーグ国立文書館所蔵）

日付の書状の和訳に取りかかったときだった。スペックスはマティアスを大坂に派遣していた。このマティアス宛の書状において、スペックスはアダムスとの間のやりとりについて詳細に書き記している。マティアスへの書状の内容とアダムス宛の書状の内容が一致していることを手がかりに、上述の４通の書状控えとの関連性を見出し、それらがスペックスよりアダムスに宛てられたものであるとの発見につながった。

これらの書状控えの多くは、スペックスがアダムスから受け取った書状に対する返答である。アダムスから送付された書状は現存していないが、スペックスが記した内容から、アダムスがいつ、どこから書状を発信したかがわかる。それは、スペックスがアダムスの書状内容の要約を書き記してくれているおかげである。これにより、現存していないアダムスの書状の内容までもが把握できる。

１６１１年におけるアダムスの動向

１６１２年４月５日付の書状①からは１６１１年後半のアダムスの動向がわかる。この書状の内容はスペックスがアダムスから受け取った３通の書状に対する返答である。アダムスから送られた３通の書状は現存していないが、前述のとおり、スペックスが記した書状の内容から、アダムスがいつ、どこから３通の書状を発信したかがわかる。それら各書状の発信場所・日付は次のとおりである。

Ⓐ大坂にて、１６１１年11月28日付
Ⓑ京都にて、１６１１年12月11日付（原文では、和暦11月８日と表記）

Ⓒ駿府にて、1611年12月27日付（原文では、和暦11月24日と表記）

スペックスの書状の書き方の特徴として、アダムスからの書状の内容を要約したうえで、それに対する返答や意見を述べるという形が取られている。そのため、スペックスの書状を通じて、元のアダムスの書状で記されていた内容を把握することができる。

まず、アダムスの1611年11月28日付の書状Ⓐでは、アダムスが大坂に無事に到着したこと、また、預かっていた象牙およびほかの品物をキチビョウエ殿の宿主の蔵に収めたこと、そして、マルクスとグレゴリオ・マティアスという二人のヨーロッパの商人のための胡椒を聖フランシスコ教会に納めたことが報告されている。さらに、アダムスがスペックスの注文に応じて、松材の板100枚および鉄3万2000匁、米200俵を小型船に積んで大坂から平戸へ送ったことも伝えられている。

この書状の内容からは、アダムスがオランダ東インド会社のためにさまざまな商品を大坂へ運び、日本人やヨーロッパ人に届け、その販売にも積極的に関わっていたことがわかる。また、アダムスの書状には商品の配達や大坂で得た海外情勢に関する情報についての詳細な記述もあるので、大坂に到着して数日経った時点で書かれた書状であると推測される。平戸から大坂までは船で行くのが通常であった。商品を運ぶときは特にそうである。瀬戸内海を通る旅は2ないし3週間かかる。スペックスの参府日記からは、オランダ船が平戸から出帆したのは10月28日だったことがわかる。以上の情報を考え合わせると、アダムスが平戸を発ったのはオランダ船の出発直後の11月上旬で、大坂に到着したのが11月下旬だったことは確実である。

アダムスの１６１１年12月11日付の書状Ⓑからは、アダムスがしばらく大坂と堺でオランダ東インド会社のための商業活動を行った後に京都へ赴いたことがわかる。そこでスペックスの書状を待った。もともとスペックスは京都でアダムスと合流することになっていたのだが、平戸での商館建設に多忙だったため、平戸から離れられなくなった。スペックスの便りが来ないので、アダムスは京都から駿府に向けて出発した。

アダムスの１６１１年12月27日付の書状Ⓒの冒頭には、アダムスが「浦賀」に到着したと書かれているが、さらに読み進めると、すぐその下に「駿河」との記述が見えるほか、書状の内容を精査すると、「浦賀」は「駿河」の誤記であると断定できる。また、その書状において駿府での出来事について詳細に書かれているので、アダムスが駿府に到着したのは、12月27日の少なくとも数日前のはずである。京都から駿府は陸路で約５日かかっていたので、アダムスが京都に１週間ほど滞在してから駿府に向かったことが推測される。

駿府でアダムスはまず登城して、家康に謁見した。その際に家康に大歓迎された。スペックスから預かった贈物を献上すると、それらは家康に快く受け取られた。また、平戸オランダ商館の状況について家康に報告もしていると思われる。このとき、スペックスが出国したとの噂が駿府で広がっていたようである。日蘭貿易が軌道に乗ることを担保するために、次のオランダ船が到着するまでスペックスには出国が禁じられていた。スペックスの出国の噂をアダムスが否定したことについてスペックスがその書状で感謝を述べている。

また、アダムスが駿府に到着したときに、マニラから来航したスペイン使節ドミンゴ・フランシスコによる家康への謁見についての情報を得た。イエズス会士ヴァレンティン・カルヴァリョの１６１５年２月８日の報告書によると、１６１０年前後にスペイン人がマニラから長崎へ船を派遣するようになった（Pagés 1870）。『駿府記』には「ルソン人」が慶長16年９月15日（１６１１年10月20日）および10月３日（１６１１年11月７日）の２回にわたって家康に謁見したと記されている。このとき、アダムスはまだ平戸にいた、あるいは大坂に向けて平戸から出発したばかりだった。

オランダ人は１６０９年と１６１１年の謁見に際して、スペインとオランダとの間に平和条約（いわゆる「十二年停戦協定」）が結ばれたと家康に伝えていた。１６１１年にはアダムスも加わり、この事実を後藤庄三郎に強く主張した（スペックス参府日記、１６１１年８月17日条）。これに対して、スペイン使節は、家康への謁見の際、それを否定しながら、アダムスを家康の面前で嘘つきと非難した。このことを知ったアダムスはかなり動揺したようである。「貴殿に害が及ぶような、何らかの嘘を我々が皇帝殿下〔家康〕に付くようなことを貴殿は心配しなくてよい」とスペックスはアダムスに安心できる言葉をかけている。

スペックスの書状①にみられる内容は、主に商品売買関係のものであるが、このほかに、秘密裡に佐渡の灰吹銀の入手方法を調べてくれるようにとの依頼をしている記述もみられる。アダムスは指示どおりに調べたのだろうか。スペックスがその半年後の１６１２年11月２日に在パタニのオランダ商館長ヘンドリック・ヤンセンに宛てた書状では、佐渡島の純銀については貨幣鋳造専用のものであり、それを輸出するのは非常に厳しくかつ固く禁止されているため、当てにできないと記している。この記述からは、スペックスから依頼された佐渡の銀についての情報を得るために、生真面目なアダムスは秘密裡に調査するというような怪しい行動は取らずに、幕府高官であり友人の後藤庄三郎や本多正純に公に問い合わせたであろうことが思い浮ぶ。上記のような回答を得て、それをそのままスペックスに伝えたのだろう。

1612年におけるアダムスの動向

スペックスがアダムスに送った１６１２年6月8日付の書状②は、アダムスから受信した１６１２年4月29日付（原文では、和暦3月29日と表記）の書状への返答である。書状①と同様に、アダムスがオランダ東インド会社のために行った取引に関して報告している内容が主となっている。このなかで特記すべき点は、アダムスが「王」に10万９０００匁分の鋼鉄および砂鉄を届けたという記述である。オランダ側史料に「王」と記されている場合、徳川秀忠を指すが、この取引が駿府にて家康の側近である本多正純を通じて行われたことからすると、購入したのは家康だったと推察される。あるいは、家康が将軍・秀忠の代理という名目上の資格で購入したのかもしれない。

アダムスがオランダ商館の鋼鉄と砂鉄を幕府側に届けて、その代金を回収したという事実は、アダムスがオランダ東インド会社と徳川幕府との間の取引を仲介していたことを示している。鉄は豊臣家との戦争準備として一足先に家康によって購入されたのだろうか。

鉄の取引のほかにアダムスはスペックスから預かったオランダ産毛織物も駿府に持ち込み、その売却を試みた。しかし、値段設定が高すぎて、買い手が付かなかった。値段を下げることを促すスペックスからの書状が複数回にわたって届いたのに、アダムスは定価以下で売却しようとしなかった。アダムスが商売において柔軟に動かなかった記述は、オランダ側史料だけでなく、イギリス側史料にも見受けられる。時間が経っても毛織物が売却されないので、スペックスは、販売においてアダムスを補助するためにマティアスとヤン・コゼインスという２人の助手を派遣することを決めるほどだった。

　アダムスはスペックスに宛てた４月29日付の書状において、取引に関する報告だけでなく、スペイン人による毛織物販売の状況およびその直前に発布された禁教令に関する情報も伝えた。後者については、「日本で少なからぬ衝撃を引き起こし、多くのことに大きな変化をもたらすだろう」と記されている。この文章は、スペックスがアダムスの書状からそのまま転載した可能性が高い。家康が示した政策の方向転換に対するアダムスの動揺を見事に表している。

　キリシタン弾圧のきっかけは、その前年のスペイン大使セバスティアン・ビスカイノの江戸湾測量に注意を促したアダムスから家康への警告だったということが、信頼のおける複数のスペイン側史料やイエズス会史料に書かれている。日本国民をキリスト教徒に改宗させてから、それらのキリスト教徒と共謀してスペイン軍が日本を征服するだろうと警告する内容だった（「日本国王へのスペイン使節」１６１５年、「ヴァレンティン・カルヴァリョ弁駁書」１６１５年ごろ）。その直後に駿府城にキリシタンが多くいることが発覚し、家康はキリシタン弾圧に踏み切った。

　しかしながら、前述の書状からは、アダムスが禁教令に動揺していることが明らかに読み取れる。アダムスがスペインによる侵略の危険性および宣教師の裏工作について警告したことが事実だとしても、家康をキリシタン弾圧へ導くことは必ずしもアダムスの忠告の真意ではなかったことが推察される。

なお、同書状において、スペックスが１６１１年に家康から贈られた刀をアダムスが預かっているという記述もみられる。その刀はスペックスが１６１１年に謁見を終えてすでに駿府を発った後に家康から贈られた（ジャック・スペックスより十七人会宛書状、１６１３年8月2日）。『駿府記』や西洋側史料をみると、家康や秀忠が外国の使節に頻繁に刀を贈呈していた。これは、外交をそれだけ重視していたことを示唆する。また、最終的にスペックスに届けるためにその刀をアダムスが預かったことは、外交の仲介者としてアダムスに寄せられた信頼を物語る。

一方、スペックスは、書状②のなかで、アダムスに対して、平戸藩主・松浦隆信が駿府に到着した際に、オランダ東インド会社の代理として、銀６０００匁を支払うよう依頼している。そして、この金額は、アダムスが預かっているオランダ東インド会社の商品の売掛代金から差し引くようにとの指示も書かれている。続く１６１２年６月20日付のスペックスからアダムスへの書状③には、上記の平戸藩主・松浦隆信への銀６０００匁の支払い依頼についての詳細な説明が記されている。また、スペックスはアダムスに対して、平戸藩主およびその家臣たちに対してできるかぎりの友情と敬意を示してくれるようにとも頼んでいる。この書状の裏面には、アダムスに宛てた６０００匁の為替手形および１０００匁、２０００

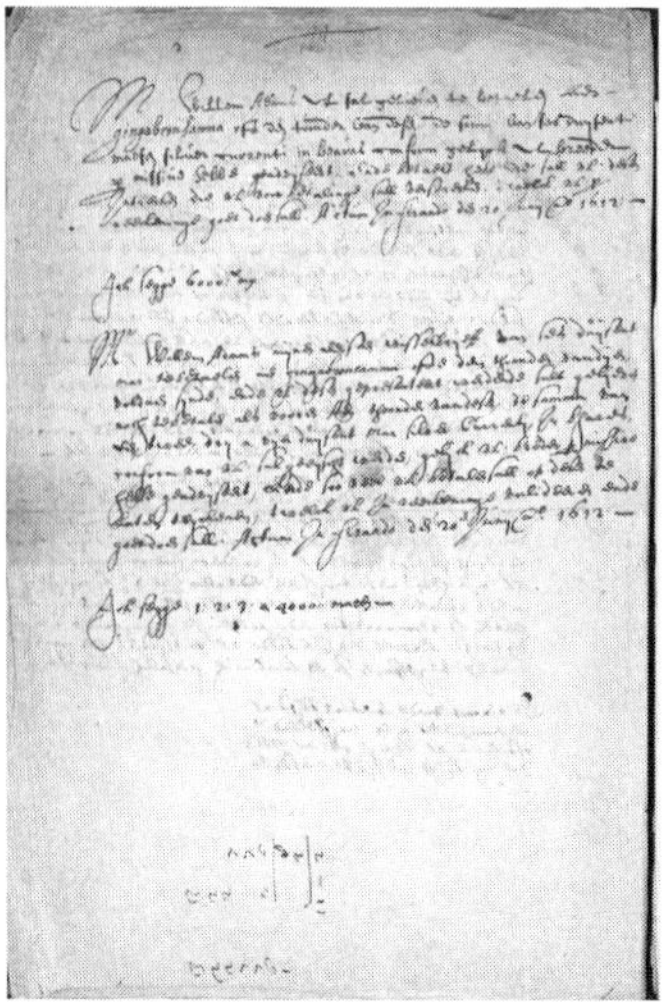

図2　1612年6月20日付平戸オランダ商館長よりアダムスに宛てた為替手形の控え（ハーグ国立文書館所蔵）

0匁、3000匁、4000匁の為替手形の控えもみられる。

以上のように、アダムスがオランダ商館のためにさまざまな形で尽力していたことが明らかとなった。また、これらの書状において、アダムスが仲介手数料を得ていた、あるいは自分が販売するために商品をオランダ商館から購入したというような記述はみられない。したがって、アダムスはオランダ商館に雇用され、報酬を受けていたと推定できる。これは、アダムスが翌年の1613年にセーリスと交渉したイギリス東インド会社との契約書の内容と合致する。その契約書に「フランドル人〔オランダ人のこと〕が彼を当地で最初に雇用した時に〔一月当たり〕15ポンドを支払ったと〔アダムスが〕言った」（Farrington 1991）と記されている。今回新たに発見したスペックスからアダムスへの書状における情報は、このことを裏付けると同時に、その具体的な仕事内容も示している。

1612年8月25日付スペックス発アダムス宛書状④は、アダムスにオランダ船〔ローデ・レーウ・メット・ペイレン号〕の到着を知らせるために書かれたものである。同書状で、来航したオランダ船の積荷、とりわけ家康が依頼した大砲数門、テーブルクロス、石鹼、鉛などについて説明した後に、スペックスは、オランダのマウリッツ王子およびオランダ東インド会社の総督から家康と秀忠に宛てられた書簡が届いたことにも言及している。

このほか、同船を通じてアダムスのイギリスの妻〔メアリ・ハイン〕およびほかの友人たちからの書状も平戸オランダ商館に届いており、それらをアダムスに渡す予定であるとのことも伝えている。さらに、リーフデ号の元乗組員の一人であるアドリアーン・コルネーリセンの再来日についても記されている。

また、スペックスは同書状で、オランダ人が駿府で家康に謁見に行くことを告げ、謁見に際しての協力を依頼している。それに関連して、長崎に到着したスペイン人とポルトガル人の使節がオランダ人よりも前に駿府に到着した場合、彼らの主張を否定してくれるようにとも頼んでいる。

スペックスが心配していたとおり、スペイン人とポルトガル人の使節の方が先に駿府に到着した。前年と同様に派遣されたマニラのスペイン使節ドミンゴ・フランシスコは1612年9月25日に家康に謁見した（『異国日記』）。謁見の際、アダムスも同席したと思われる。前述のとおり、その前年にフランシスコは家康の面前でアダムスが嘘つきであると中傷した。そのときアダムスは不在だった。今回の謁見ではじめて顔合わせした二人が胸中にどのような思いを抱いていたのか。オランダ側史料にはこの対面について記録されていないが、イエズス会史料には言及がある。

イエズス会士のヴァレンティン・カルヴァリョの「弁駁書」によると、「1612年のこと、前述のアダミ〔アダムス〕は、マニラ使節として内府〔家康〕の政庁に赴いたドミンゴ・フランシスコに対し、次のような言葉を述べた。今から3年後には日本にパードレが一人もいなくなることを貴下は知ることになるであろう、と。ドミンゴ・フランシスコは、やはり使節としてマカオから、同市のことおよび通商に関することで内府のところへ出かけたオラティオ・ネレッティに、そのことを話した」。

この引用におけるこのアダムスの強い口調で述べられた言葉をどのように解釈すべきか。前述のとおり、スペイン人は、アダムスの助言がキリシタン弾圧を引き起こしたと考えていた。この引用はその説を裏付けているようにみえる。確かに、アダムスはスペイン人による江戸湾測量の危険性を家康に指摘し、宣教師の活動に疑いの目を向けさせた。しかし、この引用からアダムスがキリシタン弾圧を積極的に仕向けたとまで言い切れるのか。この時点ですでに禁教令が発布されていた。家康の側にいたアダムスは駿府における政治的な空気を十分読んでいたはずだ。フランシスコと口論になったときに、キリシタン弾圧について、自分が感じた駿府の「空気」を素直に伝えただけではないのか。

この年、オランダ使節として駿府へ赴いたのはローデ・レーウ・メット・ペイレン号に乗船していた新商館長ヘンドリック・ブラウエルであった。彼は10月下旬に駿府に到着し、1612年10月31日に家康に謁見した（『異国日記』）。アダムスが段取りしたと思われる。ただし、1613年1月29日付のブラウエルよりピーテル・ボット総督宛書状によると、自由貿易の交渉を重ねた前年と違って、謁見自体は形式的なものだった。アダムスはブラウエルの江戸参府に同行し、浦賀にも案内した。ふたたび駿府に戻った後の1612年11月21日にブラウエルは将軍への2回目の謁見を果たし、アダムスとともに平戸に戻った。

平戸で書かれたオーガスティン・スポルディング宛書状の日付は1613年1月12日となっているので、アダムスは少なくともそれまで平戸にとどまった。スペックスを乗せたローデ・レーウ・メット・ペイレン号およびハーゼウィント号は1613年2月13日に出帆した。アダムスはスポールディングへの書状を、これらの船に乗船していたイギリス人トマス・ヒルに託したので、両船の出帆のときまで平戸にいたはずである。イギリス東インド会社の船が日本に到着した1613年6月12日時点でアダムスは駿府にいたので、オランダ船の出帆後に駿府に戻ったと思われる。

その後のオランダ人との関係

イギリス人の来航の結果、アダムスはそれまでのオランダ商館との雇用関係を終了し、イギリス商館と雇用契約を結んだ。アダムスがイギリス商館に移ったことはオランダ側に大きな痛手だった。オランダ東インド会社総督ヘラルツ・レインストは１６１５年10月26日付の書状でオランダ本部に対して、アダムスのことについて次のとおりに記している。「われわれの使節に多大な助力と友情を示し、今後も示すだろうために、そちら〔オランダ〕でイギリス人のウィリアム・アダムスの妻に対して行われた支払いの現金は、水泡に帰した。なぜなら、イギリス人がそこ〔日本〕で貿易し、商館を持っているので、彼は今、友情を示す代わりにわれわれにすべてにおいて損害を与えようとするだろう」。

この記述から、オランダ東インド会社がアダムスの奉仕の見返りとして、イギリスに残した妻メアリ・ハインに現金を支払っていたことがわかる。セーリスが日本に到着したときにアダムスが現金をほとんど持ち合わせていなかったのは、オランダ商館からの報酬の全部あるいは一部が日本においてではなく、妻に対してイギリスで支払われたからだろうか。この記述はそのような事実を示唆している。

一方、アダムスがイギリス商館に移ったことによってオランダ人の貿易に大きな損害が生じるというレインストの主張は的外れだった。アダムスはイギリス商館に尽力していたとはいえ、オランダ側の貿易を妨害したというような事実は見当たらない。むしろ、その後もオランダ商館に対しても献身的に振る舞った様子が見受けられる。イギリス人が落胆したことには、アダムスは平戸滞在中に頻繁にオランダ商館を訪れた。また、オランダ商館関連史料において、アダムスがオランダ人に友好的に振る舞う情報が所々にみられる。オランダ人との良好な関係の一例として、１６１６年のシャムのアユタヤにおけるオランダ商館長マールテン・ハウトマンとの交流が挙げられる。１６１６年にイギリスのジャンク船でシャムに渡ったアダムスは、日本人乗組員の扱いをめぐって同僚のイギリス人とギクシャクしていた。ハウトマンは１６１６年６月８日付のスペックス宛書状でアユタヤにおけるアダムスについて次のとおりに報告している。

「彼ら〔イギリス人〕は当地でアダムス氏をいくぶん低く扱っているので、彼〔アダムス〕はこれについて彼らにあまり感謝していない。これについてマテイス氏およびコルネーリス・トマセン氏は貴殿に口頭で詳細に報告するので、そちらを参考にしてください。当地においてわれわれは（会社に損害を与えることなく）同船長アダムスと良い関係を保った。彼が当地においてわれわれと一緒にいたときの彼との楽しい付き合いのことで彼に謝意を伝えてください。彼は善良で、真に誠実で、信心深い人物であり、皆と友好な関係を築こうとしている。彼が当地でイギリス人によってとても不当な扱いを受けたことを私は気の毒に思っている。しかし、その不当な扱いは彼ら〔イギリス人〕のためにはならない恐れがある。というのも、彼はもはやイギリス人のためには気軽に働かないだろうと聞いたからである」

ハウトマンが前記書状を書いた半年後の１６１６年12月23日にアダムスはイギリス商館との雇用契約を終了させた。しかし、自由の身になっても、アダムスはイギリス商館のために奉仕し続けた。一方、１６１８年にはオランダ商館のためにも尽力している。その年の7月にアダムスはオランダ使節ヤン・バルクハウトの江戸参府に同行した。この時期に蘭英関係が悪化の一途を辿ったが、アダムスはどちら側にも付かず、両方のために尽くした。

空白期間の解明

これまでに知られていたアダムス関連史料としては、まずアダムスの発信書状11通が挙げられる。さらに、アダムスの航海日誌4冊、イギリス東インド会社の雇用契約書、遺書、アダムスの受信した書状7通についても知られていた。これらの史料のほか、１６１１年のスペックスの参府日記、イギリス東インド会社司令官セーリスの航海日誌、平戸イギリス商館長日記などの史料を加えると、おおよそのアダムスの動向を再構築することができる。しかし、１６１１年から１６１２年までの間のアダムスの動向については、これまで手がかりとなる史料がほとんどなかった。今回のオランダ側史料における発見によって、アダムスの足取りの空白期間を埋めることができた。

１６１１年と１６１２年のアダムスの活動をまとめると次のとおりになる。１６１１年にオランダ商館長スペックスが駿府で家康に謁見したときに、アダムスは自由貿易をめぐる交渉を仲介役として積極的に進めた。その後、アダムスはスペックス一行に同行し、江戸で秀忠に謁見し、浦賀を経由して、駿府に戻った。駿府では、アダムスはオランダ人のために自由貿易の免状を獲得した。続いて、アダムスはスペックスと一緒に平戸へ赴き、そこでしばらく滞在した。平戸にいる間にオランダ商館と何らかの雇用契約を結び、１６１１年の秋に平戸から出発して、オランダ東インド会社の商品を携えて、大坂と京都を経由して駿府に戻った。

翌年の１６１２年の春には駿府においてオランダ東インド会社の代理として、幕府に鉄の大口取引をまとめ、オランダ産の毛織物などの商品販売も行った。秋にはマニラのスペイン使節フランシスコと対面した。さらに、新たに就任したオランダ商館長ブラウエルの謁見を補佐し、江戸にも同行し、秀忠への謁見後、浦賀を案内した。その後、駿府でブラウエルの2回目の謁見に協力し、平戸へ赴いた。１６１３年の春にふたたび駿府に戻り、セーリスの日本到着までそこにとどまった。

以上が、オランダ側史料をもとに再構築したアダムスの１６１１年から１６１３年にかけての動向である。これにより、アダムスはこの時期、日本国内においてオランダ商館の代理として活発な売買活動を行っていたことが明らかとなった。さらに、アダムスがスペックスと密接に文通を行い、禁教令、スペイン人やポルトガル人の動向についての詳細な情報をスペックスに伝えていたこと、また、家康に世界情勢に関する情報を伝えて、スペイン人のもたらす情報を否定したという実態も浮かび上がった。

＊本稿は科学研究費助成事業「近世初期における日蘭関係の構造に関する基礎的研究」（課題番号19K01010）の助成を受けて行った研究の成果である。オランダ側史料を保管しているオランダのハーグ国立文書館の協力を受けた。また、シンティア・フィアレ氏にはレインストの書状におけるアダムスへの言及について教えていただいた。妻桂子は、原稿を綿密に校閲し、読みやすい文章にした。改めて厚く感謝申し上げる。

参考文献

以心崇伝『影印本異国日記』東京美術、１９８９年

岡田章雄『三浦按針』思文閣出版、１９８４年

ヴァレンティン・カルヴァーリョ「弁駁書」１６１５年頃、『大航海時代叢書』第Ⅱ期７、１９８８年

フレデリック・クレインス『ウィリアム・アダムス――家康に愛された男・三浦按針』ちくま新書、２０２１年

オスカル・ナホッド（富永牧太訳）『十七世紀日蘭交渉史』養徳社、１９５６年

「日本国王へのスペイン使節」、『大日本史料』第十二編之十二、１９０９年

森良和『三浦按針――その生涯と時代』東京堂出版、２０２０年

Commelin, Isaac, *Begin ende voortgangh van de Vereenighde Nederlantsche Geoctroyeerde Oost-Indische Compagnie*. Amsterdam, 1646.

Dijk, L. C. D. van, *Zes jaren uit het leven van Wemmer van Berchem, gevolgd door iets over onze vroegste betrekkingen met Japan*. Amsterdam, 1858.

Farrington, Anthony, *The English Factory in Japan 1613-1623*, London, 1991.

Nachod, Oskar, *Die Beziehungen der Niederländischen Ostindischen Kompagnie zu Japan im siebzehten Jahrhundert*. Leipzig, 1897.

Opstall, M. E. van, *De reis van de vloot van Pieter Willemsz Verhoeff naar Azie, 1607-1612*. 's-Gravenhage: Martinus Nijhoff, 1972.

Pagés, Léon, *Histoire de la religion Chrétienne au Japon*. Paris, 1870.

Rogers, P. G., *The First Englishman in Japan: the story of Will Adams*. London, 1956.

Wieder, F. C., *De reis van Mahu en de Cordes*. 3 vols, 's-Gravenhage, 1923-1925.

第8章　イギリス商館が短命に終わった理由

――オランダ商館こそアダムスの遺産か

高千穂安長

江戸時代を通じて日本が唯一貿易を行ったヨーロッパの国はオランダであるが、幕末に至ると薩摩藩との連携を梃子にイギリスが最も影響力を有する国になり、それが後の日英同盟にまでつながっていく。しかしそのはるか以前、17世紀初期の日本がイギリスと一時期貿易を行っていたことはあまり広く認識されてはいない。なぜイギリスとの貿易関係が途切れ、オランダとの貿易だけになったのだろうか。日本とイギリスの貿易の場となった平戸のイギリス商館（以下、〔平戸〕英商館）は後発の開設だった。それにもかかわらず、なぜヨーロッパ諸国のなかでイギリスが最初に日本から撤退したのか、そしてそれとのウィリアム・アダムス（三浦按針）の関わりはどのようなものだったのだろうか。本章はその過程と理由を、オランダ商館と比較しつつ明らかにしていきたい。

なお、本章では、日本以外の地理に関わる表現を当時の名称で示し、必要に応じて現在の地名を（）内に示している。また、オランダについては独立前の名称を「スペイン領ネーデルラント」とすべきだが、便宜上、「オランダ」で統一している。「イギリス」についても同様に用いている。

英商館設置までの経緯

オランダの海外発展に刺激されたイギリス（ロンドン）の商人たちは、東インドでの香辛料などの獲得を意図し、女王エリザベス一世の特許状を得て１６００年に東インド会社（以下、会社）を設立した。それまですでに女王の特許状によってレヴァント（地中海）、モスクワなどで組織的に活動しており、会社もその延長線上にあった。会社は１６０１年に「第一航海」の船隊を東インドに派遣し、翌年、ジャワ島西部のバンタンに最初の商館を設置した。

イギリスは北方航路の開拓に関連して、16世紀末より日本に関心を持っていたが、それ以上に中国との通商を切望していた。すでに１６０４年には探検家エドワード・マイケルボーンに、日本と中国などへの航海特許状が与えられている（中国・日本への渡航には失敗）。

他方、日本側では１６００年にオランダから到着したリーフデ号の生き残り船員がおり（アダムスを含む）、平戸では、ポルトガル貿易が途絶えて以降、長らく外国貿易の機会を待ち望み、リーフデ号のクワケルナック船長等を帰国させるべく船を１隻建造した松浦藩主の戦略により、１６０９年にオランダ商館が設置されていた。

１６１１年にアダムスがバンタンの「未知の友人宛」に送った手紙をまもなく会社が入手すると、日本への関心はいっそう高まった。会社は１６１１年４月、ジョン・セーリスを司令官として「第八航海」の船隊３隻を東洋に派遣した。すでに１６０８年から１６０９年までバンタン商館長を経験したセーリスは、旗艦クローヴ号に乗船し、１６１３年６月に平戸に着いた。同年９月に駿府で徳川家康に謁見してジェームズ一世の国書と献上品を献呈すると、江戸でも家康の息子の第２代将軍秀忠と謁見し、10月８日には駿府で異例ともいえる速さで貿易許可状を得、英商館開設にこぎつけている。

さて商館の開設で最も重要なのは場所の選定であった。セーリスは、浦賀を訪れてそこを有力な候補地としたが、日本での輸入品の販売、輸出品・日常品の調達については、長崎および平戸と上方を結ぶルートがすでにできていて、浦賀で新たに開拓するより、それを利用する方が有利であると考え、敵対関係にあるポルトガル人がいる長崎は避け、オランダ人が商館を設置している平戸に英商館を構えることにしたと思われる（武田１９８１）。

平戸英商館の活動

平戸英商館は１６１３年から１６２３年の10年間貿易活動を行った。この10年間は１６１６年の家康の死の前後で二つに分けることができ、これらを活動前期、活動後期としよう。活動後期である家康の死後はさらに、平戸英商館単独で活動していた時期、オランダと防衛同盟を結んでいた時期、単独に戻り閉鎖に至る時期の三つに区分することができる。これらを、単独活動期、同盟期、後期単独活動期としよう。以下、平戸英商館のライフサイクルをそれぞれの活動期について明らかにする。

▼活動前期（１６１３〜１６１６年）

活動前期は家康生存期の３年間であり、大坂の陣に至る時期とも重なる。その期間の平戸英商館の

平戸港の様子（高千穂安長撮影）

経営環境は、家康が国内で覇権を握るための資金調達を海外貿易に求め、新たな貿易先を探していたことから、[1]オランダとイギリスは、持ち込んだ商品の検査や販売に当たって日本の関係機関による介入がなく、最大消費地である上方での売買も自由であった。さらに将軍に拝謁するにも不自由はなく、問題等が生じれば家康に直接訴えれば解決できた。このため、「イギリスは大御所様の保護下にある」（武田 1981）とさえいわれていた。[2]英商館が円滑に活動し成果をあげるには申し分ない経営環境であった。したがって、この時期の評価は、英商館がどのような体制をとり、どのように行動したか、その結果はどうだったか明らかにすることとなる。

商館経営には「人・モノ・金・情報」という経営資源が求められ、そのうち「人」については、人数だけでなく、どのような人材がどう配置されたかが重要となる。平戸英商館が活動を開始した時点では、商館長リチャード・コックスと次席のテンペスト・ピーコック、およびリチャード・ウィッカム、ウィリアム・イートン、エドモンド・セイヤーズ、ウィリアム・ニールソン、ウォルター・カーワーデンの7名の館員がいた（1615年にジョン・オスターウィック、リチャード・ハドソンが加わった）。さらに日本語もでき日本を熟知するアダムスを期限付きで雇用した。この陣容については、家柄や経歴も申し分なくイギリスを代表するに足るコックスを館長に指名したことに加え（ただしその能力を疑う声もある。後述参照）、アダムスを陣営に加えたこともあり、館員数も、館長以下4人体制（オランダ人通訳は含まず）だったオランダに比べても、十分以上の人的配置をしたと考えられる。

モノについては顧客が望む商品を顧客が望むときに提供できるかが問われる。このため、日本でモノを販売するためのシステムと、海外で売れるモノを輸出するシステムが作られた。平戸英商館の貿易は、イギリス産の商品（毛織物等）を主としたヨーロッパの産物を運ぶヨーロッパ貿易と、幕府からの貿易許可状を持って日本で需要がある中国・東南アジアの産物を日本に運び販売する朱印船貿易の二つの柱から成っていた。離日時のセーリスの指示に基づき、コックスは日本国内で販売するため大消費地である江戸、上方および対馬（朝鮮貿易の窓口）での販売体制確立を図り、ウィッカムを江戸、イートンを上方の担当とし、セイヤーズを朝鮮貿易担当とした。これらの営業活動の原資となったのは、第八航海で持参した初期資本金「銀１２８貫（これに商品の価値を加えれば２３３貫）」（武田 １９８１）であり、これをもとに十分な営業システムの構築を図った。

活動前期では、上方では18貫あまりが売れたが、１６１５年に大坂夏の陣の戦火を避けるため担当

---

(1) ポルトガル貿易の利益は豊臣方および西国大名に握られていたこと、ポルトガル、スペインはキリスト教布教に重点を置いていたが、オランダ、イギリスは新教で、キリスト教布教に関心がなく貿易の利益のみを追求する方針であることに、家康は好印象を持った。この方針を斟酌した幕府は、スペイン・ポルトガルとは異なり、オランダ・イギリスに自由貿易の特権を与えた。

(2) スペイン・ポルトガルの状況はまったく異なり、積荷の到着後も1～2か月は陸揚げできなかったり、将軍への謁見も長期間放置されたり、叶わなかったりもした。

者は引き揚げるよう指示され平戸に戻っている。江戸も同程度の売り上げだったが、ウィッカムは１６１４年に江戸を離れ、セイヤーズも同年、朝鮮方面の貿易の可能性はないとして対馬を離れている。日本で売れるアジアの産物の調達、日本で仕入れた商品を海外で売る朱印船貿易はどうだっただろうか。１６１４年にコックスはコーチシナ（ヴェトナム南部）に朱印船を派遣して、この航海でピーコックとカーワーデンの二人と邦貨換算29貫２００匁の資金を失った。１６１４年のシー・アドベンチャー号の第一回航海ではアダムスを船長として総計58貫３００匁の資本でシャムを目指したが、琉球に滞留しただけで終わった。１６１５年のシー・アドベンチャー号の第二回航海でもアダムスを船長として総計29貫５００匁の資本でシャムを目指した。航海自体は成功し、英商館の最初の成功とされ、今後の商館運営に良い見通しを与えた（森 ２０２０）。

このように、この時期、平戸英商館はある程度の成果はあげたが、前途に不安を抱かせる事態も起こっている。それは、セイヤーズが担当した朝鮮経由での中国産絹の輸入は、当面実現不可能なことが早々に判明したことであり、また上述の商館員二人がコーチシナで行方不明（結果、死亡）になったことである。平戸英商館は早い段階で万全の状態ではなくなってしまった。さらには１６１５年に会社と平戸英商館の間に合本資本制（第1章参照）に関して情報伝達に問題が生じていた[3]。

▼単独活動期（1616～1619年）

家康が死去した１６１６年以降は、幕府はキリスト教徒であるヨーロッパ諸国の貿易を一律に制限する方向に動いた。それは植民地化の動きを牽制するために、キリスト教の布教禁止と、それに連動した貿易場所の制限、輸入代替政策[4]の推進だった。その背景には将軍秀忠の海外貿易への関心の低さ、家康が行った英蘭厚遇策に対する不満を幕府が勘案し、オランダ・イギリスに対する特恵を解消せざるを得なかったと考えられる。貿易制限令により、平戸・長崎以外での取引の禁止、毎年の目録提出義務、異国渡海朱印状の発給が決められた。

　貿易制限令を受けた平戸英商館の衝撃はきわめて大きく、大消費地である上方と江戸で売ることができないことは、商売中止を宣言されたに等しい。それまで自由貿易だったものが、商品の販売場所を平戸、長崎に限られたのだから当然といえ、その時点で日本撤収さえコックスの口に上っている。しばらくコックスとアダムスは、あらゆる場面でかつての取引条件に戻すよう働きかけたが、その努力はまったくの徒労に終わった。

　この時期に平戸英商館が十分な利益をあげるには、事前に朱印船貿易でアジア地域の売れる産物、すなわち中国産の生糸と絹織物、シャムの主力商品の蘇木等を購入する資金の必要があり、その初期資金を会社が平戸英商館に供給する体制や、アジア地域の他のイギリス商館がそれらの商品を平戸英

---

(3) 会社の経理処理に関してコックスは１６１５年に届けられた経理処理に関する情報に従い「１６１６年に到着した船はジョイント・ストック方式、それ以前の船は個別航海」と理解していたが、「第八航海」でセーリスが残した資本はジョイント・ストックに組み入れるよう会社から直接指令が来た。このために混乱をきたし、また手続きに時間がかかったため、書類作成期間の延長を申請せざるを得なかった。

(4) 輸入しているものを国産化する政策であり、当時は生糸、絹織物を日本では生産できなかったため、国産化を試みていた。

商館に送り、日本での販売を行う体制が求められた。国内での販売は平戸（および長崎）での商売に限定されるので、確実に売れる商品を利幅が確保できる価格で十分な量を確保する必要があった。これについてイギリスから持ち込むヨーロッパ商品は劣化が激しいうえ、そもそも日本での販売が見込めない商品が多数であったからまったく期待できなかった。

もう一つ頼みの綱である朱印船貿易については、朱印状の入手は秀忠の代になっても順調だった。朱印船貿易についてコックスは、上述の2回を含む4度のシー・アドベンチャー号のシャム航海について、2度は失敗、2度は利益が上がらず、利益は日本人船員が占めてしまったと総括し（武田１９８１）、日本で売れるアジア地域の産物が得られなければ、対日貿易の利益は上がらないと会社に伝達したが、思うような回答は得られなかった。

このように平戸英商館の業務成果は芳しくなかったが、その経営環境も悪化していた。１６１６年ごろより、モルッカ諸島のナツメグ、メースの取引をめぐってイギリスとオランダとの間に紛争が生じ、オランダはジャワ島以東に行くイギリス船をすべて拿捕すると宣言した。実際オランダは１６１７年にイギリス船アテンダンス号を拿捕して平戸に曳航した。

ヨーロッパの商品は売れず、日本で売れるアジアの産品も手に入らない状況下では、海外（ヨーロッパ、アジア）で売れる商品の仕入れもできず、出航のための船の手配（船の整備、乗員の食糧調達等）のための資金繰りが自前ではできないことを意味する。したがって、資金繰りのため両替商などからの借り入れを行う必要が生じていたが、そのためには担保等の信用補完が必要だった。この時期、平戸英商館は日本の商人たちにリスクが大きいと判断され、資金融資に応じるのは中国人だけという事態になっていた。１６１９年には会社は採算が悪い商館の縮小・撤退を検討し始めてもいた（武田１９８１）。１６２０年、事実上の東インド総督であるバンタン商館長のリチャード・ファースランドは、コックスにその旨伝えている（森２０２０）。他方、コックスはこの時期、平戸に嫌気がさし、平戸から貿易環境の良い長崎への移転を模索してもいる（コックスの本社宛ての手紙、１６２０年3月10日）。

▼英蘭防衛同盟期（１６１９〜１６２２年）

オランダは、独立戦争（八十年戦争）の休戦協定の期間（12年間）が終了する１６２２年からは、スペインとの戦端が再開されると予想し、イギリスとの対立を回避すべく動いた。イギリスも東アジア海域で優越するオランダとの紛争を避けたい意向があった。１６１９年、ロンドンで両国間の英蘭防衛同盟が締結され、１６２０年に平戸英商館にも伝えられた。

英蘭防衛同盟の内容は、オランダとイギリスの両国が各10隻ずつ船を出し合い、バタヴィアと平戸を拠点に連合艦隊を組織して、ポルトガル・スペイン、中国（マニラ・日本間の航行船）の貿易船を拿捕し、積荷を分配するというものであった。「防衛同盟」は名ばかりであり、実態は海賊行為であったことがわかる。

平戸英商館は、英蘭防衛同盟の船を出港させるのに資金の借り入れが必要なほど、資金繰りに困っており、会社も平戸英商館が問題と認識していた。確実に日本で売れる商品の積載船を拿捕し略奪するという、収益率がきわめて高い海賊行為を行うのが英蘭防衛同盟の目的であり、平戸英商館の立て直しに望ましい策とみえた。これらの結果、それまで開店休業状態だった平戸英商館が、結局は

（コックスが全期間で無駄にした金の10倍にも相当する）４万ポンドをこの期間だけで得ることができたのである（Farrington 1991）。

▼後期単独活動期（１６２２〜１６２３年）

英蘭防衛同盟に基づく活動が開始されても、当初よりオランダ側にはイギリスが同盟国として不適格であるとの認識があり、自国が持つ制海権、中継拠点（要塞）がただ乗りされているとの不満が強まった。このため、英蘭防衛同盟は、当初20年間という期間が設定されて、ゆくゆくは両東インド会社の統合すら想定されていたにもかかわらず、１６２２年に実質的には3年で終了した。

このような事態の変化もあり、１６２２年に平戸英商館は会社から日本からの撤退を命ぜられた。しかし、コックスは、幕府への参府、売掛債権の回収などに対応する必要からこの命令に従わず、会社は命令違反と認識した。ところで、モルッカ諸島アンボンにおいては、英蘭防衛同盟以降、オランダの要塞のなかにイギリス商館が同居していたところ、イギリス商館の日本人使用人のスパイ嫌疑をきっかけにして１６２３年、オランダ人がイギリス人を襲い、商館員等を多数殺害するという「アンボン事件」が発生した。その事件の後もこのようなイギリスに対するオランダの攻勢が続き、東南アジアのイギリス商館間を航行するイギリス船の安全性すら確保できなくなった。これは平戸英商館の存続にとっても致命的であり、ついに１６２３年に平戸英商館は会社により強制的に閉鎖された。

平戸英商館とは何だったのか——商館活動の総括

平戸英商館の設置から閉鎖に至った経緯の要因をまとめてみよう。第一に、会社に貿易政策を失敗させるセーリスの当初の情報があった。家康より日本との貿易を許可されたセーリスは、会社に対し、平戸英商館にあらかじめ銀を送る必要はないと楽観的な報告をしていた。[5] その背景には当時イギリス国内で、会社から毎年銀が流出していることへの非難があったが、それにより会社は、日本を、アジアの他の商館で売れなかった商品の最終販売地とするという致命的な間違いを犯した。実際はイギリスが持ち込むヨーロッパの商品は輸送による劣化（特に損傷）がひどく、また、布の色や柄が日本人の好みに合っていないことから、ほとんど売れなかったし、利益も上がらなかった。

第二に、平戸英商館の貿易体制、商館運営体制が十分でなかった。平戸英商館運営が軌道に乗る前に、次席を含めた主力2人が死亡する事件に見舞われ、さらに当初から無理とみられていた朝鮮経由での中国産の絹等の輸入に対して、不可能と判明するまで貴重な人材を割り当てるなど十分な活動をする体制ではなかった。

第三に、朱印船貿易が成果をあげる貿易体制となっておらず、日本で売れるアジアの産物をイギリスの他の商館が平戸英商館に積出しすることができなかった。また、平戸英商館が直接アジアの産品を購入することもできなかった。[6] さらにポルトガル・オランダ勢に対抗して日本での売り値を安くせざるを得ず、所期の成果をあげられなかった。[7]

（5）同様のことはアダムスも、「未知の友人」や「スポルディング」への手紙のなかで言及している。

第四に、平戸英商館長コックスの態度、行動が商人のそれというよりも外交使節および商館管理者のそれであり、何ごとにつけても表に立つのはアダムスであった。実際、オランダ商館のスペックスは、いまだ商館が開店休業状態だったときには商機を見出すべく自らパタニへ出かけたが（金井１９８６）、コックスは自ら一度も日本から出なかった。コックスは当事者意識を発揮できず、幕府や平戸藩主に、貿易相手として必要な人物と思わせることができなかった。

オランダがヨーロッパ諸国で唯一日本との交易国となった理由

ヨーロッパ諸国の在日期間からいえば、最も遅く商館を設置したイギリスが最初に撤退している。日本との貿易で先行したポルトガル・スペイン[8]は、日本の政治・経済に浸透し、貿易とともにキリスト教布教にも成果をあげ、西国大名をはじめ、多くの信者を獲得するなどのメリットを得ていた。スペインは１５２１年にアステカ帝国を、１５３３年にインカ帝国を征服していたので、日本布教の最終目的が日本の植民地化にあるという嫌疑は、家康ら日本の為政者にもオランダより伝えられていた。クリストヴァン・フェレイラ神父（後の沢野忠庵）が１６２１年3月にイエズス会総会長宛に送った書簡は、「徳川幕府によるキリスト教迫害は国是であり、将軍にその確信を与えたのはオランダの宣伝と棄教者ファビアン（不干斎ハビアン）の著書『破提宇子[9]』である」としている（高瀬・岸野１９８８）。

その状況を理解していたにもかかわらずスペインは布教にこだわり、幕府の禁止を無視してひそかにマニラから宣教師を送り込もうとした。その事例が、上述の英蘭防衛同盟艦隊が捕獲した朱印船に

2人の宣教師が潜んでおり、船長、宣教師、乗組員が処刑されるという「平山常陳事件[10]」（1620年）であった。スペックスやコックスらが自らもオランダ商館の牢屋にて宣教師への拷問・詰問を行い、「阿蘭陀人御忠節」と幕府に讃えられたように、以降、幕府の英・蘭のプロテスタント勢への信頼が西・葡カトリック勢のそれを完全に上回った。

ここで二つの疑問が出てくる。一つは、このような状態であったにもかかわらず、スペイン・ポルトガルよりもイギリスが早く日本から撤退したのはなぜかであり、もう一つは、オランダ、イギリスはともに、それぞれヤン・ヨーステンとアダムスが活躍して家康に厚遇されたのに、なぜイギリスは撤退し、オランダは貿易国として残りえたのかである。ポルトガルについては国による直営貿易であ

（6）中国市場を対象とした貿易を開拓するため、中国人商人の李旦を利用したが、彼の甘言に欺かれ、失敗した。なお、彼に投資した開拓資金も全額回収はできず多額の損失となった。

（7）中国産生糸などの売れ筋商品を、オランダと中国が販売利益を引き下げてもライバルを排除できるよう大量に日本に持ち込み、価格を大きく引き下げる戦略をとった。これに平戸英商館も同調して販売価格を引き下げざるを得ず、利益を上げることが難しくなり所期の成果を上げられなかった。オランダが安値戦術を採用できた背景には、オランダ本国の高い生産体制、資金力、東南アジア海域での制海権掌握があった。

（8）1580年から1640年は、スペイン王（フェリペ二世、フェリペ三世）がポルトガル王を兼ねていた。

（9）「破提宇子」は、「ゼウスを破る」ということで、棄教を意味している。

（10）フィリピンから日本に向かっていた平山常陳の朱印船が英蘭防衛同盟のイギリス船に拿捕され、平戸に曳航され、船内にいた南蛮人を商人と主張するスペイン、ポルトガルと、宣教師と主張するイギリス、オランダが争い、最終的に宣教師と判明、宣教師（ズニガ、フロレス）、平山船長以下が処刑された。ズニガはメキシコ総督の息子でアウグスティン派、フロレスはフランドル出身のドミニコ派の神父であった。

り、スペインも日本と恒常的・実質的な貿易関係には入っていないので、ここではオランダとの関係だけに絞って考察していく。その理由を見出すには、当時のアジアの地域事情、平戸のオランダ商館の人材に触れる必要がある。

▼アジア地域事情

当時の日本の外国貿易では、東インドの香辛料等の取引ではなく、中国の生糸の取引が大きな商いとなっていた。これを拡大させるためには、ポルトガルがマカオ（中国本土）に拠点を持っていたように、オランダも中国産の生糸購入の拠点と中継地を中国本土に持つ必要があった。そこでオランダは、１６２２年にまずポルトガルが支配しているマカオ攻略を試みたが撃退され、次に台湾島西方の澎湖島に進出したが、中国の反発があったので撤退し、１６２４年に台湾西岸の安平（現台南市）にゼーランディア城を築いて貿易拠点を確保した。

　ゼーランディア城がある安平には日本の朱印船が以前から来航していた。これらの朱印船に対して、１６２５年、台湾長官マルティヌス・ソンクが関税徴収や取引禁止などの措置をとったため、オランダ人と日本人の間に貿易紛争が発生して、後に「タイオワン事件」と呼ばれる事件に飛び火した。事件の概要は、１６２８年に長崎代官で貿易家の末次平蔵が配下の浜田弥兵衛に、幕府の安平住民への進物を持参した朱印船を安平に入港させた。これに対して、先に本件の特使として日本に赴き苦い思いをした新任の台湾長官ピーテル・ノイツは、この船に課税したうえ、武器を携行しているとして乗組員を捕らえた。この事態に浜田と抑留された日本人乗組員が反撃し、逆にノイツを自船に拘束した。

その後、オランダと浜田が交渉し、ノイツを釈放する代わりに互いに人質を出し合い日本に護送、幕府の裁定を仰ぐことにした。ところが幕府は秀忠が亡くなった時期と重なったため対応が遅れ、以後5年間、オランダと貿易が途絶する事態となった。

この事件は張本人の末次が死去し、オランダ側も、日本の事情を熟知するバタヴィアの総督スペックス（初代平戸商館長）が、責任者のノイツを人質として幕府に差し出す英断(11)を下したことで1632年に解決し、日蘭貿易が再開された。以降、台湾を中継基地とする、オランダによる生糸などの中国産品の輸入が本格化してゆく。なお本事件を通して、日本語の流暢な商館員フランソワ・カロンが、一躍その存在を幕府に認められることとなった。

この事態の解決にはオランダ人の気質、行動規範が貢献した。オランダ人の気質は有名な「ベイラント事件(12)」にみるとおり、「公」の利益より「私」の利益を重くみる利益至上主義である。オランダ

（11）当事者の前台湾長官ピーテル・ノイツのいっさいの資格を剝奪して平戸に送り、その処分を日本側に委ねた。この際、幕閣の間で、「このヤコベ殿（ヤックス・スペックス）は権現様（家康）の時にここにいた人か」という会話が行われており（永積洋子1990）、後々まで開府当初の家康の政策を斟酌していることが行間にうかがえ、「『先皇帝大御所様』の寵遇は政策決定……に少なからぬ影響を与えた」（加藤1993）。選りすぐりの高官で哲学博士でもある事件の責任者本人を差し出すという、このスペックスの大胆な決断を幕府は高く評価、事件は解決に向かった。なおノイツはミッデルブルフに移住したアントワープ出身の裕福なフランドル商人の家に生まれ、ライデン大学で哲学を学んだ。後の平戸での幽閉時もラテン語でセネカ等の哲学書を読み耽った。なお1636年にノイツが釈放されたのは、今も日光東照宮にあるカロンが贈った銅製のシャンデリアを家光が気に入ったからとされる。

は日本でも当初は、それまで日本以外の東インド諸国でとった行動様式を採用し、朱印状等、幕府が定めたしくみを重視しない態度をとっていた。しかし、幕府の軍事・行政能力を知るにつれ、幕府の要求を充足すべく行動様式を変えた。オランダ人は日本において、うまく「海賊」から「商人」へ変身したのである（加藤１９９３）。

例えば、南洋の島々と日本とはまったく状況が違うことに警鐘を鳴らしたのは第４代オランダ商館長のレオナルド・カンプスである。平戸に到着したオランダ船がポルトガル船に対する海賊行為を奨励する命令を携えてきたので、驚いたカンプスは、日本の将軍はセレベス（スラウェシ）島のマカッサルの王とは違い、日本領海内でのポルトガル船攻撃を断固として認めないと、バタヴィアのクーン総督を諫めるほどの見識と勇気を備えていた（永積洋子２０００）。スペックスやカンプスは幕府の統治能力を完全に理解していたのである。

オランダが幕府の命令や要求に応えたことの他の具体例として、１６２１年、幕府が武器や日本人傭兵の輸出を禁じれば、それを遵守し、１６３３年からは貿易を認められた謝意を幕府に伝えるために商館長が参府する慣わしになった。さらに島原の乱において幕府側の求めに応じて、ニコラス・クーケバッケル館長自ら艦船を島原半島沖に回航し、大砲を用いて叛徒が立てこもる原城に砲撃を行うなど、繰り返し幕府に恭順を示す態度をとった。オランダ人は、自らを皇帝陛下の譜代の臣下として位置づける努力を行って（加藤１９９３）、それに見事に成功したのである。

▼幕府等との関係

秀忠の子の第三代将軍家光は、島原の乱後の１６４０年7月に平戸藩主に対し、オランダはキリスト教布教に従事はしていないが、キリスト教徒には変わりないから厳重に注意すべきと告げている。この家光の信念は断固たるもので、同年ポルトガル船が積荷を持たず、貿易再開のみを願って長崎に入港すると、幕府は再入港禁止に反したとして使者ら62人を処刑した。

家光の意向を尊重しつつも、幕府は生糸や絹織物等の海外の産品をまだ国産化できていなかったため、その輸入量の確保を目指していた。そのため、オランダには「オランダが日本で役にたつだけの品物を持ってくることを我々が認めれば、もはやポルトガル人は日本に来ることを許されないだろう」（永積昭２０００）と、ポルトガルに代わってオランダが日本で貿易を続けられることを示唆している。実際、オランダが日本に持ちこんだ品物は、幕府が当時存在していた他の貿易ルートからでは入手が難しいものであり、幕府の需要を充足していたと考えられる。

幕府はオランダに対して、貿易および居留の場所を長崎出島に限定、銀輸出の禁止、年間取引量を金5万両に限定するなどの制限を加えている。しかし、オランダ商館が提出するヨーロッパの先進的

(12)「ベイラントの自由」という言葉があり（例えば岡崎久彦『繁栄と衰退と』、司馬遼太郎『オランダ紀行』参照）、オランダ独立戦争の際、敵のスペインに武器弾薬を売り渡し、裁判でも「貿易の自由」を堂々主張して無罪を勝ち取ったユダヤ系と思しき商人（Vaillant）を揶揄する言葉である。戦時中でも貿易が必要なことはオランダもスペインも同じである。実際は対スペイン徹底抗戦やフランドル奪還を強硬に主張するオラニエ公に反対する、和平（停戦）志向の都市貴族や大商人の立場を代弁している。

な知識、国際情勢等の入手およびオランダ商館員の江戸参府による幕府の威光顕示の意図から、ヨーロッパの国として唯一取引を許された。

なお、オランダ側にも日本との貿易にメリットがあった。オランダは国土面積、人口からみてもヨーロッパの小国であり、「極東まで影響力を持っていることにより、そのハンディを無くそうとした」と思われ、「各年を通じて長崎貿易は黒字であり、かつその成績は他の商館よりいちじるしく良好」（科野１９８８）であったため、幕府から多くの制約を受けても日本との貿易関係を継続することを選び、そのように行動した。

▼人材の存在

オランダがヨーロッパ諸国のなかで唯一日本との交易国となった最大の理由の一つに、ときの商館長カロンが１６４０年に幕府よりオランダ商館を取り壊すことを命じられ、また後任商館長マキシミリアン・ルメールが翌41年にオランダ商館を平戸から出島へ移転するよう命じられたとき、無条件に従ったことが挙げられる。[13] とりわけ前者の命令は、オランダにとって日本来航以来最大の危機だったが、カロンは不平のそぶりすらみせず、その「沈着な行動がオランダ人を救い、オランダがヨーロッパの国で唯一日本との貿易を保つことに貢献した」（永積洋子２０００）。幕府はカロンの態度いかんによってはカロン殺害や平戸のオランダ船攻撃さえ準備していた、もともとキリシタンでもある大目付井上政重は、その予期せぬ対応に逆に驚き、以降オランダを支持する姿勢に転じ、幕府もオランダを貿易相手国として認めた。

なお商館取り壊しの後に参府したルメールに対して、幕閣の一人は、日本はあえて貿易を必要としないが、オランダは家康から得た来航許可を持っているので、引き続き通航を許し、出島に商館を移転し、そこでのみ貿易に従事してよい旨、諭している。家康による来航許可のこの条件変更は、将軍たる家光以外の者にはなし得ず、それは島原の乱の苦い教訓によることは明らかである（永積洋子１９９０）。１６４０年の段階で外国貿易が途絶してもやむなしとの覚悟が見て取れ、現に例えば後の１７００年ごろには日本の対外貿易依存度は国内実収石高に対して約１％と極端に低くなっている（羽田 ２０１７）。加えて、ポルトガル人なき後に空いていた出島であるから、出島商人にとっても、またオランダ人を直接管理下に置ける幕府にとっても、オランダ残留、そして出島移転は悪くない決着であった。

　またカロンは平戸のオランダ商館経営においても、例えば臼砲の提供を日本の将軍が喜んだと知ったとたんに、代金の受け取りを謝絶して献上品とするなど、権力者への取り入り方も巧みであった。さらに、オランダが中国人商人との取引で利益を上げる戦略的な方法を提示し、優れたビジネススキルも発揮していた。

(13) カロンはフランス人ユグノーの両親の間にブリュッセルで生まれ、アダムスが亡くなった１６２０年に来日した。平戸のオランダ商館長やバタヴィアの商務総覧（次席）を歴任し、ＶＯＣオランダ東インド会社退任後にはフランス東インド会社を率いてアジアに舞い戻ってもいる。ルメールは、ワロン人であるＶＯＣ最大の株主イサークの息子で、平戸と出島のオランダ商館長を務めた。なお両者は日本での商館長退任後、台湾長官をルメール、カロンの順で務めてもいる。

以上を要するに、オランダは日本（幕府）の文化や思考方法を熟知し、後ろ盾である平戸藩などからの情報を活用することができる人材を持ち、幕府の意向に沿った政策をオランダ人気質により実施できたことから、幕府にオランダとの取引継続が得策と判断させた。このようにしてオランダは、日本と交易を行うヨーロッパ唯一の国の地位を獲得した[14]。

服従に出たオランダに対してイギリスは？

以上で平戸英商館がなぜ日本に来たヨーロッパ諸国のなかで最も早く撤退したのか、なぜオランダがヨーロッパの国として唯一日本との取引を維持できたのかを経営・実務的な観点から明らかにした。細かい要因を挙げればきりがないが、平戸英商館が短命だった根源的な理由として挙げるべき筆頭は、朱印船貿易による利益確保ができなかったことである。後年の英蘭防衛同盟時は海賊行為により商品確保ができたが、それがなくなったときは、日本で売れる商品の調達は絶望的だった。イギリスの貿易体制がポルトガルやオランダのそれと比較して、中国本土や台湾に供給基地がないという不利な条件下では、平戸英商館単独での営業活動の成功はまったく見込めなかった。

オランダの例をとると、モルッカ諸島などの南の島々では、一部の内部批判にもかかわらず、高圧的で武断的な行動をとって商圏を広げ、シャム（アユタヤ）では、ときの国王の後ろ盾となり、５人のタイ使節をハーグに招待し[15]、１６１７年に対日貿易に関する貿易協定をシャムと締結したり、山田長政で有名な日本町の消滅の黒幕となるなど、日本とアユタヤとの間の貿易を独占するためきわめて多彩な外交戦術を駆使した（小倉１９８９）。これらによって益の上がるアユタヤからポルトガル・イ

ギリスを追い出すことに成功した。(16)

さらに台湾においては上述のとおり、タイオワン事件後の5年もの困難を耐え忍び、結果、その後の有益な対日貿易への道を拓いた。(17) その一方で、日本においては、当初こそ家康からの特権に守られ自由に振る舞ったが、１６２０年代以降、手の平を返したように幕府に恭順を示し忠誠を誓う姿勢を貫いた。クーン総督以降（1回目１６１９～23年）の硬軟織り交ぜた手練手管のオランダに対して、イギリスはインド以東のアジアにおいては為す術がなかった。イギリスは、英蘭防衛同盟に至る2年間、そもそも日本に船を派遣すらできなかった。コックスの平戸での苦悩を解消したかにみえた英蘭防衛

(14) オランダ商館の対日貿易量は、１６３９～１６４０年がピーク（平戸）で、その後は段階的に貿易制限を受け、漸減の一方であった。１７９０年には日本側から貿易量の減少を理由に、参府の頻度も5年に一度とされ（金井 １９８６）、最後の商館長クルティウスは、オランダは貿易の利益は考慮せず日蘭関係を維持していたと総括している（ドンケル・クルチウス １９９２）。

(15) マテリーフ艦隊がシャム使節をハーグに運んだが、アユタヤ貿易の立役者であるコルネリス・スペックスが同行した。これには本来、帰国するリーフデ号のクワケルナック船長（マラッカで戦死）と、マヒュー艦隊にも参加していた「ディルク・シナ」が合流するはずであった（森 ２０１４）。ただし家康の親書やアダムスの妻宛ての手紙は（平戸藩主の親書も）本船でヨーロッパへ届いたとみられる。

(16) オランダは、アユタヤからヨーロッパ勢を追い出すだけでなく、日本町の日本人の貿易関与を排除し、さらにはアユタヤ王朝自身が日本貿易に関わることにも反対した。飽くなき独占欲で、日・アユタヤ貿易を独占したオランダは、アユタヤで最も立派な商館を１７６５年まで長らく維持した。

(17) 台湾は領土支配が伴う重要拠点であり、ゼーランディアに常駐する商館長は長官という高い位であった。他方、平戸は幕府から非独占の貿易を認められたにすぎない小規模の商館（代表が商館長）である。

同盟は商館にとって一時の延命策にすぎなかった。ただ日本においては、利益の分配や共同参府などではある程度遵守された同盟条約だったが、イギリス嫌いで知られるクーン総督が果敢にイギリス駆逐を仕掛ける東南アジアの海ではあまり遵守されることはなく、実際、3年の短命で同盟は終焉を迎えた。

こうしたなか、イギリスは1619年にクーン総督にバタヴィア商館を焼き払われた後、1623年から順次、シャム、パタニ、スマトラ、アンボン、バンダ、モルッカ諸島などから撤収が続いた（武田1981）。1623年12月に平戸から撤退したのも（グレゴリオ暦では翌24年1月）、むしろ一連の流れの一環であろう。他方でイギリスはインドにおいては、東部コロマンデル海岸のマサリパタム、西北部スーラトに拠点を設け（それぞれ1611年、12年）、さらに後には領主よりマドラス（チェンナイ）に招かれて以降、そこを一大拠点とした（1639年）。イギリスは、東南アジアとは違って、インド洋海域では有利な貿易条件に恵まれ、その活動開始は平和裏で比較的順調であった。とりわけ地域特産の綿を用いたインド洋地域貿易への展望が開け始めており（伊藤1986）、イギリスの関心は南西アジアに向き始めた。

結局、ヨーロッパ人が大きな影響力を行使しえたインド以西の海に比べれば、影響力が限定的だったインド以東の海域においては、その所与の秩序と条件のなかで最大限の利益を得るように工夫するしか方法がない状況で、オランダ商人たちの方が知恵もあり、うまく立ち回ったといえる（羽田2017）。換言すれば、商人的なオランダのアプローチに対し、イギリスの外交的アプローチはインド以西において、より効果的だったということだ。

さて先行した強大なイベリア半島二国をもしばらく後には完全追放し、それ以後世界の海で隆盛を誇ることになるオランダさえ自らの臣下の立場に抑え込んで幕藩体制に組み込んでしまった江戸幕府が、本気でキリスト教勢力排除に向かった日本で、気位ばかりが高いイギリスの商館が生き残る可能性はもとよりかぎりなくゼロに等しかった。[18] ジェームズ一世が自らをフランス王とも謳い、キリスト教の保護者とすら豪語している国書であったが（第4章参照）、それは家康のときには日本との交易を効果的に始動させたかもしれないが、皮肉にもそれ自体が秀忠の時代には日本との関係に終止符を打たせた遠因となったといえる。

英蘭商館からみえるアダムスの人間像

以上のとおりキリスト教徒の徹底排斥を決意した幕府が治める日本でイギリスが商館を維持することは、コックスやアダムスの努力や力量を、さらにはイギリスの貿易政策さえもはるかに超えた次元の問題であった。英商館について、間違った人物に率いられ、間違った商品を扱い、間違った場所に立地したとも酷評されるが（Farrington 1991）、ほぼ達成不可能な期待を一人で背負わされたコックスについては、いささか気の毒な話ではある。

１６４０年にカロンに平戸のオランダ商館取り壊しを命じたとき、幕府は、父祖の権威の否定につ

(18)「鎖国令下の貿易が、たとえば尊大ぶるイギリス人とのあいだに行われていたら、非常に異なった歴史が展開したことであろう」（科野１９８８、２７２頁）。

ながりかねないので、家康の朱印状を幕府自ら破棄してまで公式にオランダを追放することは考えていなかったにしろ、オランダ商館の自主撤退・消滅すら想定（または希望）していたはずである。つまりオランダ商館は、想定外のカロン個人の機転により、むしろ奇跡的に江戸の時代を生き延びたのであった。このように臣下の姿勢に徹したオランダに対してすら厳しかった幕府の姿勢に鑑みれば、英商館にはすでに以前から何らの将来性もなかったのであり、結局、家康が死去して外国商館に貿易制限が課され、またアダムスが英商館を去った１６１６年の終わりには事実上、早くもその命脈は尽きようとしていたとも考えられる。

さて江戸時代初期の政治外交に大きな貢献をしたアダムスであるが、家康の死後、「アダムズはその政治的な生命力を失い、彼の権力は地上に捨てられた手袋」（岡田 １９８４）と何ら変わらないとされたが、それでは英商館が消滅して、アダムスの功績も歴史の彼方に雲散霧消してしまったのか。実は江戸のすべての時代にわたって存在したオランダ商館こそが、逆説的ではあるが、まさにアダムスの功績、そして遺産といえるのではないか。

そもそもロッテルダムからリーフデ号を日本に辿り着かせたのはひとえにアダムスの功績といえる。家康からの信頼を勝ち得て、オランダ人船員が文字どおり「生かされて」日本に定住する道を開き、そのことをオランダ本国に伝え、ニコラス・ポイク等の来航・商館設立につなげ、そして本書第7章で明らかになったように、自身がオランダ商館にも雇われてスペックスと二人三脚でオランダ商館揺籃期を強力に支えた。何の因果か、アダムスの死後、両商館は3年間だけではあったが、同盟したし、コックスが離日時にその債権取り立てをときのオランダ商館長ナイエンローデに委託したことによって、実質的にも、一度は同盟した英商館を継承したと考えられるのがオランダ商館なのである。

以上だけでも十分に決定的だが、さらに重要なのは、例えば上述のタイオワン事件や島原の乱、さらには商館取り壊しという度重なるオランダ商館の存亡の危機において、直接間接にアダムスの薫陶を受けたスペックスやクーケバッケル、カロンが幕府を納得させる対応を取り得たことである。その視点からも、英商館よりむしろオランダ商館の方がアダムスを高く評価していたのは事実だ。

最後に再度、英商館に話を戻すと、アダムスが英商館に雇用される際、より経営基盤がしっかりしているオランダ商館から、より高額な手当てがこれまでどおり期待できるのに、商売がうまくいくと思えない英商館から給与を貰うことへの躊躇がその手紙から読み取れ、また年給方式により行動を拘束されるのではなく、月給方式で必要に応じて仕事を請け負う形式にこだわってもいた（1613年12月の「東インド会社宛の手紙」）。そこには今でいう独立したコンサルタントのような志向性が垣間見える。しかし自分がいないと、日本に到着したばかりの素人だけでは日本貿易が可能とも思えず、またセーリスの懇願や北方航路探索の夢もあり、英商館に完全に雇われることにした。やはり本国の会社を助けたい思いが勝ったのだろう。

もっともアダムスは、英蘭のどちらの商館の肩を持つかなどと対立の図式で考えておらず、オランダ商館から英商館に移った後もオランダ商館の不利になるような行動はとっていないし、むしろ平戸にいるときは頻繁にオランダ商館を訪ねている（第7章参照）。英商館を辞めた後も、要請に応じ両方の仕事を請け負っている。晩年、英蘭対立の余波が平戸にまで及んだ際には、心底、時代を嘆き悲しんだであろう。

当時は、戦国の世が終わったばかりで日本のリーダーたちも皆、党派的で気が荒かっただろうが、アダムスにはそうした気風は皆無であり、平和主義・博愛主義的であり、加えて「船・海」という最先端の科学系の専門性を有しつつ、仕える人に尽くすという組織人としてのマインドを有し、やや古風にもその立場を貫くことで個人の名誉が保たれるとすら考えていた。しかも有能な航海士でありながら、実は敏腕の商人でもあり、おそらく仕事に没頭する働き者であった。しかし同時に「人生の旅人」であり、イギリスなり「国」の看板を背負って、どこかの土地に根を下ろして地域を牛耳るような真似をしない「風」のような自由人でもあった。それらすべてが家康にとって新鮮で、その眼鏡にかなった理由だろう。

イギリス的なセーリスの思想・姿勢に立脚し、必ずしもアダムスの魂が込められてはいない英商館はごく短命に終わった。他方、オランダ商館は、１６０９年のポイク等の外交使節により設置されたが（第4章参照）、本格始動したのは、１６１１年、スペックスがパタニから再入国し、家康に拝謁すべく駿府に参府して以降である。改めて渡航のための朱印状を入手したのに加えて、オランダの貿易取引に長崎奉行の介入を排除する自由貿易の免状をも得た。スペックスとアダムスが力を合わせて勝ち取ったこの成果こそが、平戸時代だけでなく出島時代におけるオランダ商館の地位を末永く保つことに少なからぬ貢献をした（加藤１９９３）。

もちろんウィリアム・アダムスを考える際に英商館とは切っても切り離せないが、オランダ商館の開設者も事実上、アダムスであるといえ、こうしたアダムス的視点をも重ね合わせてオランダ商館をみていくなら、さらに深く江戸時代の日蘭・日英貿易、さらにはより広く近世の日欧交流全体を考えることが可能だろう。

参考文献

伊藤高章「17世紀初期英国東インド貿易の利害関係——第8次東インド航海を中心に」『国際基督教大学学報II－B 社会科学ジャーナル』24（1）、１９８６年
岡田章雄『三浦按針』（岡田章雄著作集V）思文閣出版、１９８４年
小倉貞夫『朱印船時代の日本人——消えた東南アジア日本町の謎』中公新書、１９８９年
加藤榮一『幕藩制国家の形成と外国貿易』校倉書房、１９９３年
金井圓『日蘭交渉史の研究』思文閣出版、１９８６年
ドンケル・クルチウス（フォス美弥子編訳）『幕末出島未公開文書——ドンケル・クルチウス覚え書』新人物往来社、１９９２年
科野孝蔵『オランダ東インド会社の歴史』同文館出版、１９８８年
ジョン・セーリス（村川堅固訳）『セーリス日本渡航記』十一組出版部、１９４４年
高瀬弘一郎・岸野久訳『イエズス会と日本　二』（大航海時代叢書第II期7）岩波書店、１９８８年
武田万里子「平戸イギリス商館」永積洋子・武田万里子『平戸オランダ商館イギリス商館日記』そしえて、１９８１年
永積昭『オランダ東インド会社』講談社学術文庫、２０００年
永積洋子『近世初期の外交』創文社、１９９０年
永積洋子『平戸オランダ商館日記——近世外交の確立』講談社学術文庫、２０００年
羽田正『東インド会社とアジアの海』講談社学術文庫、２０１７年
森良和『リーフデ号の人びと——忘れ去られた船員たち』学文社、２０１４年
森良和『三浦按針——その生涯と時代』東京堂出版、２０２０年
Satow, Sir Ernest Mason, *The Voyage of Captain John Saris to Japan, 1613*, Hakluyt Society, 1900.
Farrington, Anthony, *The English Factory in Japan, 1613-1623*, The British Library, 1991.

第Ⅲ部　日本に骨を埋めたアダムスのルーツを探る

第9章　伝三浦按針墓出土の人骨を鑑定して

松下孝幸・松下真実

平戸市大久保町崎方《さきかた》公園内に所在する伝三浦按針墓碑周辺の発掘調査が２０１７（平成二十九）年度におこなわれた。この調査は、２０２０年に三浦按針（ウィリアム・アダムス、１５６４〜１６２０）没後４００年を迎えるのにあたり、按針の墓と伝えられている場所が三浦按針の墓の可能性があるのかを検証するためにおこなわれた調査である。

ウィリアム・アダムスは、１５６４年イギリスのジリンガムで生まれた。１５９８年、アダムスは、ホープ号の航海士として、リーフデ号を含む5隻の船団で、極東へ向けてオランダのロッテルダムを出航した。航海は難航を極め、5隻のうちアダムスが乗るリーフデ号のみが、関ヶ原の戦いの半年前の１６００年に豊後臼杵（大分県臼杵市）沖へ到達した。その後、徳川家康のもとで、外交顧問的な役割を担い、西洋式帆船を建造したアダムスは家康から領地と「三浦按針」という日本名を与えられた。帯刀も許され、彼は「青い目のファースト・サムライ」となった。１６２０（元和六）年に55歳で死去したアダムスは、終焉の地である平戸の外人墓地に葬られたといわれている。

その後、平戸藩主松浦鎮信のキリスト教徒弾圧に伴い、外人墓地は破壊され、オランダ商館も破壊された。外人墓地は消滅し、今も所在地はわかっていない。外人墓地が一掃された際、多くの遺骨は掘り起こされ、海中に投棄されたという。

また、伝三浦按針墓が存在する崎方に近い民家には、ひそかに三浦按針の遺骨の一部を譲り受けて埋葬したという口伝があり、実際に貴人の墓として守られてきた墓が存在する。１９３１（昭和六）年にその墓が発掘され、「頭部の骨片、肩骨・脊骨・肋骨・大腿骨などの骨片多数、臼歯1本、土器片1個、腐蝕した釘30個」が出土したという（宮永１９９７）。

２０１７年には2か所で発掘調査がおこなわれ、そのうちの第1号墓は伝三浦按針墓から南西に約５ｍ離れた場所で、第2号墓は伝三浦按針墓の下から検出された。

伝三浦按針墓の発掘調査

伝三浦按針墓（第2号墓）の形態は平面形が長方形の墓坑であった。墓坑の下層から磁器製の壺が1個出土し、なかから人骨が検出された。人骨の量は少なかったが、鑑定の結果、この人骨は熟年の男性骨であることがわかった。墓坑の形態が長方形であることから、被葬者は手足を伸ばした伸展状態で埋葬されたものと思われる。２０１７年の調査では伝三浦按針墓のほかに、この墓の南西でも調査がおこなわれ、1基の墓（第1号墓）が検出され、墓坑には人骨が遺存していた。この墓は墓坑が円柱形で、埋葬姿勢は坐位（坐らせた状態の姿勢）であり、鑑定の結果、この人骨は壮年の男性骨で

伝三浦按針墓検出状況（平戸市提供）

あった。

伝三浦按針墓には副葬品が残っていなかったが、第1号墓では、墓坑の上層から完形の茶碗（景徳鎮窯染付碗）1個と銭片2点、釘3点が出土している。また、伝三浦按針墓の周辺での調査がおこなわれ、２０１８年には7基の墓が、２０１９年には3基の墓がみつかり、発掘調査がおこなわれたが、いずれも墓の形態は平面形が円形を呈する円柱形の墓坑で、長方形の墓はまったくみつかっていない。

伝三浦按針墓出土の人骨

磁器製の壺に入っていたのは、頭蓋、下顎骨、大腿骨、脛骨の一部と骨片で、１９３１（昭和六）年におこなわれた際の記録と一致することから、１９３１年に検出された骨が壺に入れられ、再び埋め戻されたものと推測される。人骨の残存量は少ないが、骨の保存状態は比較的良好で、骨質は堅牢である。

頭蓋、下顎骨、寛骨、大腿骨、脛骨の特徴（所見）

は次のとおりである。

1．頭蓋

頭頂骨の矢《し》状《じょう》縫合付近と右側側頭骨の一部、後頭骨から左側頭頂骨にかけてが残存していた。残存する部分は少ないが、骨壁は厚い。外後頭隆起（後頭部の出っ張り）はそれほど突出はしていないが、項平面が窪んでいるので、外後頭隆起部の発達は良好にみえる。また、最上項線はきわめて明瞭で、稜線を形成しており、外後頭隆起から伸びる最上項線はすっきりした線を形成している。このような形態はきわめて珍しい。乳様突起および外耳道は観察できない。縫合は、ラムダ縫合の左側部が観察できた。内板は癒合閉鎖しているが、外板は明瞭でまだ開離している。冠状縫合と矢状縫合と思われる縫合部分では内外両板が閉鎖しているようである。頭蓋の計測はできない。

下顎骨は、下顎体の一部が残存していたが、保存状態は悪い。底部は破損しているが、オトガイは突出していたようである。下顎骨の径はあまり大きくない。歯が1本残存していた。この歯は下顎の左側第二大臼歯で、咬耗（歯の磨り減り）の程度は弱い。

下顎骨

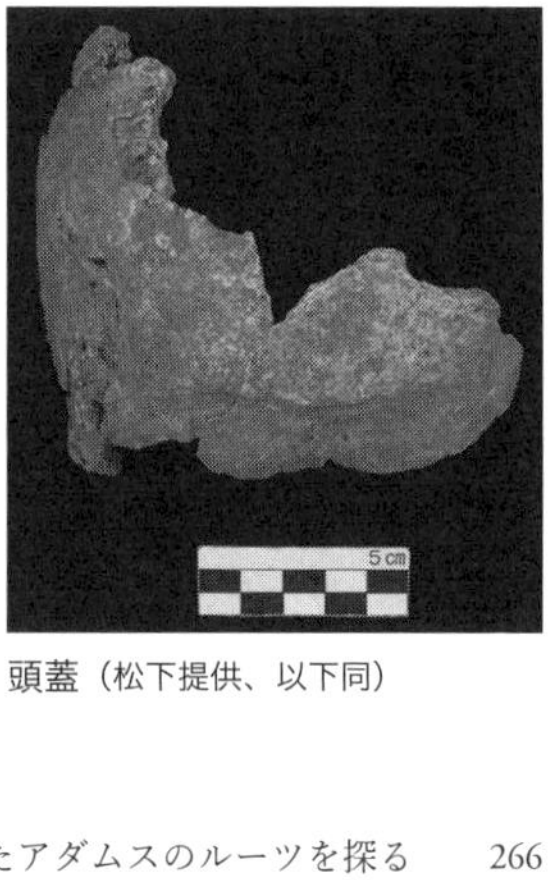

頭蓋（松下提供、以下同）

2．四肢骨

右側寛骨、大腿骨、脛骨が残存していた。

①寛骨

右側の大坐骨切痕部の一部が残存していた。遺存部分は小さく、大坐骨切痕および耳状面前溝の観察はできない。

②大腿骨

両側の骨体後面が残存していた。保存状態は悪く、計測はできない。粗線は幅広く、発達も良好だったようで、左側骨体の残存部分から推測すれば、骨体の径はかなり大きかったことが予想される。また、殿筋粗面（大殿筋が付着する部分）の発達も良好である。

③脛骨

左右の骨体後面の一部が残存していた。保存状態は悪く、計測はできない。右側後面ではヒラメ筋線（ヒラメ筋の付着部）の一部の観察ができた。この部分から推測すればヒラメ筋線の発達は良好だったようである。

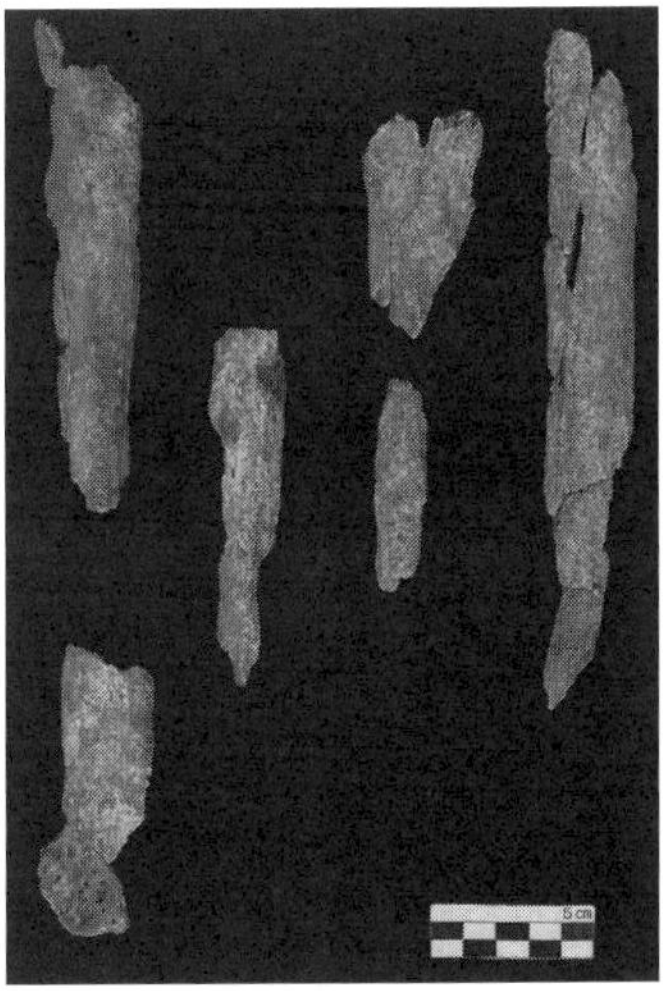

四肢骨

3．性別・年齢

性別は、外後頭隆起の発達が良好で、大腿骨の径が大きく、粗線や殿筋粗面の発達も良好であることから男性と推定した。年齢は、冠状縫合と矢状縫合の内外両板が癒合し、ラムダ縫合では内板は閉鎖し外板は開離していることから、熟年と思われる。

出土人骨は三浦按針の骨か

伝三浦按針墓から出土した人骨が三浦按針の遺骨かどうかを含めて、日本人の骨なのか、それとも西洋人の骨の可能性があるのかを、人骨の形態から検討してみた。東洋人か西洋人かは、上顎骨前頭突起が残っていれば、判別が可能であるが、今回出土した人骨群の中にはこれが存在しない。残っていた頭蓋は脳頭蓋のみで手がかりはきわめて少ない。この頭蓋の際だった特徴は、外後頭隆起部から後頭骨乳様突起に向けて走る最上項線の様態である。外後頭隆起は極端に突出する形態はしておらず、項平面が凹み、最上項線が明瞭で、外後頭隆起からすっきりした隆線が走っており、項平面との境を形成している。近世人の武家層では外後頭隆起が著しく突出している。これは男女に共通してみられる特徴で、上肢筋が日ごろから鍛えられていたことを物語っている。本例にはこうした武家層の特徴はみられない。これほど端麗な外後頭隆起から走る最上項線は珍しい。

また、大腿骨は、骨体の径が大きく、柱状性（大腿骨の内側面と外側面が後方へ延び、筋の付着面積が広くなる）を呈していたことをうかがわせる大腿骨である。近世人の大腿骨にこのような特徴がみられることは稀である。後頭骨と大腿骨の特徴から、この人骨を非日本人の遺骨と想定してもおかしくはないが、同時に、残存量が少ない人骨片からこの人骨を西洋人の遺骨と断定できる積極的な根拠もみいだせない。検出されたこの墓の埋葬遺構の形態は長方形で、埋葬姿勢は伸展葬だったと思われ、釘が出土していることから寝棺が使用されたようである。この時期、日本のキリスト教徒の埋葬は伸展葬が多い。壺に入っていた人骨がこの遺構から出土していた人骨であるとすれば、遺構の形態と人骨形質から、西洋人の可能性が高いと思われる。

人骨の形態的研究のほかに今回ＤＮＡ分析をおこなった。ミトコンドリアゲノムの解析結果は、ハプログループ「H1e2b」を示し、被葬者はヨーロッパ人であることが判明した。しかし、この墓が三浦按針を埋葬した墓であるという確証が得られていないし、人骨の形態的所見やミトコンドリアゲノムの分析から、この骨が西洋人の遺骨であるとしても、現時点で、三浦按針の遺骨であると特定することは、まだできない。

なお、放射性炭素年代の測定をおこなったところ、４１０±30ＢＰという値が得られているが、海に近いエリアでは海洋リザーバー効果の影響で、実際の年代よりも古い値が出ることがわかっている。この影響を補正した暦年代は、１４６６〜１８１９年となり、アダムスの死亡年１６２０年と矛盾しない（測定によって得られた年代幅の中に収まっている）。また、酸素と窒素の安定同位体元素の比によって得られた食性分析では、伝三浦按針墓出土人骨の分析結果が江戸時代人骨から得られたデータと一致することから、この被葬者が生前摂取していた食料は当時の日本人の食料と同じであったことも判明した。少なくとも死亡する10年前以降は日本人と同じ食生活をしていたことを示している。

三浦按針の骨と断定するためには、まだ、今後も調査や分析を継続していくことが必要であるが、墓坑の形態が長方形で、寝棺が用いられ、埋葬姿勢が伸展葬であったこと、人骨は熟年（41〜59歳）の男性骨であること、人骨の形態から西洋人と考えても矛盾はしないこと、ミトコンドリアゲノム分析によればヨーロッパ人であること、放射性炭素年代の結果とも矛盾しないこと、少なくとも10年以上は日本人と同じ食生活をしていたこと、から被葬者の候補はかなり限定されることが予想される。とはいえ、被葬者の特定にはまだ手続きが必要である。科学的な状況証拠を積み上げて、候補者を絞り込み、人類学的研究によって最終的に特定できるまで追究していきたい。

参考文献

フレデリック・クレインス『ウィリアム・アダムス――家康に愛された男・三浦按針』ちくま新書、２０２１年
クラウス・モンク・プロム（下宮忠雄訳）『按針と家康――将軍に仕えたあるイギリス人の生涯』出帆新社、２００６年
松下真実・塩塚浩一・松下孝幸「長崎県平戸市伝・三浦按針墓出土の人骨」『土井ヶ浜遺跡・人類学ミュージアム研究紀要』第16号、土井ヶ浜遺跡・人類学ミュージアム、２０２１年
水野文月・植田信太郎「伝・三浦按針墓に埋葬された人骨のＤＮＡ分析」『土井ヶ浜遺跡・人類学ミュージアム研究紀要』第16号、土井ヶ浜遺跡・人類学ミュージアム、２０２１年
宮永孝「ウィリアム・アダムズの埋葬地は平戸か」『社会労働研究』第43巻第３・４号、１９９７年
森良和『三浦按針――その生涯と時代』東京堂出版、２０２０年
Mizuno, F., Ishiya, K., Matsushita, T., Matsushita, T., Hampson, K., Hayasi, M., Tokanai, F., Kuroasaki, K., and Ueda, S., "A biomolecular anthropological investigation of William Adams, the first SAMURAI from England," 2020, *Scientific Reports*, 10: 21651.

第10章　「伝按針墓の遺骨」のＤＮＡ分析
——遺骨はかく語りき

水野文月

遺骨には多くの個人情報が凝縮されている。今日では科学的分析によって対象となる人骨の生物学的特徴や、生前の経歴の一端を知ることができる。以下、伝三浦按針墓から発掘された人骨を対象に、多様な分析結果から浮かび上がった人物像を解説していく。なお本章は、私たちの研究チームが“A biomolecular anthropological investigation of William Adams, the first SAMURAI from England”というタイトルで、２０２０年に専門誌 *Scientific Reports* で報告した論文を基にしている。

今回の研究で具体的に行ったのは、ＤＮＡ分析、放射性炭素年代測定、炭素・窒素安定同位体分析である。埋葬状況を含め、これらさまざまな情報を総合的に捉えることで、人骨の出自、死亡時期、生前の食生活等に関する知見が得られ、蓋然性のある結論を得ることができた。

人骨の年代測定と食性分析

人骨の年代測定と食性分析には、繊維状のタンパク質の一種である骨コラーゲンを用いる。放射性炭素（$^{14}\mathrm{C}$）の量を測定し、国際的に使用されている標準物質と比較することで、年代の推定が可能である。伝三浦按針墓から出土した人骨から骨コラーゲンを抽出し、放射性炭素年代を求めた結果、$^{14}\mathrm{C}$ ４１０±30年ＢＰという値が得られた。ＢＰとはBefore Presentの略で、放射性炭素年代測定では１９５０年が基点（ＢＰ０）となる。ただし、大気中の放射性炭素の減衰は理論値からずれるため、ＢＰ年代はそのままでは暦年代と対応させることはできない。暦年代とは、実際の年代を推定するためにさまざまな較正を行って得られた補正後の年代であり、較正曲線等にもとづいている。較正した結果は、ウィリアム・アダムスが「１６２０年5月16日、平戸で死去した」という記録と矛盾しない。

次に、炭素・窒素安定同位体比を求めた。この比には人骨の人物が生前に摂取したタンパク質の同位体比が反映されるので、生前の食性がわかる。また骨の置換速度は10年以上になるので、長期間にわたる平均的な食性を知ることができる。江戸時代の人骨１７０個体を比較対象として同位体比を図化したところ、伝按針墓の人骨の値は、それら日本人のクラスターに含まれることがわかった。この結果から、人骨の人物は江戸時代の日本人の食生活に馴染んでいたことがわかる。すなわち、死亡するまでの長期間、日本に居住していたと考えられる。これは、20年にわたり日本で生活して亡くなったアダムスの経歴と一致する。

人骨をもちいたDNA分析

ＤＮＡとはデオキシリボ核酸を略した呼び名であり、４種類の塩基アデニン（Ａ）、チミン（Ｔ）、グアニン（Ｇ）、シトシン（Ｃ）から成る。私たちのＤＮＡは、身体を構成する細胞の核とミトコンドリアに存在している。核には、父親と母親の両方から受け継ぐＤＮＡが、ミトコンドリアには母親のみから受け継ぐもう一つのＤＮＡが、それぞれ存在する。細胞の内部で分化した形態や機能を持つ構造である核とミトコンドリアに存在するＤＮＡを区別して「核ＤＮＡ」、「ミトコンドリアＤＮＡ」と呼ぶ。

核ＤＮＡは1細胞あたり1対存在し、およそ30億塩基対という膨大な情報が染色体に折り込まれて収納されている。一方、ミトコンドリアＤＮＡは、１万６５６９塩基で構成される小さな環状ＤＮＡで、１細胞あたり１００から１０００コピー存在するため、劣化試料でも分析結果が得られる可能性が、核ＤＮＡよりは高い。

ミトコンドリアDNAとは

人類の進化史研究において有用な研究対象とされてきた「ミトコンドリアＤＮＡ」は、母系遺伝指標であり、母から子へ、その子が女性の場合はさらにその子へと受け継がれていく。「ミトコンドリアＤＮＡ」の塩基配列は個体間で大きな違い（多様性）が存在すること、また、世界各地の人類集団データが蓄積されていることから、集団間の比較が容易である。ミトコンドリアＤＮＡは基本的に組み換えは起こらないため、個体間の違いは突然変異のみによると考えることができる。人骨の細胞に残っているミトコンドリアDNAを分析することによって、当該人物の母系遺伝的ルーツを推定することが可能である。

ウェブサイトPhyloTree（van Oven, M. and Kayser, M. 2009, https://www.phylotree.org/）では、世界中の多様なヒトミトコンドリアDNA塩基配列から系統樹が作成され、５４００を超える「ハプログループ」を定義している。ハプログループとはヒトのミトコンドリアDNA塩基配列の違いに基づいた分類で、アルファベットと数字を用いて命名されている。アフリカ系の人類集団にはハプログループLが見られ、そのL系統の一部にはM系統とN系統が含まれるが、これらはアジア系集団に見られる。また、N系統の一部であるR系統はヨーロッパ系統集団に見られる。２００８年の上記ウェブサイトの設立以来、サイトは定期的に更新されて、新しいミトコンドリアDNA配列情報が追加されている。

例えば、現代日本列島人集団で観察されるハプログループは、集団中の割合の大きな順に、D、M7、B、F、G、A、N9、M9、M8、Z、Y、U、C等となっている。その中で、ハプログループDからさらにサブハプログループを観察すると、D4a1b、D4b2b1、D4c1a、といった具合に多様な配列が含まれている。このように、現代の日本列島人集団で観察されるハプログループの種類と頻度は非常に多様であり、さらに東アジア集団の間の中で共通して観察される種類が多いため、ハプログループ名に基づいて日本人と断定する（言い換えると、他の東アジア集団に属する人たちと区別する）ことは難しい。

一方で、いくつか特徴的なハプログループもあり、例えばM7aやN9b等では、日本列島人集団に特徴的な分布（存在）が観察されている。このような特徴的なハプログループの場合は、帰属集団の推定に活用することが可能である。ウェブサイトＥＭＰＯＰ（Parson, W. and Dür, A. 2007, https://empop.online/）では、世界各地からミトコンドリア４万８５７２配列の情報が登録されており、これらとの比較が可能であるだけでなく、ハプログループの分布を世界地図上に示してくれている。

伝三浦按針墓から出土した人骨のミトコンドリアＤＮＡ分析

ＤＮＡ分析は、貴重な試料（骨）を破壊して行う分析である。したがって、可能な限り形態学的に影響がない部位を用いることが望ましい。そのため近年では、頭蓋骨の内側にある緻密な部位とされる錐体部を用いることが多くなっている。骨（ＤＮＡ）の保存状態は、死後の経過時間に加え、埋葬された場所の温度、湿度等のさまざまな環境に大きく依存する。温暖多湿な東アジア地域は骨（ＤＮＡ）の保存には厳しい環境であり、ＤＮＡは短く断片化され、塩基（特にシトシン塩基）に化学修飾を受けていて、残存ＤＮＡ量が少ない。その上、抽出ＤＮＡに含まれる「本人由来のＤＮＡ」の割合は１％にも満たないことが多く、99％以上は骨の内部に混入した土壌菌等のＤＮＡである。

伝三浦按針墓から出土した人骨の右側頭骨の錐体部からＤＮＡを抽出後、次世代シーケンサとターゲット・エンリッチメントを組み合わせた手法で、塩基配列情報を取得した。ターゲット・エンリッチメントとは、特定のＤＮＡ領域を選択的に濃縮する実験手法である。人骨から抽出したＤＮＡの保存状態は非常に悪かったが、ミトコンドリアＤＮＡについては全長１万６５６９塩基のうち96・４％を決定することができた。得られた配列を世界中の多様なハプログループ57配列（L、M、A、B、C、D、E、F、G、H、I、J、L、M、N、O、P、Q、R、S、T、V、W、X、Y、Z）と合わせて系統樹を作成すると、ハプログループＨに最も近縁であることがわかった。

ハプログループＨという系統は、縄文人や弥生人を含めて、現代日本人では観察されないハプログループである。一方、ハプログループＨはヨーロッパで非常に高頻度に観察されており、現在の西ユーラシアの多くの地域で40％以上を占めている。すなわち、イギリスを含む西ヨーロッパならびに北ヨーロッパ集団の特徴であるため、この人物がヨーロッパを出自とすることが示唆された。

さらに、96・4％の塩基配列情報に基づいて下位のサブハプログループ／ハプロタイプを推定すると、H1e2bであることがわかった。ＥＭＰＯＰによると、サブハプログループH1eは現在のイベリア半島に高頻度の分布が示唆された。これらは現在の分布であり、このデータベースにすべての情報が反映されているわけではないが、母系の系統の起源をたどる道標になる。残念ながら、ＥＭＰＯＰではハプロタイプH1e2bの分布情報までは得られなかった。

以上の情報を総合すると、別人の可能性を完全に排除することはできないものの、埋葬状況、年代測定、食性分析等を加えた多角的な視点で考察した結果、伝三浦按針墓から出土した人骨の出自、死亡時期、生前の食生活等に関する知見が得られた。すなわち、以下のことが明らかとなった。

①近世では西洋人かキリスト教徒に限られる「伸展葬」で埋葬されている
②骨コラーゲンを用いた放射性炭素年代は、アダムスの死亡年と矛盾がない
③骨コラーゲンを用いた炭素・窒素安定同位体比から、10年以上日本に居住している
④ミトコンドリアＤＮＡのタイプは、縄文人や弥生人を含めて、日本列島の住人では観察されない

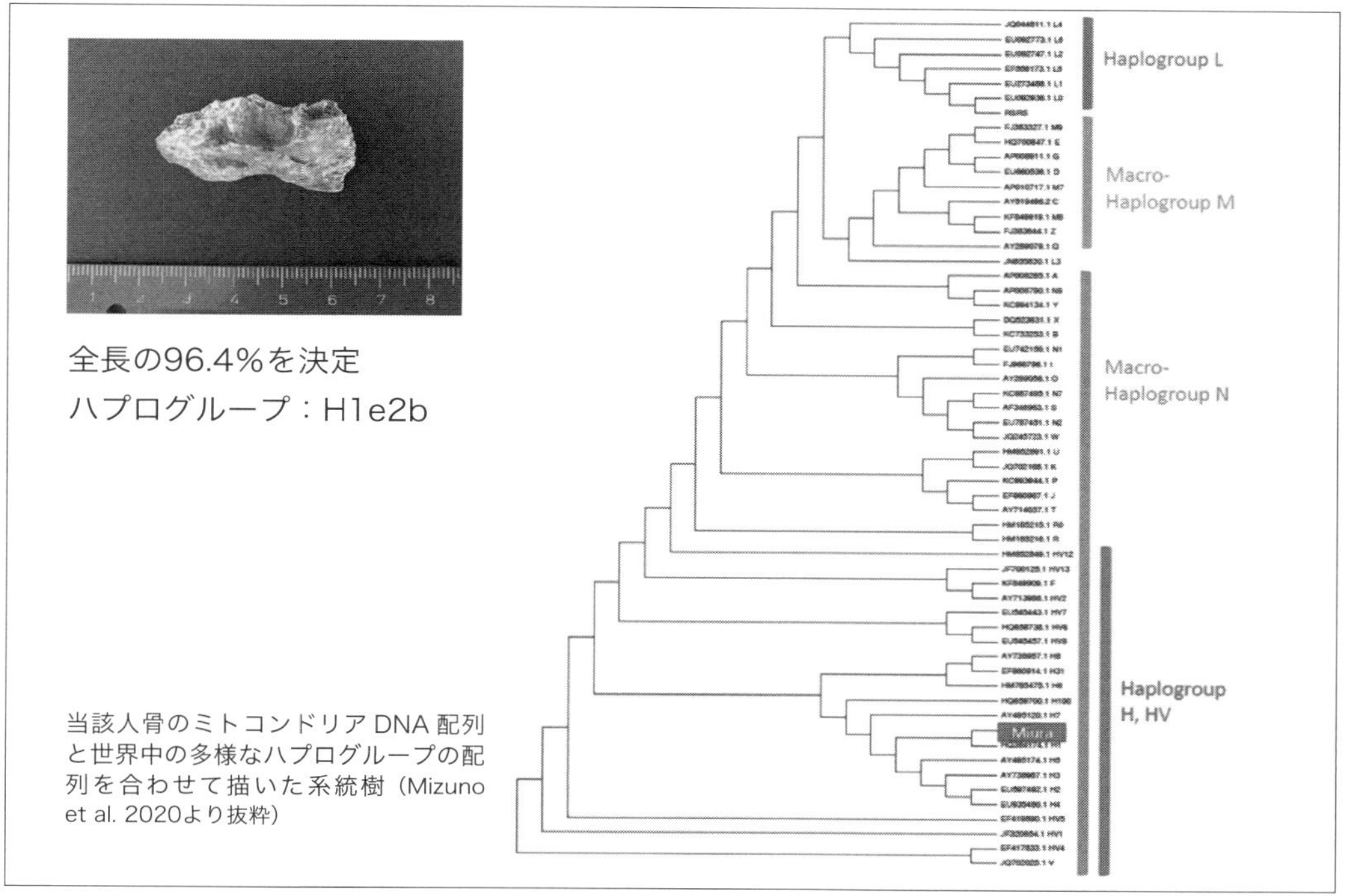

図1　伝三浦按針墓から出土した人骨のミトコンドリアDNA分析結果

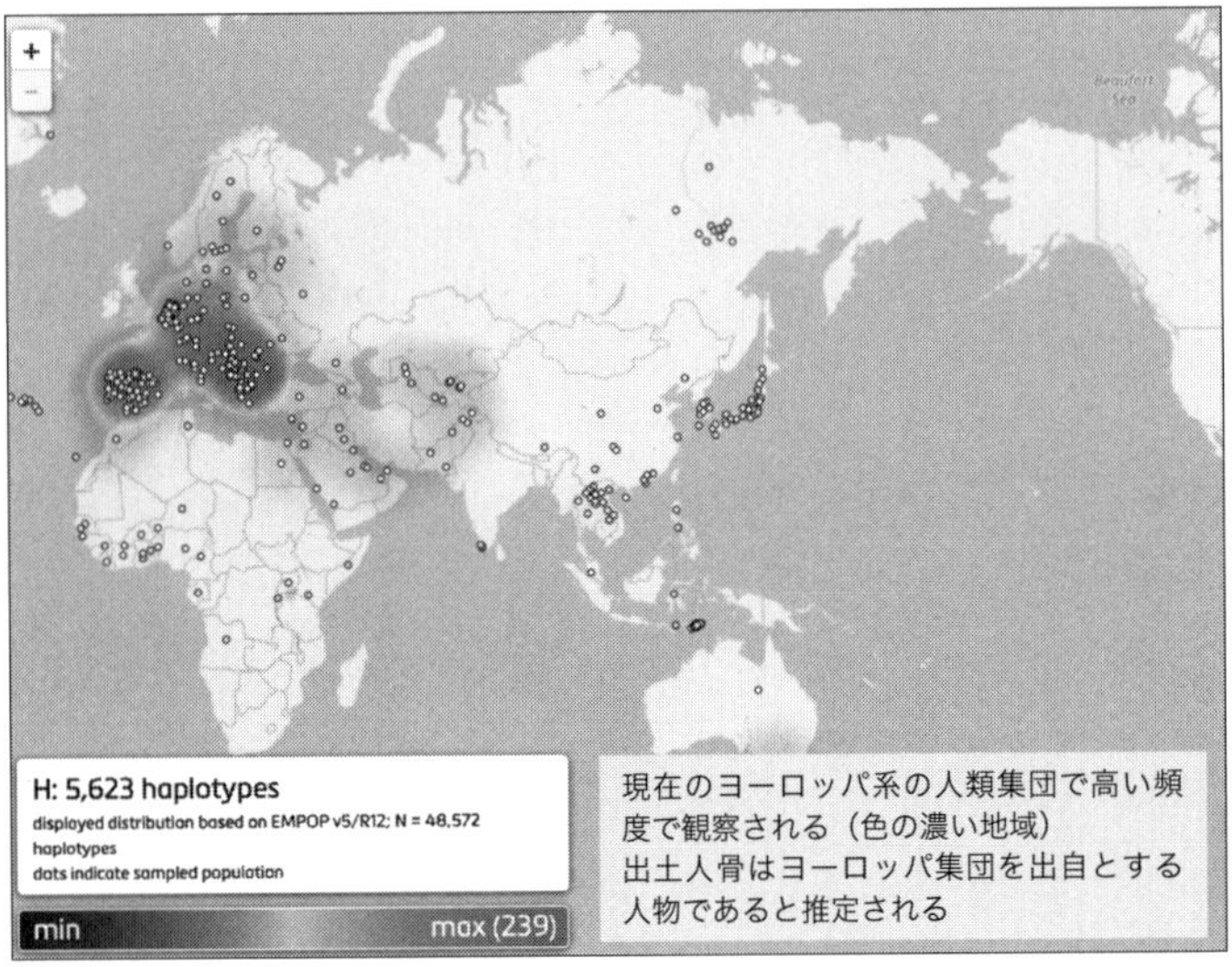

図２　ハプログループ H の分布

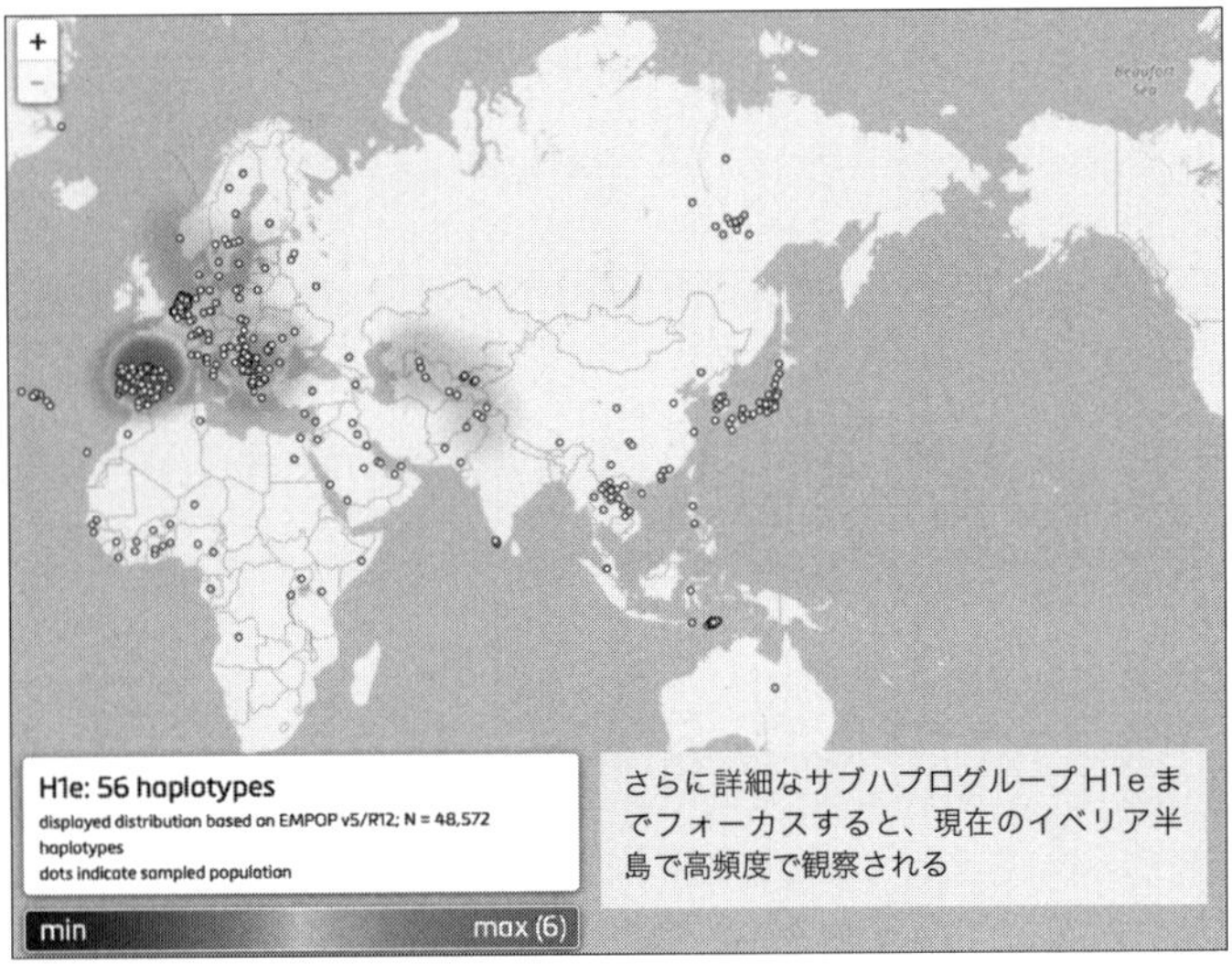

図３　ハプログループ H1e の分布

「ヨーロッパ系集団に特徴的なハプログループ」に属する

人骨の保存状態が極めて悪かったため、今回のＤＮＡ分析のみからでは当該人骨の個人同定には至らなかったが、埋葬状況、放射性炭素年代測定、炭素・窒素安定同位体分析等を加えた多角的な視点で考察することで、出土人骨の属性や経歴の概要を知ることができた。

イングランド王リチャード三世のミトコンドリアＤＮＡ分析

ミトコンドリアＤＮＡ塩基配列が、個人同定に大きく貢献した例を紹介しておく。薔薇戦争（１４５５～１４８５年）の最後に登場する王で、シェイクスピアの史劇でも有名なイングランド王リチャード三世に関する分析報告である（King, T. E., et al. 2014）。ヨーク朝最後の王リチャード三世は、１４８５年８月22日にボズワースの戦いで戦死し、遺体はレスター市のグレイ・フライヤーズ修道院に埋葬された。同修道院はヘンリ八世のカトリック弾圧によって破壊され、その後何度かの変転を経て、その跡地は現在レスターシャー州庁舎の一部となっている。

２０１２年、歴史的記録に基づいて、彼を埋葬したとされる駐車場下の遺構から人骨が発掘された。レスター大学の研究チームが、その人骨から得たミトコンドリアＤＮＡ全塩基配列（1万６５６９塩基）と、存命中の同王の子孫2名のものとを比較分析した。これら2名はリチャード三世の姉（アン・オブ・ヨーク）からそれぞれ母系を辿って19世代、および21世代離れた子孫である。分析の結果、子孫のうち19世代離れた1名のものは、人骨の塩基配列と完全に一致しており、21世代離れたもう1

名とは1塩基の置換が観察された。後者は21世代を経るどこかで1塩基の置換が起こり、子孫に受け継がれていったと考えられる。これらの結果は、この人骨がリチャード三世のものである証拠として用いられた。

アダムスについても、彼の姉妹から母系で辿ることのできる子孫がいるならば、そのミトコンドリアDNA塩基配列を取得することは（倫理審査の承認が得られることが前提であるが）技術的には容易である。仮にそのような子孫が存在して、今回の人骨と塩基配列が一致すれば、個人の同定が確実になるであろう。

参考文献

King, T. E., et al., Identification of the remains of King Richard III. *Nature communications*, 5(1), 2014, pp.1-8.
Mizuno, F., et al., A biomolecular anthropological investigation of William Adams, the first SAMURAI from England, *Scientific reports*, 10(1), 2020, pp. 1-7.
Parson, W., & Dür, A., EMPOP — a forensic mtDNA database. *Forensic Science International: Genetics*, 1(2), 2007, pp. 88-92.
van Oven, M., & Kayser, M., Updated comprehensive phylogenetic tree of global human mitochondrial DNA variation. *Human mutation*, 30(2), 2009, E386-E394.

第11章　アダムスの出自の謎を読み解く
——按針は「青い目のサムライ」か

小川秀樹

アダムスの晩年と死

もしウィリアム・アダムスの帰国が叶っていれば、日本に二組の家族を残したうえでとはいえ、表向きはハッピーエンドということになるのだろうか。そして当然、墓や遺骨をめぐる永遠に続く謎を日本に残すこともなかった。

１６１９年８月、アダムスはヴェトナムへの生涯最後の航海から平戸に帰着した直後に病に伏し、高齢で病弱になったのか、翌１６２０年5月16日、ついに55歳の生涯を閉じた。生前、アダムスは、故郷イギリス・ケントのジリンガムに埋葬されることを望んでいたであろうが、帰国を諦めたいずれかの時点で、日本に骨を埋める覚悟はできていたはずだ。詳細はいまだ確定できないが、アダムスの亡骸はいずれかの場所に個別に埋葬され、外国人墓地破壊に際して近親者の遠見の所有地に改葬されたと思われる（第12章参照）。

本章ではまず、アダムスが日本に来たころの「イギリス人」を考えることから始めたい。

ヨーロッパ大陸が島国イギリスに及ぼした強い影響

１６００年に豊後に来航したリーフデ号に始まり、長い江戸時代のいわゆる鎖国中もヨーロッパ勢としては唯一、日本との通商を出島にて許されたオランダ（北ネーデルラント）との長い交流については誰もが知るところだが、それを南ネーデルラント（フランドル）からの視点で考えることは稀だ。しかも、その視点こそが、アダムスの出自を考える際に重要な鍵になるとは、今までまったく考えられてこなかった。

16世紀フランドルの黄金時代は、オランダに対してだけでなく、対岸のイギリスへも大きな影響を及ぼしたが、しかしイギリスに対する大陸側の歴史的な強い影響力は、それよりも遥か昔からのものだ。とりわけ１０６６年のノルマンの征服は、フランス王を差し置いて、もともとノルウェーがルーツのノルマンディー公ギョーム二世（ウィリアム一世、征服王）がイギリスの王権を軍事的に乗っ取ったという一大事であった。ウィリアム征服王の妻はフランドル伯ボードワン五世の娘、ゲント生まれのマティルダであり、その母アデルはフランス王アンリ一世の妹だった。フランドル伯は常に西ヨーロッパの居並ぶ諸侯のうちの中心的存在であり（ベロック２００７）、自身は、ノルマン征服の軍事行動そのものには参加しなかったが、ノルマンディー公を暗黙のうちに支援した。今ではノルマンディーとフランドルというと地理的に遠隔の印象があるが、歴史的にはノルマンディーは、コタンタン半島部からはかなり東の、セーヌ河畔の大司教が置かれた町ルーアンに発するのであり、ピカルディーを貫くソンム川の手前辺りで、アルトワ、カンブレー、エノーをも含む南ネーデルラントにつながる。

さてノルマン征服に参加した五つの主要な軍団の指導者のうち、ロジェ・ド・ボーモンやロジェ・ド・モンゴメリーの２人はデンマーク辺りがルーツのノルマン系である。ノルマン側の船隊を組織し、ヘイスティングスでも勇敢に戦ったロベール・ルブロン（le Blount）は通称「提督」といわれ、その一族はサクソン方面からのノルマン人に端を発するが、ゲントやドーヴァー海峡に面したパ・ド・カレを地盤とし、ロベールの妻もワロン地方のナミュールがルーツの家系である。さらにノルマン征服時にヘイスティングスの戦いで最も活躍したのが、フランドル伯の封建家臣でありながら、独自に振る舞うブーローニュ伯のウスタス二世であり、遠くは征服前のイギリス王アルフレッドやフランス王シャルル二世の血を引くほか、そもそも母親がルーヴェン生まれのマティルダであり、地域の要衝たる沿海のブーローニュやゲントなどに強い地縁があった。なおウスタス二世の息子たちには、その世紀末の十字軍でも功績をあげ、初代と二代目のイェルサレム王になったゴッドフロワやボルドウィン一世もいる。フランドル的視点に立つと、北方のノルマン征服と南方の十字軍遠征が一本の線で結ばれるということだ（小川２００９）。さらにその末裔には、エリザベス女王の母であるアン・ブーリンがいて、その姓の綴り Boleyn は、ブーローニュ伯の de Boulogne に由来する。

ウィリアム征服王は、征服戦争に貢献した大陸の領主たちにブリテン島のほとんどの土地を分け与えており、「ドゥームズデイ・ブックが作成された１０８６年には、国王の直接受封者１８０人の大領主の中でイギリス系の者はわずか六人以下であった」（デーヴィス１９８１）。ドゥームズデイ・

ブックとは世界初の土地台帳のことである。何人ものフランドル人領主たちがウィリアムの征服軍の主要な部分を構成していて、ノルマン人たちに次いで多くの分け前に与ったし、上記のウスタス二世などは、エセックスを中心に１４３か所もの領地を得た。フランドル人がきわめて多くの領地を得たのは、エセックス、ハートフォード、ベドフォード、ノーサンプトンの中部地域で、ヨークシャー、リンカーン、サマーセットでも多く領地を得た（George 1926）。ノルマン征服に随行した多くのフランドルの領主たちは土着化し、イギリスの中世貴族になった。その典型がイギリス議会史上にその名が轟くシモン・ド・モンフォールであり、ノルマンディーから渡った名門一族だが、そのルーツはフランス・ベルギー国境地帯のエノーである。

　ノルマン征服により、例えばアングロサクソン時代の大聖堂と修道院は破壊されてノルマン様式で再建され、支配階層の言葉はフランス語となり、プランタジネット朝が続く１３９９年まで３世紀以上にわたってフランス系の諸侯がイギリス王として君臨するのである。12世紀に入りヘンリ一世のころからは、イギリスとフランドル間の毛織物を通じた通商も活発化し、その蜜月は、英仏百年戦争を含む中世を超えて近世の初期まで続き（Grierson 1941）、「君主・都市ともにイングランドと密接なかかわりをもったフランドルは、……英仏関係史において中心的な位置を占めていたのである」（朝治他２０１２）。

引き続くフランドル人のイギリス移住

さてノルマン王朝の次の国王たちも、当然ながらフランドルの血を併せ持っているのであり、自身が半分フランドル人で、妻もルーヴェンから迎えたヘンリ一世は12世紀初頭、海水が侵入し耕作地を失ったフランドル人たちを大陸から移住させ、例えばウェールズの南西、ペンブロークシャーのハバーフォードにコロニーを作らせた。そこに出現した社会は、人口は移入イングランド人（アングロサクソン人）が一番多かったが、フランドル人、フランス人（ノルマン人）、ウェールズ人との混合社会であり、言葉も英語、フラマン語、フランス語、ケルト語が混在していた。さらに13世紀にはアイルランドの内紛に際して、フランドル人は傭兵として海峡を渡り、アイルランド島の東部ウォーターフォードに住み着いた。最も重要な大移動は、１３３０年以降、母がフランス王の娘、妻がヴァランシエンヌ生まれのエノー伯の娘というエドワード三世が、フランドルの織物職人たちをブリストルやマンチェスターなどに多数招聘したことだ。職人たちは成功すると、後にヘンリ八世によって没収されたカトリック教会の土地を買い集め、ジェントリに仲間入りした。面白いことに、Gentryという語はフランス語由来のフランドル人の姓でもあり、その姓は沿海のハンプシャーから全土に広まっていった。多くの移住フランドル人が、こうして急速にイギリス化していった。

王室との血縁・地縁によりフランドル人が優遇されて招かれたのはここまでで、16世紀以降のテューダー王朝時代になると、ネーデルラントは混乱に見舞われ、逆にフランドル人が自らイギリスに難を逃れるようになる（第4章のセーリスとアダムスの対立も参照）。この世紀はルターの登場による宗教改革の時代であるが、１５６７年からの10年はスペインから派遣されたアルバ公による反攻が続き、その１５６７年には織物業で栄えたイーペルからノーフォークのノリッジへのプロテスタントの大量脱出などが起きている。１５８５年にはスペイン軍の攻撃によってアントワープが陥落した。それらの一連の混乱を避けるべく、解放されたオランダ諸都市には15万人ものカルヴァン派フランドル人が南部から難を逃れ、それ以外にも多くがケルンなどドイツ西部やブリテン島にも移住した。イギリスの外国人流入の歴史のなかで「最大の流入は、１５６０年以降の半世紀にネーデルラントから移住してきたワロン人およびオランダ人新教徒の移民であった」とされる（クラーク＝スラック１９８９）。

彼らはイギリスでは、ロンドン（サザークなど）、ノリッジ、カンタベリ、サンドウィッチ、サウサンプトン、ブリストルといった都市に参集、そこに移住フランドル人・フランス人たちのための教会を建設していた。16世紀末、ロンドンでは、フランドル人が７０１人、フランス人２４２人、オランダ人１８５人、ドイツ人１０７人等が居住しており、フランドル人の圧倒的存在感がうかがい知れ、また彼ら外国人の３割以上が服飾や繊維産業に従事していた（中川２０１２）。ノリッジとカンタベリでは人口の30％がフランドル人かユグノー（カルヴァン派新教徒）であった。16世紀の終りごろはノリッジが、陸の孤島という条件にもかかわらず、ロンドンに次ぐ第二の大きな人口を抱えており、産業革命のころまでその座をブリストルと競っていた。どちらもフランドル人たちの大量流入により、織物業や貿易で栄えた都市である。こうして海外移住したフランドル人たちは、アジアでも同様であるが、フランドル人同士で結婚し、言葉や故郷との絆も維持していた。

イギリス人の出自がなぜ重要か

以上のようにして、ノルマンの征服以降、断続的に多くのフランドル人がブリテン島に移住したわけで、イギリス人のルーツを考えた場合に、過去数世紀の渡来移住者のなかで最有力な移住集団になったのである。そのことは、例えばさらに新しい移民の国であるアメリカで、イギリス系は当然、本流中の本流であるが、その「イギリス系」のルーツはさらにどこなのかという議論につながる。例えばメイフラワー号のピルグリム・ファーザーズを例にとると、中心メンバー41人の面々は、10年間ほど亡命移住していたオランダのライデンから旅立ったイギリス人たちだが、初代プリマス総督でフランドル系のジョン・カーヴァーや、2代目総督でノルマン系のウィリアム・ブラッドフォードをはじめ、もともとの大陸系が少なくない[1]。

さらに米国建国の立役者のうちジョージ・ワシントン、ベンジャミン・フランクリン、トマス・ペインの家系を調べてみると、皆がフランドルを含む大陸の出自のイギリス系であり、殊にワシントンの場合は、ウィリアム征服王を経て、中世に欧州を統一した、リエージュ生まれのシャルルマーニュ（カール大帝）に至る由緒正しい家系である。あるいは有名なJ・F・ケネディ大統領は、アイルランド系で珍しくカトリックの大統領として知られたが、さらにそのルーツといえば、**Kennedy**や、Fが表す**Fitzgerald**も含めてノルマン由来のフランス・フランドル系である。華やかなジャクリーヌ夫人

（1）例えばBrowne, Cooke, Fletcher, Fuller, More, Rogers, Tilley, Warren, White等の姓は大陸系である。なおカーヴァーは、ライデンではフランドル人のための教会のメンバーであり、最初の妻マリーもワロンのきわめて高位の家系であり（父de Lannoy, 母de ligne）、ブラッドフォードは、先祖のグレシャム（Gresham）、ディズニー（D'Isney）等、日本人にも馴染みのある姓からしてノルマン系であろう。他方、オランダからの当初のニューアムステルダム移住者にはワロン人が多く、ニューヨークで最初に話されたヨーロッパの言葉はフランス語であった（Griffis 1923, p. 11）。

も同様である（旧姓 Bouvier はフランス系）。

イギリスに話を戻して、今度はイギリスの三大航海家の出自もみてみよう。まずはジョン・ホーキンスであるが、母方の家系は、12世紀にパリの南方ロワール地方からブリテン島に渡ったコートネイという家系につながる。コートネイ家をさらに辿ると、ブルゴーニュ、アルデンヌを経て、リエージュ生まれのカール・マルテル（シャルルマーニュの祖父で、トゥール・ポワティエ間の戦いの英雄）にもつながる。最も知名度の高い航海家といえば、やはりホーキンスの親戚である世界周航航海家フランシス・ドレークであり、大陸からブリテン島に渡った大陸の家系である。父方の家系にみえる幾多のノルマンとフランドル系の姓がそれを示唆しており、ブリテン島に移って以降、その姓を「Draac」から「Drake」に変えた。他の世界周航航海家トマス・キャヴェンディッシュも大陸にルーツがあり、ノルマンディーからやってきたロベール・ド・ジェルノンにまで遡ることができる。従姉妹マーガレットは、バーバリ商会の初代レスター伯と同じ名の息子ロバート・ダドリーと、同じく従姉妹ダグラスがリチャード・ハクルートと結婚しており、また家系にはノルマン系のロヴェル姓などもみられる。

三大航海家以外の航海関係でも、例えばイギリス王国海軍創設の立役者であるロバート・ブレーク、ジョージ・マンク、エドワード・モンタギュ（後のサンドウィッチ伯）、サミュエル・ピープスは皆、ノルマン・フランドル系である。このように典型的な階級社会・身分制社会と言われるイギリスの歴史に名を残した重要人物の多くは、ノルマン征服に端を発した中世貴族や、16世紀のヘンリ八世による修道院解散などにより没収されたカトリック教会の財産を分け与えられた近世以降の貴族なのである（小池 1992）。

大航海時代にユダヤ系はどう関わっているか

さて大航海時代においてはユダヤ系も大きな力を及ぼし、綺羅星のごとく人材が散りばめられているので、その背景について簡単に触れておこう。イスラム勢力からの国土回復であるレコンキスタに至る過程で、イスラム統治以前からイベリア半島に多く住み、次第にキリスト教の版図に組み込まれ、勢力を拡大していたユダヤ人への迫害が、改宗や追放という形で進行した。なにしろ、カスティーリャ女王イサベルの3人の秘書官が皆、改宗ユダヤ人で、さらにアラゴンのフェルナンド国王自身の母方も改宗ユダヤ系だったほどに、スペインの中枢にまでも多くのユダヤ系人材が入り込んでいた（飯塚１９８１）。キリスト教に改宗したユダヤ人は、「新キリスト教徒」とか「コンベルソ」（およびその末裔集団が蔑称的に「マラーノ」）といわれたが、もちろん改宗しないユダヤ人も多くいた。１４９２年早々のレコンキスタ達成の段階でカスティーリャ王国の人口約７００万人のうちの40万人強がユダヤ人ないしコンベルソであったという（飯塚１９８１）。しかし同年3月末のユダヤ人追放令により、4か月間のうちにユダヤ人が一斉にスペインの地を追われることとなった。

このとき、15万人以上のユダヤ人がスペインの地を追われ、なかでも12万人ほどが陸路で脱出でき、気候や文化も似ている隣国ポルトガルへ逃れた（小岸１９９４）。もっともそのポルトガルにおいても、わずか3年後の１４９５年に国王がジョアン二世からマヌエル一世に代わると、翌年末の勅令によりユダヤ人たちは改宗しない限り、10か月間のうちにポルトガルからも追い出される運命にあった。スペイン脱出時の海難事故等の悲惨な記憶も新しいので、今度は多くが改宗してポルトガルの地に残る決断をし、こうして当時のポルトガルは、世界で最も多くのユダヤ系人口を抱える国になった（小岸

１９９４)。

15世紀末に始まるイベリア半島でのユダヤ人の民族大脱出の過程において、神聖ローマ皇帝カール五世の勅令によって(１５２６年)、アントワープでは異端審問を行わず、改宗ユダヤ系の安全を確約するなど、フランドルは重要な役割を演じた。ポルトガルとフランドルの間に存在した「ツェダカ」(慈善)という組織は、「世界に拡散した有力ユダヤ人たちが、ポルトガルからアントワープへのユダヤ人/コンベルソの脱出の組織化と資金援助をおこない、彼らをヨーロッパの安全な都市へと移動させていたのである」(デ・ソーザ ２０１３)。

こうしてヘブライ語で「スペイン人」という意味の、いわゆる「セファルディ」といわれるイベリア半島を追われたユダヤ人の多くがアントワープに移住した。リスボンでも東インドとの香料貿易を握っていたのはユダヤ系かモロッコ人であり、アントワープで東インド貿易を営んだのは、主としてイベリア半島からやってきたユダヤ系移住民であった。

ユダヤかフランドルか――VOCの性格を決めたのは誰なのか

以上の背景ゆえに、オランダ東インド会社(ＶＯＣ)初代総督ピーテル・ボットや下述の伝説の総督ヤン・ピーテルスゾーン・クーン、平戸商館長だったジャック・スペックス、フランソワ・カロン、マキシミリアン・ルメールなどＶＯＣに携わった主要な人物が軒並みユダヤ系という結果となるのである。しかし、ＶＯＣの活動は郷土を求めるユダヤ系が行ったという見方は短絡的である。

確かに１４９２年のコロンブスの西回りの航海を実現したのはユダヤ系であったが、しかしコロンブスの15世紀末とVOCの17世紀前半は時代背景がまったく違う。17世紀初頭のオランダの黄金時代、ユダヤ人たちは繁栄を享受しており、郷土探しに奔走していたわけではない。

郷土探しのため組織的にユダヤ系がVOCを牛耳っていたわけではない最大の証拠として、ニューアムステルダム（現ニューヨーク）への移民の歴史のなかで、最初のユダヤ人の移住は、やっと１６５４年にオランダから2人、そして南米の都市レシフェから23人が到着したのが始まりであることが挙げられる。後者はブラジルでオランダが占領していた町であるが、ポルトガルに奪還され、ユダヤ系は行き場を失ったという特殊事情がある。

同様に、過酷な気候ゆえ「オランダ人の墓場」と言われた東インドはユダヤ系の郷土には成り得ず、一攫千金の輩は多くとも、好んで移住する物好きなど多くなかったのである。もっともそのことはVOCを通じてユダヤ系の若者が東インドに向かわなかったということを意味しない。現に、リーフデ号で生き延びた18人のなかだけでも、仲間を裏切ったデ・コニンクやアベルスゾーンをはじめ、何人ものユダヤ系と思われる若者の存在がそれを示している。

VOCは、強権の総督クーンが本国からの自由市民の移住を提言したとはいえ、基本は徹頭徹尾、貿易志向であったし、バタヴィアのVOCの施設とその周辺だけで満足で、そもそもジャワ島においてオランダが支配する領域すら曖昧であった。「大体オランダ東インド会社の特許状にさえ、条約締結、要塞構築や戦争についての規定はあるが、会社の領土についての規定はない」（永積２０００）のである。

領土に対する執着がなく、当然、農業に従事するなどという発想も希薄であったのは、アントワープなど大都会出身のフランドル（ユダヤ）系商人がすべてのものごとを運んだことの結果といえるかもしれない。他の宗主国にみられるように、インドネシアに公用語としてのオランダ語という置き土産を残さなかったことも、フランス語をも喋る彼らの貿易一辺倒の姿勢にその原因の一端があろう。あるいはまた、対等な外交関係ではなく、幕府に臣下としてひれ伏す屈辱に耐えてまでオランダが江戸時代の日本に残留した姿勢についても同様だろう。

　商業民族であるユダヤ人たちは、国家に所属するというより、それを超越した超国家的な存在でもあり、常に「国家」と「民族」の間で引き裂かれているのである。ユダヤ系移民は概して、家系が謎に包まれていること、出自が比較的平凡であること、いくつもの言語を喋ったが、どれもが熟達したものではなかったこと、故郷への執着が希薄であること、放浪性がみられること、移住先で名前が変わること等々の一般的傾向がみられる。そしてひとたび移住先の社会に受け入れられた際には途方もない順応性をみせ、社会のリーダーになるが（イスラム下のイベリア半島の例）、逆に受け入れられず差別・疎外される場合には、徹底的に孤立して集団でユダヤの民族性を守り抜くという（石田１９７４）。

　例えばコロンブスであるが、家系は謎に包まれ、かつ平凡な出自であること、初めからカタロニア訛りのスペイン語ができたこと、出生地のイタリア語でほとんど文章を残していないこと、そしてその後イタリアにほとんど寄り付いていないこと等々、よく該当している。父の伝記を書いたエルナンド・コロンも、その点は「わが主キリスト」になぞらえつつ曖昧に仄めかしていて、また容貌を、面長、やや頬高で、鷲鼻と書いた（コロン１９９２）。

　この点はアダムスについてはどうだろうか。出自が謎めいていて、平凡、いくつもの言葉を喋り、かつ英語（文章）はレベルが低いと評され、また名前が幾通りかあり、さらには放浪性があり、出生地に寄り付かないというあたりはコロンブスに似ている。徳川家康に重用された点は、上記イサベル女王の３人の秘書官の事例と類似する。具体的にもアダムスと関連の深い仲間のなかにダッフィールドがいたが、Duffieldという姓は、フランドル由来のユダヤ系とされるし、成人した娘デリヴァランスの２人の配偶者がグッドチャイルドとライトという姓であり、類推すると妻のハイン家も大陸系かつユダヤ系の可能性がある。手紙のなかに登場する友人の姓でも、ベスト、バレル、スプリング、イサークなどユダヤ系と思しき姓も多いし、マヒュー船隊の東インド航海に誘ったブルールスがユダヤ系のロッテルダム商人だ。

プリングとコックスが示唆するアダムスの出自

さてアダムスの出自を検討するために、アダムスの死後のことを取り上げよう。イギリス商館長コックスはアダムスの遺言状を、平戸に来航中で、運よくちょうど帰国する時期に当たっていたマーティン・プリングという司令官に託した。プリングは東インドのバンタンから本国帰国を遅らせてまでして、旗艦の自船を含む３隻だけで日本に回航してきて、１６２０年12月、アダムスの遺言状を託され、イギリスに持ち帰った。コックスは、プリングがアダムスの妻子と長い間懇意であるから都合が良い旨、日誌に記している（１６２０年12月３日）。

プリング（Pring）は１５８０年の英ブリストル生まれで、プリングはフランドルのプライネ姓（Pryne）が変じた姓であり、母の姓クラーク（Clarke）もフランドル的である。その出自はほとんど不詳であり、そのこと自体が移民の家系を示唆する。ＶＯＣのクーン総督などのオランダ人と懇意にしすぎるとして「オランダ贔屓」との批判がつきまとったのも、そういう背景があったのだろう。プリングはブリストルの市長や有力商人たちと懇意で、とりわけイギリスの海外進出の旗を振り、オランダ系ともいわれるリチャード・ハクルート（第4章注7参照）に最初に見出されて、23歳で初めて１６０３年の北米探検の船長に抜擢されているので、プリング自身も相当な家系なのであろう。

１６１７年には旗艦ジェームス・ロイヤル号を率いて5隻で東インドに向かったが（北方航海で有名なバフィンも帯同）、東インド滞在中に英蘭の防衛同盟の報に接し、本来の予定にはなかった日本行きを決行し、その航路逸脱は帰国後に本社で大きな問題となった。プリングはアダムスの妻子だけでなく、当然、アダムス本人のことも知っているはずであり、アダムスが帰国希望とのセーリスによる情報がプリングをして、知人の商館長コックスに会い、さらにアダムスを帰国させるべく、船を日本に回航させた可能性がある。

さてこれほど謎めいたアダムスの出自がこれまであまり問われなかったことこそ大きな謎である。一般的に綴られるAdamsという姓は、もともとヘブライ語由来の姓で、総じてイギリス等、英語圏に多い姓であるが、スペインやオランダ・ベルギー等、大陸にもある姓である。注目すべきは、アダムス本人は、例えば「未知の友人」宛の手紙や、雲の上の存在で面識がない初代東インド会社総裁トマス・スミス宛ての手紙では末尾に「Addams」と記しているが、ロンドン本社や盟友ベスト、スポルディング等、仲間への手紙などでは「Addames」と自ら記している事実である。当時の英語の綴りの不統一性からか、あるいは姓の綴りはもともとさまざまに変化するものだからか、その事実が議論されることすらなく、等閑視されてきた。[2] しかしアダムスの英語名はAdamsだが、本名は「Adamesないし Addames」とするなら、それはアダムスが国内移住民にとどまらず、外国からの移民の家系である可能性を示唆する。

誰も語らなかったアダムスの出自

アダムスの姓の謎を解く鍵は、やはり日本で一番アダムスと長い時間を過ごし、かなり詳細な日記や手紙を残した盟友である商館長コックスである。彼は現存する日記が始まる1615年6月1日の記入分からすでに、アダムスをほぼすべて「Adames」と表記していることに注目したい。日記以前のコックスの手紙によってさらに遡って、コックスの「アダムス」の綴りの変遷を確かめてみると、1613年11月30日の本社宛ての初めての報告以降しばらくは、アダムスを「Adams」と綴っているが、翌年5月12日のウィッカム宛ての手紙のなかで初めて「Adames」に変更、以降それが継続している。コックスの日本到着後1年弱が経過して、改めて本人からその出自や正式な姓の綴りについて聞き及んだと推察できよう。

日本では商才をまったく発揮できなかったコックスだが、エリート商人の証でもある伝統ある毛織物業組合のメンバーで、父も本人も東インド会社の特許状に名前が載っており、個別の航海に投資も

(2) 例外的に姓の綴りの違いに言及したものでも、Adams, Addames, Addams など、綴りが標準化されていない時代にはすべて普通であったとの言及に留まる（Smith 1980, p. 7）。

していた。平戸でオランダ商館員と同席する際は、常に上座に座るなどイギリス外交団としてのプライドもあった。大学教育こそ受けていないが読書人であり、ある程度スペイン語、フランス語も解し、手紙では自信なさげにラテン語の諺も書き込む教養人であった。手紙での自らの署名も当初のCocksをCockに変更するほどに名前の綴りにもこだわりがある（第4章注5を参照）。

そのコックスがある時点から急に「アダムス」の綴りを変更し、その後も継続したなら、それは単なる気紛れではない。なぜなら、「アダメース」姓は、イギリスでは大陸由来を示唆する南部沿海のサセックスに偏在する姓であるが、もとはピレネー山脈の両側、とりわけスペインのバスク地方やフランス南西部のラングドック地方の姓であり、現に日本のプロ野球にもドミニカ出身の同姓の選手がいたことからもわかるとおり、今ではドミニカ共和国を中心に中南米に拡がっている姓だからだ。

そうだとするならその「アダメース」姓の家系が、ピレネー山脈の東西を問わず、レコンキスタや宗教改革の過程で、スペインの地からポルトガルを経てフランドルへ行き着くか、フランス南西部から北のフランドルに逃げ延び、そこから最終的にブリテン島に移住した家系である可能性がある。そのいずれの場合でも、フランドルを脱したのは祖父か父の代であり、結婚したばかりの父ジョンとその妻がジリンガムに移住してきて、長男ウィリアムが生まれたと思われる。祖父や父は、家庭ではオランダ語かフランス語、ないしはポルトガル語を常用していた可能性すらある。イベリア半島から来たとするならコンベルソの可能性が格段に増すが、パリでもドイツ語を後生大事にした詩人ハイネや、オランダでもポルトガル語を捨てなかった哲学者スピノザのように、コンベルソたちは故郷の言葉を大切にする。

いずれにしても「混ぜこぜ」になるアダムスのポルトガル語とスペイン語能力は、上記のような家系および家庭環境にもよるものではないだろうか。

なぜアダムスの受洗記録に母の名がなく、アダムスもいっさい両親のことに言及していないのかは、父親の生まれや職業を含めて残された謎である。

アダムスは「青い目のサムライ」か

あいにくアダムスの肖像画等は残されていないが、スペインの宣教師ディエゴ・デ・サンタ・カタリーナがアダムスに対する批判の中で、「博学な男でイスパニア育ち。その技能に優れ、我々の言葉（スペイン語）、日本語、ラテン語や他の言語もこなし、外見だけでは修道者でも欺かれてしまうが、極めて強情な異端者。重大な事件ではことごとく我々の敵となっている」（ヒル ２０００）としているのは、外見的にもイベリア風で、日本人が海外で日系人に出会ったときのように、カトリック教徒の彼らですら同胞と見間違わんばかりに似ていたということだ。「ラテン語や他の言語」については疑問が残るが、ポルトガル語やオランダ語、フランス語の可能性があり、またラテン語については、巷間、船員とも商人とも推察される職業不詳のアダムスの父親ジョンが、ドレークの父のように、信徒説教師であった可能性すら否定できない。アダムスの聖書の知識は宣教師にも劣らないほどである（第2章参照）。当時は一族に、牧師と船乗りと画家がいることは珍しいことではまったくなく、例えばオランダの例だが、アダムスを日本に送ったロッテルダム会社の大株主ファン・デル・フェーケンの孫はあのルーベンスの息子と結婚しているし、ＶＯＣ第三代総督ラウレンス・レアルの姉はカルヴァン派の宗教論争の当事者ヤコブス・アルミニウスと結婚している。よりわかりやすい有名な例では19世紀の画家ゴッホの場合でも親戚に牧師、海軍軍人、画商（画家も）が揃っていた。

外見だけでなく、その内面についても「彼は一種変わったイスパニア文化の輝きをたくさん吸収しており、イギリス人から見ると憎悪したくなる」（ヒル２０００）とされ、「一種変わったイスパニア文化」とは、バスクやユダヤ系の文化的影響も考えられよう。

セーリスやコックスが、アダムスは同胞のイギリス人より「スペイン人やフランドル人」を優先するとし、セーリスなどは、いつ「寝返ってしまうか分からない」とまで批判していた事情[3]、さらには瀬戸内の牛窓（岡山）で会った、参府帰路のオランダ使節アブラハム・ファン・デン・ブルック、ニコラス・ポイク等に対して、「自分はオランダ人の友人であり、その国を自分の祖国と思っているからだ」（金井１９８６）と、普段、大言壮語しないアダムスが、珍しく感情的な発言をしているのは要注目である。とりわけファン・デン・ブルックが、現在でもアントワープ辺りに集中している姓であり、ポイクもロッテルダム出身で（後にロッテルダム市長も務めた）、家系からもフランドル系と思われるので、アントワープやロッテルダムの話から望郷の念が高じたのであろうか。また後にはＶＯＣに妻への送金の立て替えをしてもらってもいて（第7章参照）、オランダとのきわめて近い関係が読み取れる。以上のオーラル・ヒストリーに類する記述もさらに重視されるべきだ。

アダムスの母語（正確には第一言語）は英語だったろうが、以前からポルトガル語だけでなくスペイン語も少し喋り、加えて１６１６年10月のスペックス宛のオランダ語の手紙の分析から、アダムスがオランダ語も読み書きできたという事実はきわめて重要だ（金井１９８６）。この点もこのたび、本書

第7章によって最終的に追認された。語学への尽きぬ関心と才能もあったアダムスのルーツはいったいどこなのであろうか。

ちなみに「Adames」という姓のルーツの可能性があるバスク人といえば、スペインの海外進出に大きな役割を果たし、ポトシ銀山の開発などにも貢献し、また海では船員としてはもちろん、捕鯨でも活躍した。伝統的に信心深い土地柄でもあり、イエズス会の創設者イグナチオ・デ・ロヨラや、日本にやってきた宣教師フランシスコ・ザビエル（Xavier＝シャビエル）の故郷であることで知られている。これら2人は、ともに居城に生まれた高貴な生い立ちや父方の姓だけみると純粋なバスク人にみえるが、系図を辿ると母方にユダヤ系と思しき姓が散見される。さらに同会の当初からの中心メンバーであるサヴォイ出身のフランス人ピエール・ファーヴル、ポルトガル人シモン・ロドリゲスに至っては、典型的なユダヤ姓を有している。イエズス会の主要メンバーの中ですらユダヤ系が少なくなく、さらに異端審問が峻烈なインドゆえ、ゴアから日本に派遣される宣教師にはあえてコンベルソが選ばれたとされる（デ・ソーザ２０１３）。なお付言すると、当時からバスク語と日本語の共通性が認識されていて、バスク人は日本語を覚えるのがたやすかったといわれる。

ところで表題の「青い目のサムライ」であるが、「青い」の印象論はさて置き、「サムライ」についても、アダムスは、確かに帯刀を許されていたとはいえ、「サムライ」というより、むしろ実態は幕

（3）「彼が貴下の許を去り、イスパニア人やフランダース人の方に走るならば、貴下は已むを得ざることとして、快く諦めて彼を行かしめ……」（岩生 １９６６、１２５頁）。

末や維新に来日した専門家の政府顧問である「お雇い外国人」に近いとの正鵠を得た指摘がある(Smith 1980)。

アダムスの血脈はどこから——遺骨科学鑑定の結果をめぐって

以上の検討結果を一言でいうなら、アダムスの出自は、イギリスに渡ったイベリア半島出身のコンベルソかフランスのユグノーの末裔である可能性が十分にあるということである。もちろんユグノーの一部はもともとコンベルソであったろう。この結論は、本書の中でもわが国で、否、世界で初めて明らかとなる科学的な伝按針墓の遺骨鑑定の結果とは関わりなく引き出せる、歴史の社会動態的、人口移動史的な考察の結果である。

さて、その人類学研究機構と東邦大学が実施した、伝按針墓の遺骨の科学的遺骨鑑定に関して最後に触れておこう。当該時期に平戸で死亡したイギリス・オランダ人を含めたヨーロッパ人は数十人いるため、その科学的鑑定結果のみでそれが直ちに「言い伝え」に基づくアダムスの遺骨であるとの完全な断定には至らない。

当該遺骨と同質なものを残しうる他の人物の存在を検討するに際し、平戸市の調査や本書第12章の分析を踏まえ、かつ重複を避け、平戸で死亡したヨーロッパ人で、滞日年数を含む生活環境等、アダムスとほぼ同条件に成り得た人物として、①オランダ商館長のコルネリス・ファン・ナイエンローデ、②リーフデ号船員ギルバート（ギスベルト）・デ・コニンク、③イタリア人宣教師ジョヴァンニ・バティスタ・デ・モンテの3名のみについて本稿の視点から考察していく。

平戸でオランダ商館ないしオランダ船の関係者で死亡した人が14人ほどいるが、デ・コニンク、ハイヘン、カンプス、ナイエンローデ、ノイツ（息子）等々、偶然か必然か、全員がフランドル系と思われる。まず商館関係で、[4] 1633年病死のコルネリス・ナイエンローデ（Nijenrode）は滞日10年弱であり、普段の食生活での夕食は洋食でもあり、滞日年数にはやや難がある。ナイエンローデは、任期を終える良識派のレオナルド・カンプスと交替すべく日本に向かっていた後任予定のウィリアム・ハイヘンが到着前に船上で死亡、さらにそのカンプスも急死したため、急遽、場当たり的に来航中の船長から横滑りで後任商館長となった。オランダがゼーランディアという貿易拠点を設けた台湾における日本との貿易紛争である「タイオワン事件」等、日蘭間の関係が非常に困難な折ではあったが、猜疑心が強く金銭的にもルーズで、平戸藩とも常時悶着を抱えており、最後は精神的な問題を抱え死亡した。本人の姓名や本来の宝石鑑定師という職業、2人の娘たちの配偶者名（Knoll, Bitter 等）、さらには死の間際にキリストを否認した事実（村上・中村 1970）等から判断すると、フランドル系かつ改宗ユダヤ系と思われる。商館長とはいえ、親しみと敬意をもって、しかもキリスト教徒として葬られる立場にはなく、日本式に埋葬されたとみる向きもある（Mulder 1985）。

ナイエンローデの娘たちは会社の命により1637年にバタヴィアに召喚され（母はすでに再婚済

（4）江頭氏は、「御手洗屋助右衛門は、……オランダ商館ときわめて親密であり、……敢えて秘かに遺骨の改葬をするのであれば、……オランダ商館長……である可能性が強いであろう」として、カンプスとナイエンローデの2人を挙げている（江頭 1980、174頁）。

み）、翌38年に外国人墓地が破壊され、39年にはついにオランダ人とその子女たちも今度は幕府により海外追放された。近親者によるナイエンローデの遺骨回収が可能とは到底、考えにくい。しかも1640年1月に打ち首になったハンブルク生まれの商館員アンドリースゾーンまでは「会社の島」（横島［田平沖］または黒子島）に葬られたが、平戸商館の出島移転直後の1641年8月に平戸に入港した船の死者は、会社の島への埋葬が請願されたが却下され、水葬に付された（宮永1992）。会社の島は1620年代以降に商館の用に供されて整備されたと思われ[5]、墓地として使われたのが確実なのは1630年代とみられるので、ナイエンローデが当該人物の可能性もほぼ消滅する。

他方で、商館関係で唯一、アダムスと年代以外は完全に同じ条件にあり、最も適合可能性が高いのは、同じリーフデ号で来航したギルバート（ギスベルト）・デ・コニンク（Gilbert または Gisbert De Coning または De Coninck）である。後者が本来の名前の綴りであると思われ、イギリス商館員のウィッカムが彼を「フレミング」と形容しているように、それは「王」を意味するユダヤ系のフランドルの姓である。豊後到着後、ポルトガル人宣教師に寝返って、アダムスの激しい怒りを買った。

若くして来航し、日本で結婚して長年浦賀に住んで日本人とまったく同じ食生活に馴染み、1616年早々に平戸で亡くなった時はまだ30歳代後半だったとみられる。デ・コニンクは有能で真面目な人物であり、イギリス人の覚えがめでたく、1613年に浦賀の自宅が火事に見舞われ全財産を失った後は、最晩年を平戸でイギリス商館に雇われて過ごし、そこで没した。死亡年齢が若干若すぎる点以外、当の遺骨の本人になりうるすべての条件を満たしている。ただし求職に訪れた平戸に移り住んで1年あまりで亡くなっていて、しかも「彼は浦賀にて結婚し、妻子はいまだ同地に残せり」と江戸のウィッカムが平戸のコックスに書き伝えており（岩生１９６６）、また妻が江戸からコックスに手紙を出してもいて（森２０１４）、本人が平戸では単身で、遺骨を貰い受ける近親者が平戸に不在であることは決定的である。

同様に、デ・モンテ（de Monte）も当該遺骨の候補者からは脱落してゆく。25年間も日本に滞在したイタリア人宣教師で、１５８７年に平戸で没していて、ほぼ条件を満たしている。その姓はもともとエノーのドュモン（Dumont）というユダヤ系の貴族の姓から来ており、北フランス、ワロン地方を中心に、スイスからバスクにまで広範囲に分布している姓であり、それがイタリア語ではデ・モンテとなる。したがって理論的には当該遺骨の人物たりうる可能性はあろうが、しかし現実的には、デ・モンテの没年は平戸藩主による密かな宣教師毒殺さえもが横行し始めるころであり（磯見他１９８９）、徳川の世になると「岡本大八事件」（第２章参照）を受けた１６１２年の直轄地での禁教令以降、キリシタン弾圧が強化され、１６１４年、長崎市内では11の教会が破壊され、[6]１６２０年には長崎近郊の残存の教会、墓地などが破壊されている。宣教師が処刑され墓所が破壊されるや否や海上に放擲されており、その遺骨は引き取ることなどはまったく不可能である。コックスは本部宛ての手紙で（１６

（５）崎方のオランダ商館施設は１６１８年までに概ね完成し、20年代以降に川内、古館、横島（田平沖）に施設が順次拡大していったと思われる（萩原２００３、28頁）。

（６）１６１４年の長崎の天主堂破壊にはときの平戸藩主の松浦隆信（宗陽）までもが幕命により自ら加わり、禁教遵法の姿勢を公に示したとされる（『史都平戸　年表と史談』２０１０年、１０３頁）。

20年3月10日)、長崎ではカトリックの教会や修道院が徹底的に破壊され道路になっており、墓も掘り返され、遺骨は近親者などが持ち出して自由に埋葬し直していると記しているが、それは日本人キリシタンの場合であり、まさか宣教師ではあるまい。

こうして当時の政治社会情勢に鑑みて、ヨーロッパ人の墓・遺骨を唯一守り得たとするなら、それは無縁墓地のごとき外国人共同墓地ではなく、その遺体だけ特別に埋葬され、外国人墓地破壊の際は、日本人扱いで遺骸全体を丁寧に貰い受け、末裔により個別に改葬されたであろうアダムス本人のもの以外に考えにくい。

人類学研究機構の放射性炭素年代測定や東邦大学医学部等による遺骨DNA鑑定によって、「母系」かつ「現代人では」という注釈付きだが、当該遺骨の人物のルーツがスペイン・フランスの国境地帯周辺と示された。この鑑定結果は、驚くべきことに上述の「アダメス」姓の分布範囲とかなりの程度一致する。結論としては、その当該遺骨がイベリア半島周辺の出身者のものである可能性を依然として排除するものではないが、一般論としてその鑑定結果は当時のイギリス人航海士・貿易家の多くの素性・出自と何ら矛盾せず、さらに具体的にもウィリアム・アダムス以外に本件遺骨の該当候補者は、今、知り得るかぎり存在しないと考えられる。

参考文献

朝治啓三・渡辺節夫・加藤玄編著『中世英仏関係史1066〜1500――ノルマン征服から百年戦争集結まで』創元社、2012年

飯塚一郎『大航海時代へのイベリア』中公新書、１９８１年
石田友雄『ユダヤ人と中東問題』六興出版、１９７４年
磯見辰典・黒沢文貴・櫻井良樹『日本・ベルギー関係史』白水社、１９８９年
岩生成一訳注『慶元イギリス書翰』雄松堂書店、１９６６年
江頭巌『三浦按針と平戸英国商館』山口書店、１９８０年
小川秀樹編著『ベルギーを知るための52章』明石書店、２００９年
金井圓『日蘭交渉史の研究』思文閣出版、１９８６年
P・クラーク、P・スラック（酒田利夫訳）『変貌するイングランド都市 １５００～１７００年――都市のタイプとダイナミックス』三嶺書房、１９８９年
小池滋監修『読んで旅する世界の歴史と文化　イギリス』新潮社、１９９２年
小岸昭『マラーノの系譜』みすず書房、１９９８年
エルナンド・コロン（吉井善作訳）『コロンブス提督伝』朝日新聞社、１９９２年
ルシオ・デ・ソーザ「16～17世紀のポルトガル人によるアジア奴隷貿易」中島楽章編『南蛮・紅毛・唐人――16・17世紀の東アジア海域』思文閣出版、２０１３年
R・H・C・デービス（柴田忠作訳）『ノルマン人――その文明学的考察』刀水書房、１９８１年
東京大學史料編纂所『日本關係海外史料　イギリス商館長日記』譯文編附録（上）、１９８１年
中川順子「帰化システムと複合国家」岩井淳編著『複合国家イギリスの宗教と社会――ブリテン国家の創出』ミネルヴァ書房、２０１２年
中澤勝三『アントウェルペン国際商業の世界』同文館出版、１９９３年
永積昭『オランダ東インド会社』講談社学術文庫、２０００年
萩原博文『平戸オランダ商館――日蘭・今も続く小さな交流の物語』長崎新聞社、２００３年
フアン・ヒル（平山篤子訳）『イダルゴとサムライ――16・17世紀のイスパニアと日本』法政大学出版局、２０００年
ヒレア・ベロック（篠原勇次、デイヴィッド・ブラッドリー訳）『ウィリアム征服王の生涯――イギリス王室の原点』叢文社、２００７年
皆川三郎『形成期の東インド会社とWilliam Adams』篠崎書林、１９８３年

宮永孝『幕末維新オランダ異聞』日本経済評論社、１９９２年
村上直次郎・中村孝志訳校注『バタヴィア城日誌１』東洋文庫、１９７０年
森良和『リーフデ号の人々――忘れ去られた船員たち』学文社、２０１４年
Cocks, Richard, *Diary of Richard Cocks*, The Hakluyt Society, 2014, ed. E.M. Thompson. (https://www.gutenberg.org/files/46803/46803-h/46803-h.htm)
Dictionary of American Family Names, Oxford University Press, 2013.
George, R.H., *The Contribution of Flanders to the Conquest of England (1065-1086)*, Revue belge de philology et d'Histoire, tome 5, 1926.
Grierson, Philip, *The Relations between England and Flanders before the Norman Conquest*, Transactions of the Royal Historical Society, 1941.
Griffis, William, *The Story of the Walloons, at Home, in the Lands of Exile and in America*, 1923.
Irving, Richard, *A True & Complete Account of the Life of William Adams –The English Samurai: Act One*, 2021. (https://read.amazon.co.jp/?asin=B096BGVQ9Q)
Mulder, W.Z., *Hollanders in Hirado, 1597-1641*, 1985.
Smith, Henry, ed., *Learning from Shōgun; Japanese History and Western Fantasy*, Santa Barbara, 1980.

第12章 伝按針墓の歴史学的考察

――出土した遺骨がアダムスとは別人の可能性はあるか

森　良和

２０１７年から3年間、オランダ商館裏の崎方公園墓地（長崎県平戸市）で進められた本格的な発掘調査の結果、12基の墓坑から12体の人骨が出土した。うち11体は円形土坑から出土しており、副葬品に明代の陶磁器が多数出ているので、日本人か明人の墓とみられる。唯一の例外は「伝三浦按針の墓」の墓標下にあった墓坑で、その長方形の形状は遺体が伸展葬にされていたことを思わせる。そこから出土した骨壺中の遺骨は骨格から西洋人のものと推測された。

この遺骨に対しては、近年、特定非営利活動法人・人類学研究機構（松下孝幸理事長）、および東邦大学研究チームによる形態学的研究、年代測定、ＤＮＡ鑑定が行われ、その検証結果が第9・10章で述べられている。ここではそれらを踏まえてこれまでに判明している「伝按針墓」の由来とそれにまつわる伝承、アダムスの遺骨である可能性、およびさらなる解明が待たれる点などについて、歴史学の立場から考察していく。

伝按針墓のある崎方公園一帯は、どのような墓地だったのか

発掘に当たった調査チームは、公園の一画に「外人墓地」があったと予想していたという。これは当然である。平戸は日本近世史においても例外的な束の間のグローバル時代を現出した港町で、すでに16世紀中葉にはポルトガル船が来航し、宣教師の布教と商人の貿易活動が盛んに行われていた。まもなくスペイン人も訪れ、さらに17世紀初期にはオランダとイギリスが商館を設けて活発な貿易活動を展開していた。それに伴って平戸では多数の西洋人が死亡しており、史料には彼ら専用の埋葬地があったとある。

しかし今回の結果からは、発掘した区画一帯が外国人墓地であったとは考えられない。むしろほとんどは日本人（もしくは明人）のもので、なかには13世紀のものや女性のものもあったという。ただ、伝按針墓のみが唯一周囲から孤立したように建てられていたことは、その墓が要人か特別な意味を持つ人物のものであることをうかがわせる。

崎方公園を含む遠見地区では、過去に多数の遺骨が出土した記録がある。

・享保年間（１７１６～36年）に多数の遺骨が出土した（山鹿１９１７）。

・明治十五（１８８２）年に山縣金十郎氏が桑畑を開墾しているとき、伝按針墓から東南１００ｍのところで外国人と思われる遺骨21体分を掘り出し、無縁者の墓として祀った。同氏の子息猛彦氏は、昭和二十九（１９５４）年に現在の「三浦安針之墓」が建立されたとき、父の遺志を継いで、その左横に「無縁塔」の石碑を建てた（山口１９７６）。

・大正年間（１９１２～26年）に十字形に配列した古銭の下に若干の遺骨が発見されたので、碑を立

てて無縁塔とした（山鹿１９１７）。

　このうち明治期の「外国人と思われる遺骨21体」の出土は確認されているが、発掘と鑑定はまだなされていない。これらが本当に外国人のものならば、「伝按針墓」とは離れた場所に外国人墓地があった可能性もある。いずれにしても現在までの発掘結果では、崎方公園墓地には規則性が見出せず、全体像はつかめていない。

崎方公園にある伝三浦按針墓（中央）（小川秀樹撮影）

　なお、現在石碑のある「三浦安針之墓」は、平戸開港４００年の記念行事の一環として１９５４年に建立された。その際、後述の三浦家が保管していた骨壺を元の墓に埋め直し、現在の姿になっている。それ以前は大きな自然石を立てて墓標としていたが、その石が現在按針墓の左横にある無縁塔の石碑という。

三浦家にまつわる神秘的な話と発掘

　かつて遠見にあった三浦家は「按針墓」の墓守と言われたが、同家の子孫は現在平戸に在住していない。同家には「按針墓」にまつわる神秘的な話が残っている。昭和初期に三浦のいさんという心身とも健在な84歳の女性がいた。同家の畑の隅には「按針墓」と伝えられる墓があり、同女はそれを自家に由緒あるものと見なしていた。盆と正月に供養は欠かさなかったが、特に手入れもしなかったので墓の周囲は荒れたままであった。

　そうしたなかで、同女は発掘の2年前から四度、不思議な夢を見た。一度目はある夜、日の浦（田平港付近）方面からものすごい勢いで高潮が打ち寄せてきてたちまち墓所付近まで到達すると、封筒大の紙片が舞って「御利益があるぞ！」の声とともに館山（松浦史料博物館裏）方面へ飛び去った。二度目は発掘の前年見た夢で、洪水によって墓所一帯が湖水のようになると堤上に二人の人影が現れ、「わかったか」と叫んで立ち去ったという。

　あとの2回は発掘した１９３１年のものである。キリスト教徒たちが畑に作業道を造ったというので、同女がその道を通って急いで帰宅すると、後方から「奥様、道造りに邪魔なのでお墓を移したらこんなものがありました」と声をかけられた。よく見るとそれは赤く錆びた刀であった。そこで子や孫にそれを見せようと帰途に着いたとき、夢から覚めた。

　四度目のものは、畑で作業中のキリスト教徒たちが、耕作に不便なのでお墓を他に移したと言いながら、「こんなものが出ました」と三段物の腐食した小箪笥と書籍10冊ばかりを示した。それらの書は横文字でところどころに挿し絵があったが、読めないので誰かに読んでもらわなければと思ったとき目が覚めた。

　三浦のいさんはこれらの夢があまりに荒唐無稽で一笑に付されると思いつつも、親戚の川口氏にこのことを話した。これを聞いた川口氏も奇異には感じたが、地元の篤志家に相談して発掘計画を立て、墓の改葬手続きも行った。その結果、大勢の立ち会いの下で「按針墓」の発掘が行われることになった。１９３１年10月10日、平戸警察の江口警部補、保健所の山口衛生主任、役場の倉田助役、平戸校教員松本訓導、および篤志家や研究者らによって、墓碑とされた高さ5尺ほどの自然石下の発掘が行われた。『平戸之光』にはその様子が次のようにある。

> 墓碑の上半分は地上に出、下半分は地中に埋没していた。叢《くさむら》を切り払って鍬《くわ》を入れ、掘り下げると、墓標の直下3、4尺ほどで頭部の骨片が見つかった。入念な作業の結果、長さ6尺あまり、幅2尺あまりの寝棺が埋められていたと推定されたが、棺材は認められず、腐食した釘30個、土器の破片1個、頭骨、肩骨、肋骨、大腿骨、脚骨など多数の骨片と臼歯1本が出土した。頭部と足の位置から身長は5尺7、8寸（172～175㎝）とみなされ、頭部が大きい白人の骨格のように思われた。頭骨、下顎骨、釘などは壺に入れられ、三浦家で保管されることになったが、他の骨はそのまま埋め戻された。

平戸の三浦家とアダムスとのつながり

では、アダムスの「墓守」とされた三浦家はどのような由来を持つのか。

『平戸之光』によれば、アダムスの遺体は当初寺ノ坂上のイギリス商館近くに埋葬されていた。しかし、寛永十七（1640）年に外国人墓地が徹底的に破壊されるに及んで、遠見に改葬されたという。それを実行したのは、アダムスの生前はもちろん、没後も遺族と懇親であったオランダ通詞御手洗某であった。御手洗は旧友の墓が破壊されるのを見るに忍びず、密かに遺骸をもらい受けて遠見に移し、目立たぬように墓石を置いた。そのうえで墓を供養するように子孫に伝えたという。

御手洗の後継の御手洗屋惣左衛門は、まもなく平戸内の櫻庭五左衛門一族と縁戚関係になる。五左衛門の息子内蔵右衛門は第五代平戸藩主雄香院棟公（位元禄二年～正徳三年、1689～1713年）に仕えており、その姉妹の一人は御手洗屋惣左衛門に嫁いだ。ただ、夫妻には嗣子がなかったため、同家に寄寓していた甥の櫻庭三郎兵衛が養子となり、妻方の姓「御手洗」を名乗った。三郎兵衛は萬松院昌公（平戸新田藩初代藩主、位元禄二年～宝永三年、1689～1706年）に出仕し、その子孫辨右衛門正令の代の享和元（1801）年三月、姓を三浦に改めたという。その子孫が上述ののいさんなのだろう。では、以上の話に信憑性はあるのか。

まず「オランダ通詞御手洗」の人物像である。「平戸松浦家資料」には、松浦隆信（宋陽）が「みたらや助右衛門」にオランダ人から商品を調達させる書状が残されている。一方、コックスの日記にも、コックスから「われらの友人の調達人provedore」と呼ばれる松浦家買物奉行「助右衛門」が何度も登場する。助右衛門はイギリス商館から商品を調達するとともに、コックスや商館員たちを自宅に招いたり、互いに贈物を交わしたりしている。

コックスの日記によれば助右衛門は平戸外の出身とされるが、松浦隆信に寵遇されていた。しかし、あるとき貿易上の不正によって多額の罰金を科せられ、支払わない場合は所払い（藩追放）に処すると申し渡された（1617年12月7日）。それでもその後も藩内で活動しているので、追放は免れたようだ。なお、助右衛門はアダムスの死後、イギリス商館の墓の造営に用いる大量の丸石と板を納入している（1621年5月4日）。ただし、通詞とはされていないし、コックスの日記からはアダムスと特に親しい間柄であることを示唆する行はない。

『平戸之光』に「オランダ通詞御手洗」とあるのは、助右衛門が意思疎通可能な程度の語学力、すなわちポルトガル語かスペイン語を用いて、オランダ人とも頻繁に商品納入の折衝を行ったゆえの誤伝かもしれない。なお、松浦史料博物館によれば、平戸藩の家臣に櫻庭姓の者はいないという。それにしても、アダムスの血脈とは直接つながらない一族の子孫が、アダムスの没後200年近く経ってから「三浦」姓に改めたのは不自然に思える。

一方、『平戸之光』には墓所の維持にアダムスの遺族が関与したともある。アダムスの遺族とは逸見の妻子、および平戸の愛人とその子である。逸見の采地を継ぎ、朱印船貿易にも従事して父の死後もオランダ人と交流していた息子のジョゼフは、何度か長崎や平戸を訪れた可能性が高く、平戸で父の墓に墓参したことは十分考えられるが、御手洗との接点を示す記録はない。平戸の愛人母子についても手がかりはほとんどない。『史都平戸』にはアダムスがその女性に平戸の財産すべてを遺したとあるが、裏付ける史料はない。

アダムスの遺体の埋葬場所についても問題が残る。上文では、アダムスの遺体は当初寺ノ坂上の墓地に埋葬され、のち御手洗によって遠見に改葬されたという。コックスはアダムスの遺体の埋葬地を記していないが、表1の①にあるように、ポーリングの遺体はいったんボートに乗せられ、海上を移動してオランダ商館前の石段まで運ばれてから埋葬されている。キリシタンの遺体が寺の門前を通るのを嫌う仏僧の意向によるものであるが、アダムスの埋葬も同様に行われたならば、寺ノ坂上には埋められなかったことになる。結局、平戸の三浦家とアダムスとの関係にはなお未解明な部分が残る。

伝按針墓から出土した人骨が、アダムス以外の人物の可能性はあるか

16世紀後半から17世紀前半の平戸で、多数の西洋人が死没したことは疑いない。では「伝按針墓の

遺骨」が、他のヨーロッパ人の可能性はあるだろうか。

キリスト教の布教が始められて間もない１５５５年、当主松浦隆信は宣教師バルタザール・ダ・ガーゴの求めに応じ、キリスト教徒専用の埋葬地を設けることに同意している。教会付近に造られた墓地には十字架が立てられ、死者は遺体を絹で覆った棺に納められて、主の祈りを唱えられながら埋葬されたという。このように、布教活動初期のキリスト教徒死没者は、一般の日本人とは明確に分けられて、彼ら専用の墓地に葬られた。

しかし、ガーゴのいうキリスト教墓地の場所は不明である。のちの鎖国体制構築に伴い、キリスト教関係の施設は徹底的に破壊され文書類も破棄された。そのため今日、キリスト教徒の墓地に関する手がかりは非常に少ない。また、同じキリスト教でもカトリックとプロテスタントの墓地が同一であったのか、さらに同じプロテスタントでもオランダ人とイギリス人は墓地を共有していたのか、いずれもわかっていない。

当初平戸にはポルトガル貿易船が来航して「南蛮人」が盛んに取引していた。けれども、１５６１年の宮の前事件を契機にポルトガルは平戸から撤退する。この事件では司令官フェルナン・デ・ソウザら14名（17名とも）のポルトガル人が日本人に殺害されているが、遺体の埋葬についての記録はない。また事件の性質上、彼らの遺体が丁重に葬られたとは考えにくい。それでも彼ら以外で、カトリック国から来日して不慮の死を遂げた者の多くは、教会専用の墓地に埋葬されたであろう。

平戸で死亡した宣教師には信徒たちの人望を集めていた者もいた。例えば、１５８７年9月に平戸で死去したイタリア人司祭ジョヴァンニ・バティスタ・デ・モンテ神父は、日本で25年間布教に携わり、キリシタンたちに大変慕われていた。信徒たちは同神父を特別丁重に葬ったであろうし、他にも同様の例があったであろう。しかし、その後の激しいキリスト教弾圧を考えると、神父たちの墓が墓地の一隅にそのまま残されたとは考えられない。

　コックスはすでに１６１５年10月に、イギリス人船員ディヴィスの墓が暴かれ、着衣がはぎ取られて裸の死体が放置されていたとしている（表1の④）。その直前に全国に発令された禁教令に関係しようか。さらに１６２１年には長崎で神父たちの墓が掘り返され、遺体は海中に投棄された。その後、幕府の激しい弾圧は平戸にも及び、島原の乱後の寛永十七（１６４０）年には墓地が徹底的な破壊を受けた。長崎同様、遺体の多くが海中に投棄されたが、一部は三か所に分けて土中深く埋められ、うち二か所は六本松と三本松の無名塚であるという（加藤１９１７）。ならば、近代の大がかりな造成や整地の際にそれらの遺骨が出土することもあり得よう。

　もちろん研究・分析チームによって得られた鑑定結果の各項は、いずれも「確率が高い」ことを意味するが、それら各項のすべてを満たす人物はごく限られる。カトリックの神父は除いても、アダムス以外のイギリスやオランダ人で、これらの項目に適合する人物はいるのであろうか。

　平戸で死去したイギリス商館関係者（表1）は、記録で確認できるかぎり15人いるが、彼らの多くは寄港のために一時的に滞在した若い船員であり、10年以上日本の食生活に馴染んだ者は2名しかいない。クローヴ号で来日してイギリス商館員となり、アダムスと同じころ死亡したウィリアム・ニールソン（表1の⑨）も日本滞在は7年弱であるので、「日本で10年以上の食生活」はアダムスとデ・コニンクだけである。また、「死亡時の年齢が40代から50代」も、おそらく両名以外にはいない。

表1　イギリス商館関係

①	1613/9/27	ウィリアム・ポーリング William Pauling 船長助手	肺病、キリスト教墓地に埋葬	『セーリス』197 頁
②	1613/11/24	アンドルー・パーマー Andrew Palmer 給仕	喧嘩による重傷が元で衰弱死、ある島に埋葬	『セーリス』224, 229 頁
③	1613 秋	氏名不詳者　職業不詳	病死	『セーリス』231 頁
④	1615/10/2	トマス・ディヴィス Thomas Davis 大工	天然痘による呼吸不全、10/12 下記ヒースを埋葬に行くと、ディヴィスの墓は暴かれ、着衣がはぎ取られて裸の死体が放置されていた	『コックス日記：上』151, 165 頁
⑤	1615/10/12	トマス・ヒース Thomas Heath　ホジャンダー号大工見習	赤痢による出血、海に水葬	『コックス日記：上』164, 165 頁
⑥	1616/2 月	ギスベルト・デ・コニンク（英ギルバート・カニング Gilbert Cunning）蘭人リーフデ号生存者、商館臨時従業員	死因不明	『慶元イギリス書翰』521 頁
⑦	1616/9 月？	ジョン・ベイリー John Beylie トマス号商務員	病死	『コックス日記：上』532, 540 頁
⑧	1617/8/17	ユウエン・レイク Yewen Lake　アドヴァイス号船員	死因不明、キリスト教徒墓地に埋葬	『コックス日記：下』65 頁
⑨	1620/3 月	ウィリアム・ニールソン William Nealson　イギリス商館員	肺結核	『コックス日記：附上』104 頁
⑩	1620/5/16	ウィリアム・アダムス William Adams 旗本待遇、前臨時商館員	病死	『コックス日記：附上』105 頁
⑪	1620/12/6	ジョン・ウィルキン John Wilkyn ジェームズ・ロイヤル号事務長助手	肺結核	『コックス日記：下』526 頁
⑫	1621/7/9	ジョン・ロウン John Roan エリザベス号船員	処刑（オランダ人殺害）	『コックス日記：下』746 頁
⑬	1621/7/28	ジョン・エイヴリー John Avery エリザベス号事務長助手	オランダ人（表2③）から致死傷受ける	『コックス日記：下』760, 767 頁
⑭	1621/9/12	ガブレル Gabrell エリザベス号地図製作手	甲板から転落し溺死	『コックス日記：下』808 頁
⑮	1621/10/18	トマス・ハロッド Thomas Harod　ペパーコーン号船員	病死	『コックス日記：下』848 頁

（欄外）他に、1621 年 10 月 8 日、逃亡船員 6 人が絞首刑を宣告される。

表2　オランダ商館関係　　*『平戸英蘭商館』は参考文献の永積・武田（1981）

①	1621/6/30	ヤン・ピーテルセン Jan Pietersen（英 John Peterson）水夫	英人ジョン・ロウンが刺殺、埋葬3日後に地中から掘り出し外科医が検視	『コックス日記：下』736-46頁
②	1621/7/24	水夫2人（名前不明）	泥酔して乱暴狼藉を働き日本人を殺害した科で日本人法官が斬首	『コックス日記：下』754-5頁
③	1621/8/6	ヤンセン（英ジョンソン）・ファン・ハムホルグ Jan Jansen van Hamborg 水夫	殺人罪でオランダ商館にて絞首刑	『コックス日記：下』767-8頁
④	1621/8/27の数日前	水夫（名前不明）、アムステルダム号船員	唐津で日本人と喧嘩し殺害される	『コックス日記：下』791頁
⑤	1623/8/6の数日前	ウィルレム・コルネリス・ハイヘン Willem Cornelius Hijgen 次期商館長予定者	平戸着直前の船上で死去	『平戸英蘭商館』* 40頁
⑥	1623/11/21	レオナルド・カンプス Leonard Camps 商館長	悪寒のあと発熱	『平戸英蘭商館』41頁
⑦	1627/8/12	ヨッフム・ファン・デル・アス（ノイツの秘書）Jochum van der Ass	熱病	『平戸オランダ商館の日記：第一輯』15頁
⑧	1630/12/29	ラウレンス・ノイツ Laurens Nuijts 台湾長官ピーテル・ノイツの息子	大村で激しい下痢ののち12歳で死亡、商館長は遺体を平戸に送るよう願う	『平戸オランダ商館の日記：第二輯』520頁
⑨	1632/7/6	ピーテル・ムイゼル Pieter Muijser 商館員	タイオワン事件に連座し平戸で監禁中死亡	『平戸オランダ商館の日記：第二輯』361頁
⑩	1633/1/31	コルネリス・ファン・ナイエンローデ Cornelis van Nijenroode 商館長 タイ各地に10数年、日本に10年滞在も晩年半身不随に	タイオワン事件の責任を問われ心身とも衰弱、平戸で死亡	ナホッド（1956年、147頁）
⑪	1638/3/11	ヒレス Gillis 煉瓦職人	原城攻撃の際、大砲の砲身が破裂し重い破片が腹部を直撃	『平戸オランダ商館の日記：第四輯』68頁
⑫	1638/8/17	ヤン・フォルケルツセン・クイペル Jan Valckersz Cuijper 職不明	副水夫長による暴行死	『平戸オランダ商館の日記：第四輯』121-2頁
⑬	1638/9/2	ダニエル・レイニエルセン Daniel Reijnierssen 下級商務員	商館内で死亡、島の墓地に埋葬	『平戸オランダ商館の日記：第四輯』127頁
⑭	1640/1/14	ハンス・アンドリース Hans Andries 経理助手	日本人既婚女性との不倫により女性共々斬首、島の墓地に埋葬	『平戸オランダ商館の日記：第四輯』320頁

オランダ人はどうであろうか。平戸で死没した商館関係のオランダ人（表2）は、史料から判明するかぎり14人いる。オランダ人の墓地は田平町釜田沖の横島にもあり、地元では島に「異人墓」の伝承も残っているという。ただ、島の墓地がいつから使用されたかは不明で、イギリス人でもアンドルー・パーマーは１６１３年に「ある島」に埋葬されている（表1②）が、ほかにイギリス人が島に埋葬されたとする記録はない。

なお、リーフデ号で来日し、晩年イギリス商館に勤務したオランダ人ギスベルト・デ・コニンクは日本で15年間過ごしたが、特別扱いされたとは考えにくい。ちなみに日本で生活したリーフデ号の船員18人のうちの半数は、9年後にオランダ東インド会社船が来航したとき日本で生存していたが、そのなかの著名な数人、ヤコブ・クワケルナック、ヤン・ヨーステン、メルヒョール・サントフォールトは日本国外で死去している。

オランダ東インド会社の要人で、日本で比較的長く生活し平戸で死亡したのは、ともに商館長を務めたレオナルド・カンプス（任１６２１～１６２３年）とコルネリス・ファン・ナイエンローデ（任１６２３～１６３３年）である。１６１５年に来日したカンプスは8年ほど日本に滞在したのち、急に発熱したまま死亡した。また、ナイエンローデは早くから東インドに着任し、来日以来10年間商館長の地位にあって在任のまま死亡した。要職を務めた彼らが特別に埋葬されたと考えるのは不自然ではないが、遠見に埋葬されたかは定かではない。

横島には１６３８年9月に病死した下級商務員ダニエル・レイニエルセンと、日本人既婚女性との不倫を断罪されて１６４０年1月に斬首された経理助手ハンス・アンドリースらが埋葬されている

（表2⑬・⑭）。横島には厩舎や牧草地もあり、現存の記録から１６２６年以後日本人の番人ソーベイ（惣兵衛？）が雇われていた。それ以前から同島がオランダ人に使用されていた可能性もあるが、当初から墓地があったかははっきりしない。

ちなみに「埋葬の3日後に掘り出された」ピーテルセン（表2①）について、コックスの日記は「島の墓地」としていない。また同日記には「キリスト教徒の墓地」（表1①・⑧）や「われらの通常の墓地」（同⑪）とあり、「イギリス人墓地」としていないのは、当初イギリス人とオランダ人の墓地が共同であったことを示唆する。したがって、同時期のウィルキンと同様に、ピーテルセンも「われらの墓地」に埋葬されたのだろう。

研究・分析チームによる今回の精緻な遺骨鑑定で導き出された「遺骨の死亡時の年齢が40代か50代」「遺骨の人物は日本で10年以上の食生活を経験している」などの結果は特に重要である。さらに、遺骨が要人のものとすれば、平戸で死亡した多数の西洋人のなかでもそれらの条件に適う者は非常に限られる。したがって、今回の鑑定で遺骨がアダムスのものである確率は一段と高まったといえよう。

水野文月氏は第10章の最後でリチャード三世一族の例に言及している。すなわち、同王の伝埋葬地（レスター市内の駐車場下）から発掘された遺骨のＤＮＡが、王の女系子孫のものと一致して王本人のものと確認されている。アダムスが受洗した教会の案内用配布紙によれば、アダムスには姉か妹がいた。もし姉妹の女系血脈がずっと続いて現代にも子孫が生き残っており、ＤＮＡ鑑定で検証されるならば、紛うことなくアダムスの遺骨と証明されよう。

参考文献

岩生成一訳注『慶元イギリス書翰』雄松堂書店、１９７５年
江頭巌『三浦按針と平戸英国商館』山口書店、１９８０年
岡部狷介編『史都平戸：年表と史蹟　３版』松浦史料博物館、１９６７年
加藤三吾『三浦の安針』明誠館書店、１９１７年
ジョン・セーリス（村川堅固訳）『セーリス日本渡航記』雄松堂書店、１９７０年
東京大学史料編纂所編『日本関係海外史料　イギリス商館長日記』（譯文編上下、附録上下）東京大学出版会、１９７９～81年
永積洋子訳『平戸オランダ商館の日記　第一輯～第四輯』岩波書店、１９６９～70年
永積洋子・武田万里子『平戸オランダ商館イギリス商館日記――碧眼のみた近世の日本と鎖国への道』そしえて、１９８１年
オスカー・ナホッド（富永牧太訳）『十七世紀日蘭交渉史』養徳社、１９５６年
『平戸之光　第二號・第三號』愛宕山荘、１９３１／32年
宮永孝「ウィリアム・アダムズの埋葬地は平戸か」『社会労働研究』第43巻３・４号、１９９７年
山鹿誠之助「平戸に於ける貿易時代の遺蹟」『歴史と地理』第一巻第二号、大鐙閣、１９１７年
山口康夫編『図説　歴史の島平戸』平戸文化財研究所、１９７６年

終　章　等身大のアダムス像を求めて

森　良和

本章では「はじめに」で示したアダムスの生涯区分に基づき、なお解明が望まれる事項について述べていく。

アダムスのイギリス時代には全体的に不明点が多い。

幼少期に関しては、１５６４年9月24日、父ジョンの息子としてケント州ジリンガムのセント・メアリ・マグダレーン教会で受洗し、弟がいたことは確かであるが、その他のことは明らかではない。同教会の案内文にはアダムスに姉妹がいたとあるが、母同様、名は不明である。弟トマスは後年兄ウィリアムとともにマヒュー船隊に参加して、チリで死亡したことがわかっている。また同教区の案内サイトによれば、父ジョンはアダムスが12歳のとき死亡したという。幼少期の生育環境、受けた教育内容もほとんどわからない。

ただ、本書第11章で小川秀樹氏が新視点から追究しているように、アダムスの母の出自はアングロサクソン系以外の可能性もある。とすれば「青い目のサムライ」との先入観にも見直しが必要かもしれない。また、リチャード・アーヴィング氏はアダムスの幼少期について新知見を示している。同氏は父ジョンの死亡時期にも疑問を投げかけ、アダムスが12歳で徒弟修業に入ったのは父の死によるのではなく、当時の少年のごく一般的なライフサイクルの一段階とみている。

アダムスは12歳から、ロンドン郊外ライムハウスの造船所で親方ニコラス・ディギンズの下、徒弟生活に入り、主に航海術を学んだと思われる。ここでの日常生活にも不明点が多いが、当時の職人の知的技術的水準が高かったことは疑いない。後年アダムスは数学や天文学、あるいは聖書の知識まで、仇敵スペイン人や宣教師たちから一目置かれているほどである。また、当時の徒弟仲間の何名かがのちに東インド会社の出資者となっているのは、造船所と同社との緊密な関係をうかがわせる。

徒弟の年季が明けた直後、アダムスはイギリスに襲来したスペイン無敵艦隊との海戦に補給船リチャード・ダッフィールド号の船長として参加した。船名は船を提供したロンドン商人の息子の名に由来する。まもなくバーバリ会社に雇用され、10年近く主にモロッコ貿易に従事したアダムスは、その間結婚して二子をもうけたが、この期間はアダムス研究における最大の空白期である。アダムス本人も徒弟時代とは対照的に、この時期の仕事ぶりや仲間たちに言及しておらず、行動がはっきりしない。

なお、このころオランダ人ウィレム・バレンツの指揮する北東航路探検に加わったともされるが、現在は否定派が多い。それでもアダムスが単調な海運業に物足りず、弛まぬ冒険心からパイロット（水先案内人）としてのさらなる飛躍を考えていたことは確実である。バーバリ会社との契約が切れるころ、オランダ船隊が東インドまで到達したことを知ったアダムスは、オランダに渡った。おそらく貿易を通じて以前からオランダ人と交流していたか、あるいは妻メアリの出自がフランドルならば、その縁戚知人の紹介による可能性もあろう。

日本までの２年弱の大航海は、波瀾に満ちたアダムスの生涯においても最もエキサイティングな冒険物語である。１５９８年６月24日、ロッテルダムから５隻編成の船隊で出帆し、マゼラン海峡を経由して東インドへの遠征航海に出た。この船隊が辿った艱難辛苦の航海については、アダムス自身の手紙のほか、マゼラン海峡を通過してからまもなく本国に戻った僚船へローフ号の詳細な記録が明らかにしてくれる。

マゼラン海峡通過後、船隊は一時離散したが、アダムスの乗船するリーフデ号はチリ沿岸で旗艦ホープ号と再会し、行動をともにすることになった。１５９９年11月末にその地を出帆するまでの出来事は、アダムスの手紙と現地スペイン人の残した記録からおおよそ知ることができる。チリでは先住民との争いによって両船とも多数の船員を失っている。なお日本を目的地にすると確定したのは現地を発つ直前であった。

太平洋横断時の水先案内を務めたのは、その10数年前に太平洋横断を経験していたホープ号のパイロットと推定される。アダムスはこの航海を「数か月続いた順風」とするだけなので、順調な航海だったとみられる。おそらく北半球に達してからガレオン貿易ルートを採り、マリアナ諸島近海まで直線的に進んだのだろう。もっとも、チリから日本近海まで太平洋を斜めに横断したとみる説や、ハワイやジョンストン島に立ち寄ったとする説もある。その後ホープ号は北緯28度付近で猛烈な嵐に巻き込まれ、行方不明になった。2か月ほど単独航海となったリーフデ号は、地図の誤りで苦労したものの、1600年4月中旬に何とか豊後に辿り着いた。なお、一般に「漂着」とされるが「来航」が正しい。

リーフデ号由来の遺物が2点、今に伝わっている。一つは同号船尾に据え付けられた「エラスムス像」で、もともとの船名が「エラスムス号」だったことによる。この像は、現在栃木県佐野市の寺院龍江院が所蔵しており、東京国立博物館に保管されている重要文化財であるが、いつ、どこから、なぜ同寺に持ち込まれたかは不明である。ヤン・ヨーステンの江戸宅そばに御持筒頭（江戸城警護の長）牧野伝蔵成里（下野国に知行あり）の江戸屋敷があったが、関係あろうか。もう一つは海図で、南洋・西洋の各鍼路図（計3図）であるが、これらについては第6章で述べたとおりである。

日本に上陸したリーフデ号の船員24人はほとんどが衰弱し、すぐに6人が死亡したものの、他は地元民の介護でまもなく回復した。しかし、宣教師たちはリーフデ号の船員たちを「（スペイン）王に反逆して世界を荒らし回る海賊」と非難し、即刻処刑すべきと有力者たちに注進したので、アダムスたちはしばらく磔刑の恐怖におののいた。それでもまもなくアダムスが家康に重用されると、宣教師たちはむしろアダムスに接近し、共存を図るようになった。しかし、後日禁教令によって宣教師たちは追放される。

日本上陸直後、アダムスともう一人は大坂城の徳川家康の引見を受けた。この「もう一人」が誰かは不明で、ヤン・ヨーステンとの説もあるが確実な根拠はない。いずれにしても、アダムスは最初の引見で家康に誠実な人柄を見込まれた。命乞いもせず、卑屈にもならず、質問に冷静実直に答えるアダムスの姿勢に感心したのだろう。実際、アダムスの手紙には修飾や誇張がほとんどなく、その内容は同時代の他の史料ともほぼ一致している。家康も、この思いがけない異世界からの来訪者を軍事や貿易に有用と考えたに違いない。

日本来着から10年ほどのアダムスの動向を知る史料には、アダムスの手紙のほか、イエズス会関係の記録、オランダ人とイギリス人の手紙や記録、および多少の日本側史料などがあるが、いずれも断片的でごく大まかにしかわからず、なお不明点も多い。

大坂城での拘禁から解放されたアダムスは、リーフデ号で移送された他の船員たちと堺で再会し、すぐに関東への移動を命じられた。家康からは給付金を受け、2年ほど浦賀で老朽化したリーフデ号に寝泊まりした。なお、移動直後に数名の船員が砲手として会津の上杉氏征討に動員されたという。関ヶ原の戦いにも加わったとする説もあるが、根拠が薄い。アダムスはまず東南アジアに在留中と思われたオランダ人との接触を図るため、リーフデ号の修理と出国許可を請願した。ただ、その活動費がかなり嵩んだので船員同士の仲間割れが起こった。以後は各自が自身の生活を模索し、日本人の妻も紹介されたとみられるが、詳細は不明である。

家康が駿府に移る１６０７年まで、アダムスは江戸や浦賀の居宅を拠点に活動したであろうが、それに具体的に言及している内外の史料は少ない。自らの述懐によれば、家康の求めに応じて2隻の西洋式帆船を建造し、その1隻で大坂近辺から江戸近辺までの沿岸を航行した。初歩の数学などを教えたり世界情勢も進講したであろう。１６０５年にリーフデ号元船長が出国した翌年には、パタニ（マレー半島）のオランダ商館宛の書状も書いている。

アダムスが家康の側近として活動したのは疑いない。家康のほか、海事関係の交流によって船手奉行向井将監父子とは早い時期から親交があり、信頼関係を結んでいたことが本書第5章から示唆される。残る疑問は、帆船の建造に力を貸したオランダ人たちの実態、具体的な建造方法、さらに向井家配下の船大工がどの程度西洋船建造技術を習得して、伊達政宗の遣欧船サン・ファン・バウティスタ号に活用したかなどである。

　アダムスが逸見の采地を授与された時期、およびそこでの生活ぶりも未解明である。アダムスは日本史上、幕府から采地を与えられた唯一の外国人であり、旗本待遇となった。ただ、２５０石ほどの采地でどのように「殿様」ぶりを発揮したのかはわからない。筆者は最初に大型スペイン船が浦賀に来航した１６０８年に采地を授与されたと考えるが、もしそうならば、落ち着いて逸見にとどまった期間は意外に短い。なお、同年アダムスがマニラに渡航したとの説は大方否定されている。

　翌１６０９年、アダムスは、結果的に行き違ったものの、来航したオランダ人使節を迎えるため平戸まで往復した。おそらくこれが最初の平戸訪問となろう。現地から関東に戻るとすぐ、今度は上総に漂着したスペイン船の乗員たちを出迎えに現地まで赴いた。次の１６１０年の動静を示す史料は見出せないので、逸見で領主生活を比較的長く過ごしたのはこのときだろうか。なお、アダムスの日本名は現在「三浦按針」とされるが、江戸時代の史料にその表記はなく、「安仁」「アンジ」「あんし」「案仁」「安信」「安針」などとされる。

　アダムスはしばしば「家康の外交顧問」といわれる。確かにスペイン支配下のフィリピンやメキシコ、およびオランダ、イギリスからの来航船に対応しているし、世界情勢も教えただろう。うちカトリック勢力に対しては、本書第2章にあるように、その野心に対する危険を注進しているが、アダムスの進言だけが禁教令の理由とは考えられない。

１６１１年にオランダ人使節を駿府で迎えたアダムスは、彼らの家康謁見後そのまま平戸まで同行した。その後のアダムスの行動には従来不明点が多かったが、本書第7章でクレインス氏が解明したように、一時平戸に滞在してオランダ人のビジネスに携わっていた。さらに１６１３年7月にイギリス船クローヴ号が来日すると、駿府から平戸まで出迎えに赴き、司令官ジョン・セーリス一行を案内して家康との謁見を実現させた。その折に家康に帰国を許可されたアダムスは、セーリス一行と再度平戸に戻ってまずイギリス商館の臨時商館員として勤めたが、契約終了後もそのまま平戸を生活拠点として過ごした。

それ以後のアダムスの動きは、セーリスの『日本渡航記』とイギリス関係の手紙類、およびリチャード・コックスの『イギリス商館長日記』などでかなり捉えることができる。ただ、コックスの日記は１６１９年と20年の大部分が欠損しているので、特に１６１９年晩夏に東京（トンキン、現ヴェトナム北部）から帰還して以後、翌年5月に死去するまでの動静はほとんど不明である。

ところで、アダムスは念願の帰国を許されたのに、実際には終生帰ることはなかった。アダムス自身はその理由として司令官セーリスとの確執を挙げている。しかし、おそらく他の理由が大きい。これについては第4章の小川秀樹氏の論考と第12章の拙稿でも扱っているように、複合的な要因が考えられる。

いずれにしても、イギリス商館に勤務したアダムスは商館長コックスとも協議のうえ、まず国内市場の開拓を図り、商館員たちを対馬、大坂、江戸にそれぞれ配置した。また2名の商館員を朱印船でコーチシナに派遣した。しかし、いずれのビジネスも成功せず、国内の商館員たちは早々に平戸に引き上げている。そのうえコーチシナへの派遣船も戻らず、後日一人は殺害され、もう一人も行方不明になったことが判明する。これらに関する商館員同士のやり取りの手紙はかなり残されている。

　１６１４年から翌年にかけて、アダムスは自身が船長を務めてシャムに向かうが、船体の損傷で航行不可能となり、琉球に半年近く足止めされた挙げ句、平戸に戻っている。結局アダムスは１６１４年から5回南洋貿易に向かうが、うち2回は目的地に達せず、交易できたのはシャム（１６１６年）、コーチシナ（１６１７年）、トンキン（１６１９年）の3回である。なお第6章でみたように、アダムスはこの貿易活動に並行して北方航路の探検を本格的に構想していたが、１６１６年の家康の死により、計画は頓挫した。

　秀忠の将軍親政に移って以後の4年間がアダムスの最晩年といえよう。この時期にイギリス商館は国内の商業活動を大きく制限され、平戸以外での活動は禁止された。１６１６年12月に商館との雇用契約が終了したアダムスは、以後個人の資格で貿易に励みながら商館との密接な関係も続け、ときにオランダ人の協力要請にも応じている。ただ、秀忠の代になって北方航路の探検が事実上不可能となると、再度帰国も考えたが、結局日本にとどまったまま１６２０年5月16日（ユリウス暦）に死去した。

　コックスの日記はアダムスの死亡前後に当たる１６１９年と１６２０年の大部分が欠損しているので、最も興味深いこの時期については未解明な部分が多い。トンキンから帰着したアダムスはしばらく病臥していたが、死去までの様子ははっきりしない。アダムスには平戸に愛人がいて子（おそらく男児）をもうけた。この女性の素性や知り合った経緯、母子のその後もわからないが、一説に平戸の家屋財産はこの母子に遺贈されたともいう。

死に臨んだアダムスは、イギリスの妻子と日本の子たち（ジョゼフとスザンナ）で遺産を折半するよう遺言した。ただ、日本人妻に対しては遺贈がないばかりか、自身が残した他の手紙も含めて、彼女への言及はまったくなく、出自も謎に包まれている。コックスの日記にはアダムス夫人が何度も登場するが、奇妙にも名前も挙げられていない。キリスト教徒アダムスとしては、遺言に「妻」と記すことは重婚の罪と考えたのだろうか。

アダムスが家康に帰国を認められても、逸見の采地は息子ジョゼフに安堵され、秀忠もこれを認めた。逸見の子たちと采地のその後についての史料はごく僅かであり、特に娘のスザンナの消息は１６２２年で途切れている。ジョゼフは１６３０年代半ばまで朱印船貿易に従事し、逸見に神社を奉納もしているが、それ以後の痕跡は途絶えている。１６３９年、イギリス人とオランダ人の日本人妻とその子たちはバタヴィアに追放されたが、その出国者名簿やバタヴィアの日本人関係の記録にも、アダムスの子を思わせる名前はない。なお、逸見の采地は寛文三（１６６３）年に老中酒井雅楽守忠清の領知下に入った。

最後にアダムス研究の基本的史料について確認する。

アダムス自身が書いた手紙11通のほか、イギリス商館関係の書簡や報告書、航海誌などは、アンソニー・ファリントン氏の編纂になる *The English Factory in Japan 1613-1623* (1991) に集成されている。

そのほかの英文史料では浩瀚な *Calendar of State Paperes, Colonial Series, East Indies, China and Japan;* vol.2-4（『英国国家文書綜覧』）も欠かせない。ここには東インド会社の理事会議事録が多数収められている。

商館関連の書簡類の邦訳は岩生成一氏によって１６１６年6月10日分までなされているが（『慶元イギリス書翰』）、文語調で読みやすいとはいえない。また、初めて日本に来航したイギリス船の司令官ジョン・セーリスによる『日本渡航記』や、リチャード・コックスの残した大部の『イギリス商館長日記』も邦訳されており、平戸時代のアダムス研究には不可欠である。

『異国渡海朱印状』にも英蘭両国に宛てた朱印状や親書、あるいは両国から家康や秀忠に宛てた親書の原文と和訳が載せられているが、例えば、アダムスがイギリス国王ジェームズ一世の親書をひらがなに訳した箇所を見ると、Jamesを「ぜめし」、Great Britainを「げれほろたん」、Westminsterを「おしめした」と、聞こえた音のまま記しているのは興味深い。このあたり2世紀以上後に同様に記したジョン万次郎を彷彿とさせる。

アダムス関連のオランダ語史料の邦訳は、これまであまり進められていなかったが、上述のクレインス氏の新史料発掘によって、かなりの新知見が加えられている。オランダ・イギリス以外の新史料が近年発見されたとは聞かないが、ポルトガル・スペイン語圏、あるいは日本でも、今後思わぬ史料の発見で従来のアダムス像が覆えることもありえよう。

なお、アダムスやイギリス商館による大御所および将軍の理解については、本書第3章を、商館衰退の理由は第8章を、それぞれ参照されたい。

イギリス商館と深い関わりを持ち、商館破綻の一要因ともされる唐人商人たちの活動に関しては、管見のかぎり日本語でのまとまった研究がない。商館と交流を持った唐人には李旦を筆頭に、華于、魏官、五官、六官、肥後四官らがいる。頭目の李旦については岩生成一氏の優れた先行研究があるものの、唐人の視点から彼ら同士の相互関係や商館に果たした役割を述べたものはない。イギリスもオランダも平戸商館を拠点に対明貿易を視野に置いていた。琉球や対馬に注目したのはそのためであるが、今後何らかの本格的な論考が出されるであろうか。

イギリスでは、出身地近辺を除いてアダムスの名はほとんど知られていないという。当時、東インド会社は相次いでアジアに船隊を派遣したし、清教徒たちも盛んにアメリカ移住を始めていた。世界各地に雄飛したイギリス人には、現地に定着してアダムス同様の生涯を送った者も少なくなかったのだろう。リチャード・ハクルートやサミュエル・パーチャスによる多種多様な航海記の集大成はその現れである。

アダムスの死からおよそ2世紀半、イギリスが覇権国家として世界帝国を築き上げたころ、明治期の日本は「鎖国」政策から一転、欧化政策を推進した。それからさらに1世紀半、現代の日本人にとって、欧米は先進国一辺倒から相対化されつつある。従来、ともすれば三浦按針はファンタジーの対象とされた。しかし今後は等身大のアダムスに拠った人物像が形成され、改めて日英関係や日欧関係を問い直す手がかりとされるであろう。平戸で出土した遺骨はアダムスのものである確率が非常に高まっている。あたかもアダムスが現代のわれわれに何かを語りかけているようである。

おわりに——編集後記に代えて

本書は、編著者の一人である森良和氏が中心となった三浦按針を研究する大学人の集まりを母体にして論文を持ち寄って一冊の本に仕上げたものである。話の発端は私自身が、17世紀の日欧交流、とりわけフランドルの視点からオランダ東インド会社の研究に着手したころ、偶然、書店で森氏の『リーフデ号の人々』を見つけたことである。その出版社を通じて森氏の知遇を得ると、江戸時代の海運に詳しい小川雄氏もすでに仲間であった。何度も有志の研究会という名の懇親会を重ねるうちに、いつか論文を持ち寄って本にでもできればと皆で夢を語っていたものである。研究会の発表者という形で仲間がだんだん増え、そのうちにルーヴェン大学のつながりで京都在住のクレインス氏の名もそこに加わった。そのころ、旧知の編集者が、森氏のかつての所属先であった玉川大学出版部にいるという偶然にも恵まれ、このたびの出版に辿り着けたという次第である。

さらに、按針没後400年と重なるように、三浦按針の遺骨とされるものの科学鑑定が東邦大学等で進展していて、まさに絶好のタイミングでその結論が発表された。当然ながら本書でもそのテーマにつき第Ⅲ部の4章を振り分けることとなった。

知名度が非常に高いわりには謎の多かった三浦按針について、本書のなかでも参考文献にたびたび引用されている森氏やクレインス氏の最新で学問的な「基本書」がここ2年ほどで出揃った機に、これまで取り上げられることの少なかった按針の知られざる側面に関して、歴史学だけでなく他の最新の学際的研究成果をも結集し、また研究書でなく一般書ではあるが、より先鋭的に三浦按針像を捉える書籍を刊行したいと考え、本書は誕生したものである。

各論文については、終章で森氏が触れられており、ここでは編者の立場で、一言だけ拙稿について書かせていただくと、ライフワークと自ら定めた17世紀日欧交流や東インド会社を「人の移動・つながり」の視点から追い求めるうちに辿り着いたテーマが三浦按針であった。３本の小論は、試論的だが、これまでなかったユニークな視座の提供を目指した。他方でそれらは、他の学術的な論文に対しては、導入的・総論的な位置づけの論文にもなっているので、他の方の、より各論的で専門的な論文を読まれる際の入門的な章としてもお読みいただければ幸いである。

以上のような成り行きから、按針研究の実績の豊富な森・クレインス両氏と並んで、僭越ながら私も、あたかも編集者のような立ち位置で共編著者の一員に加えていただいた。このたび、論文を提供いただいた方々からは締め切りまでにきっちりと原稿をいただき、編集・校正の過程でもご多用にもかかわらず、依頼に丁寧に答えていただくなど、驚くほど順調に執筆編集作業は進んだ。この場を借りて、執筆の方々に謝意を表しておきたい。もちろん今回の執筆者の中心で、按針に関する専門性によってだけでなく、常に仲間の精神的な支柱として構想から執筆・編集まで指揮を執られた森良和氏に執筆者を代表してお礼を述べさせていただく次第である。

２０２２年５月16日

小川秀樹

【執筆者】（執筆順）

鍋本由徳（なべもと・よしのり）

1968 年生まれ。1992 年日本大学文理学部卒業、1998 年日本大学大学院文学研究科博士後期課程満期退学。2020 年度から日本大学通信教育部教授。専門は 17 世紀幕藩関係史、日英対外交渉史。主な論文に「徳川秀忠政権期の外国人紛争と九州大名」（『論集 近世国家と幕府・藩』岩田書院）、「一七世紀の西洋人記録からみる旅行と「観光」」（日本大学通信教育部『研究紀要』32 号、2019 年）など。

小川　雄（おがわ・ゆう）

1979 年神奈川県生まれ。日本大学大学院文学研究科にて博士号（文学）を取得。日本大学本部大学史編纂課臨時職員・逗子市教育委員会非常勤事務嘱託を経て、現在、日本大学文理学部准教授。専門は日本史の中近世移行期。著書に『徳川権力と海上軍事』（岩田書院）、『水軍と海賊の戦国史』（平凡社）、『徳川水軍関係文書』（編著、戦国史研究会）、『阿茶局』（共著、文芸社）、『図説 徳川家康と家臣団』（共編、戎光祥出版）など。

高千穂安長（たかちほ・やすなが）

福岡県生まれ。西南学院大学経済学部卒業（経済学学士）、法政大学修士課程修了（修士、経済学）、東京工業大学博士課程単位取得退学。博士（経済学、東北大学）。専門は公共政策、国際経営、防災、政策評価など。三井銀行、ハーバード大学客員研究員、さくら総合研究所（現日本総研）を経て、玉川大学教授（国際貿易論）、ノースアジア大学教授（西洋経済史）を歴任。現在、東北大学博士研究員。

松下孝幸（まつした・たかゆき）

1950 年長崎市生まれ。専門は形質人類学（自然人類学）。1993 年から土井ヶ浜遺跡・人類学ミュージアム館長、特定非営利活動法人人類学研究機構理事長。

松下真実（まつした・まさみ）

1977 年長崎市生まれ。専門は形質人類学（自然人類学）。特定非営利活動法人人類学研究機構事務局長・調査研究課長

水野文月（みずの・ふづき）

1976 年群馬県生まれ。専門は自然人類学、古代ゲノム学。東邦大学医学部助教。

【編著者】

森　良和（もり・よしかず）

1951年千葉県生まれ。早稲田大学第一文学部西洋史学専修卒業。同大学院文学研究科史学専攻博士課程単位取得、文学修士。玉川学園高校教諭を経て玉川大学教授を歴任。専門は西洋史。著書に『歴史のなかの子どもたち』、『ジョン・ハーヴァードの時代史』、『リーフデ号の人びと』（以上学文社）、『他者のロゴスとパトス』（共著、玉川大学出版部）、『三浦按針—その生涯と時代』（東京堂出版）など。世界史のうえで近代ヨーロッパがなぜ他の世界に優越できたのかを根本的問題意識としている。

フレデリック・クレインス（Frederik Cryns）

1970年ベルギー生まれ。2003年京都大学大学院人間・環境学研究科博士後期課程修了。博士（人間・環境学）。国際日本文化研究センター副所長・教授、総合研究大学院大学教授。専門は日欧交渉史。著書に『戦乱と民衆』（共著、講談社現代新書）、『オランダ商館長が見た江戸の災害』（講談社現代新書）、『明智光秀と細川ガラシャ—戦国を生きた父娘の虚像と実像』（共著、筑摩選書）、『ウィリアム・アダムス—家康に愛された男・三浦按針』（ちくま新書）など多数。

小川秀樹（おがわ・ひでき）

1956年生まれ。早稲田大学卒業（政治学）、ルーヴェン・カトリック大学国費留学、博士（国際経済法学、横浜国立大学）。国連（在タイ）、在イスラエル日本大使館等を経て、岡山大学・千葉大学教授等を歴任。専門はグローバル社会史・ベルギー地域研究。著書に『ベルギー　ヨーロッパが見える国』（新潮選書）、『南ア新生の現場から』（JETRO BOOKS）、『ベルギーを知るための52章』（編著、明石書店）、『イスラエル・パレスチナ聖地紀行』（連合出版）、『シャムの独立を守ったお雇い外国人』（訳書、岡山大学出版会）など。

三浦按針の謎に迫る

——家康を支えたイギリス人臣下の実像

2022 年 7 月 31 日　初版第 1 刷発行

編著者———森良和、フレデリック・クレインス、小川秀樹

発行者———小原芳明

発行所———玉川大学出版部

〒 194-8610 東京都町田市玉川学園 6-1-1

TEL 042-739-8935　FAX 042-739-8940

http://www.tamagawa.jp/up/

振替 00180-7-26665

編　集———吉南堂（兼子千亜紀）

装　丁———松田洋一

印刷・製本—港北メディアサービス株式会社

ISBN 978-4-472-30314-2 C0021